KENNETH CLARK

LEONARDO DA VINCI

成为达·芬奇

列奥纳多的艺术传记

[英] 肯尼斯·克拉克 著
李欣 译

中信出版集团 | 北京

图书在版编目（CIP）数据

成为达·芬奇：列奥纳多的艺术传记 / (英) 肯尼斯·克拉克著；李欣译. -- 北京：中信出版社，2020.1

ISBN 978-7-5217-1059-5

Ⅰ. ①成… Ⅱ. ①肯… ②李… Ⅲ. ①达·芬奇(Leonardo, da Vinci 1452—1519)—人物研究②达·芬奇(Leonardo, da Vinci 1452—1519)—绘画评论 Ⅳ. ① K835.465.72 ② J205.546

中国版本图书馆 CIP 数据核字 (2019) 第 202476 号

LEONARDO DA VINCI
First published by Cambridge University Press 1939
Revised edition published by Penguin Books 1959
Reprinted with revisions 1967
Published with revisions and an Introduction by Viking 1988
Published in Pelican Books 1989
Reprinted in Penguin Books 1993

成为达·芬奇：列奥纳多的艺术传记

著　　者：[英]肯尼斯·克拉克
译　　者：李欣
策划推广：北京地理全景知识产权管理有限责任公司
出版发行：中信出版集团股份有限公司
　　　　　（北京市朝阳区惠新东街甲4号富盛大厦2座　邮编　100029）
承 印 者：北京华联印刷有限公司
设计制版：杭州聿书堂文化艺术有限公司

开　　本：787mm × 1092mm 1/16　　印　　张：20　　字　　数：330千字
版　　次：2020年1月第1版　　印　　次：2020年1月第1次印刷
京权图字：01-2019-6065　　广告经营许可证：京朝工商广字第8087号
书　　号：ISBN 978-7-5217-1059-5
定　　价：158.00元

献给

大卫·巴尼尔

中文版前言[1]

马丁·坎普

近年来，不少有关列奥纳多的生平和作品的新资料陆续面世，尤其是我们更多地知晓了他在科学和技术领域的活动，但肯尼斯·克拉克对画家列奥纳多的看法依然堪称经典，有理有据而又恰如其分。这本书的首次出版是在 1939 年，距今刚好 80 年。在这段时间里，以列奥纳多为对象的专著层出不穷；2019 年刚好是列奥纳多逝世 500 周年，各类出版物更是汇成了一波热潮。克拉克的这本专著依然矗立其中，依然是一座标志着历史和美学研究成就的巍峨丰碑。中文版的面世肯定会让克拉克的在天之灵倍感欣慰，因为它证明了列奥纳多对全世界文化的深远影响。

近期发现的两件列奥纳多的作品为克拉克的叙述增添了有力的注解。其中最有名的一件是《救世主》（*Salvator Mundi*），它是自 20 世纪初以来首次发现的列奥纳多油画作品。

一系列“救世主”主题的习作证明列奥纳多曾经涉足此类传统题材，比如温莎城堡皇室收藏中有两件绝妙的素描（12524 号和 12525 号）表明他仔细研究

1. 中文版前言由盛夏翻译。

过如何安排基督的衣褶纹理。学界之前的观点认为要么完成的作品已经遗失了，要么列奥纳多根本没有把习作最终发展成作品。大约在 1900 年，伦敦的库克收藏拥有一件这样的作品，不过不怎么起眼。1958 年，这幅画以 45 英镑的价格售出，从此一直保存在新奥尔良的一个私人收藏机构，直到 2005 年再次在拍卖会上出现。罗伯特·西蒙（Robert Simon）和亚历山大·帕里什（Alexander Parish）两位美国画商买下了它，当时他们只是觉得它看起来古意盎然，并不在乎是不是原作。西蒙把修复工作交给了黛安·莫戴斯蒂尼（Dianne Modestini）。之前的修复者为了遮掩一些明显掉色的部位重新添加了修饰，但是颇为粗糙。莫戴斯蒂尼小心地去除了大部分后来添加的修饰。

一幅品质极高的绘画作品由此出现在人们眼前。技术分析再现了艺术家在创作过程中做出的种种修改，最为明显的是基督“赐福之手”的大拇指被改成了伸直的状态。经过精心修复的《救世主》在 2011—2012 年伦敦国家画廊举办的一次列奥纳多大展上首次与公众见面。一位俄罗斯大亨买下了它，之后在 2017 年纽约佳士得拍卖行又转手卖出。当时的成交价是 4 亿 5 000 万美元，打破了世界纪录。不过它现在到底身处何处就不得而知了。

此类以正面示人、做出赐福手势的“救世主”传统形象往往颇为生硬，但列奥纳多为其注入了生命力。最重要的是，他把“救世主”手里通常托着的地球换成了水晶球，而且完美地描绘了水晶球里的微小空洞。晶莹剔透的球体代表了文艺复兴时期宇宙学中的恒星。基督由此成为宇宙的救世主。还有一些表现形式与列奥纳多的特质完全相符。比如基督那一头瀑布似的卷发呼应了他对水流的研究。列奥纳多在创作《蒙娜丽莎》和《救世主》的时候已经抛弃了明确的轮廓线条，尽管与脸部相比，基督的“赐福之手”的轮廓更为明显，反倒突出了画面的空间感，而且微妙地呈现了骨感。

基督那令人难以捉摸的面部表情强调了超脱尘世的神圣状态，虽然我们能够看见，却无法通过肉体感官领悟所有。《救世主》相当于灵性的《蒙娜丽莎》，不过我们连“蒙娜丽莎”的心思都无法猜透。可以合理地推测这两幅画的创作年代相去不远。从 2005 年发现的一件文档可以得知列奥纳多早在 1503 年就已经在画《蒙娜丽莎》了，不过还要经过相当长的一段时间才最终完成。很有可能《救世主》也是如此。目前还不知道是谁委托列奥纳多创作了这幅基督的画像。

另一件新发现的作品是用墨水和彩色粉笔画在羊皮纸上的精致素描。列奥纳多在 1498 年使用了同样的媒材为卢卡 · 帕乔利（Luca Pacioli）关于几何体的专著《神圣的比例》（*De Divina Proportione*）绘制插图。根据可信的资料，大体上可以认为画中的人物是比安卡 · 斯福尔扎（Bianca Sforza），也就是路德维克大公（Duke Ludovico）的私生女。似乎这件作品源自一本关于大公父亲的书，是 1496 年为了专门呈送给比安卡而特地在羊皮纸上制作的，当时比安卡正要与父亲的军队指挥官加莱佐 · 圣塞韦里诺（Galeazzo Sanseverino）举办婚礼。这幅肖像呈现了少女的侧面，是当时斯福尔扎宫廷上层女士们的专属表现形式。她脸部的优雅轮廓极为细致，不禁让我们对这位十三四岁的美丽新娘心生怜惜：她在婚礼的几个月之后就去世了，实在令人悲伤。她的长发束成一道精致的马尾，是典型的宫廷式发型。比安卡的肖像为我们提供了一个宝贵的机会，由此可以洞悉列奥纳多在米兰宫廷扮演的角色。

《救世主》和这幅肖像的创作者归属还存在着一定争议，不过风格、内容和科学分析方面的证据（还有肖像赞助人的相关资料）都倾向于支持它们出自列奥纳多本人之手。如果克拉克能够看一看就好了。

不少列奥纳多的绘画作品正在经历进一步的科学分析和修复保护，比如乌菲兹美术馆收藏的《三博士朝圣》（*Adoration of the Magi*）。最重要的发现则出自伦敦国家画廊收藏的第二个版本的《岩间圣母》（*Virgin of the Rocks*）。在它的画面下面隐藏着不同的构图：圣母占据了更多画面空间，跪在地上保护着两个圣童，身边并没有天使。这样的构图与大都会博物馆收藏的系列草图倒是颇为类似。

我们知道，现藏于卢浮宫的那个版本是列奥纳多为了履行1483年的合同而创作的。按照合同要求，列奥纳多要为米兰圣灵感孕兄弟会创作祭坛画，然而在15世纪90年代他与圣灵感孕兄弟会发生了争执，似乎是他卖掉了已经完成的主要作品，因此要重新创作另一个版本以履行合同。新发现的隐藏在画面之下的草图表明列奥纳多曾经考虑改变构图形式。然而，他在1506—1507年左右回到米兰之后觉得还是复制现藏于卢浮宫的那个版本更容易些。克拉克认为卢浮宫的那个版本是列奥纳多在佛罗伦萨开始创作的，现在看来这个观点可能不成立了。

除此之外，还有一项最令人惊讶的科学分析结果。在使用红外线反射成像技术检查《圣母子与卷线轴》（*Madonna of the Yarnwinder*，见图64）的时候也发现了画面之下隐藏着构思草图，而且相当接近之前兰斯顿收藏（Lansdowne collection）的那幅。这些草图都显示了在圣母左侧的石拱下方有一组人物，圣母玛利亚、圣子和接生婆正在看着圣约瑟夫做学步车。显然这两类主题的绘画曾经同时出现在列奥纳多的工作室里，是大师与至少一名助手合作的成果。

如果要修改克拉克原作的文字和图片，我认为应该换掉关于温莎城堡收藏的“列奥纳多”侧脸素描的叙述，克拉克认为它是列奥纳多的自画像，但实际上是他的一位学生画的一位都灵老人。不过我还是抑制了这种冲动，列奥纳多创造了这个世界上最著名的图像，我尊重克拉克关于列奥纳多的完整看法。

2019年8月

CONTENTS

目录

LIST OF PLATES

插图目录

添加到克拉克原始插图目录中的条目以 * 标记。

文中未经明确记载的作品完成日期根据克拉克的文章、原始插图目录及年代学证据推导得出。

所有的作品未经注明均出自列奥纳多 · 达 · 芬奇。

图片来源[1]

温莎城堡，皇家图书馆，经女王陛下恩准：12、17、20、28、41、47、49、50、51、52、53、55、57、58、59、65、66、68、69、70、71、72、73、74、76、77、78、81、84、85、89、92、93、97、100、101、102、103、104、105、106、107、108、109、110、111、112、113、114、115、116、121

阿里纳里摄影公司（Fratelli Alinari）：7、8、9、24、27、122

慕尼黑老绘画陈列馆：13

安布罗西亚纳，米兰：29、38、40、42、79、120

佛罗伦萨艺术历史保护部：6、22

米兰艺术历史保护部：IV、V、54

马德里国家图书馆：I、II

奥斯瓦尔多·博姆（Osvaldo Böhm）：56、80

大英博物馆：3、15、63

埃茨·布罗兹（Ets Bulloz）：34、36、43、44、45、91、94、98

伦敦考陶尔德艺术学院康韦（Conway）图书馆：2

牛津基督教堂：10

法国国家博物馆照片档案库：16、18、19、32、39、61、67、95、96、99、117

剑桥菲兹威廉博物馆：23

---

1. 指企鹅图书公司 1993 年版的图片来源。

阿道夫·吉罗东（Adolphe Giraudon）：21、82

列宁格勒艾尔米塔什博物馆：14、31

马丁·坎普教授：1

杰西克·基希亚泽克（Jacek Ksiazek）：37

纽约大都会美术馆：33、46

英国国家美术馆：62、86、87

美国国家美术馆：11

苏格兰国立美术馆：64

巴塞尔公共艺术收藏：118

都灵皇家图书馆：35

瓦雷泽圣母修道院：119

米兰萨博莱蒂（Saporetti）摄影：60

斯卡拉（Scala）：4、5、25、26、48、88

西柏林国立普鲁士艺术收藏博物馆雕塑馆：90

匈牙利国家美术馆：83

梵蒂冈博物馆：30

威尔顿信托（Wilton House Trust）：75

企鹅版作者简介[1]

肯尼斯·克拉克出生于1903年。他在温彻斯特公学及牛津大学完成学业后，跟随伯纳德·贝伦森在佛罗伦萨工作了两年。他年仅30岁就被任命为英国国家美术馆的馆长，直至1945年离任。二战期间，他参与组织了战时艺术家计划。此外，他还与钢琴演奏家迈拉·赫斯女士共同策划了多场国家美术馆音乐会。1946—1948年，他担任牛津大学斯雷德美术教授。1953年5月—1960年，克拉克爵士还曾担任艺术委员会主席一职，并被授命筹备独立电视管理机构。他也因其主持与艺术相关的电视节目为人所熟悉，特别是大型纪录片《文明》。22岁时，他便完成了第一部著作《哥特式的复兴》，此后更是笔耕不辍。《成为达·芬奇：列奥纳多的艺术传记》（1939年）、《艺术中的风景》（1949年）、《裸体艺术》（1956年）和《今日罗斯金》（1964年）这四部著作由企鹅图书出版。他的著作还有《伦勃朗与意大利的文艺复兴》（1966年）、《神经的衰弱》（1967年）、《文明》（1969年）、《观看画作》（1972年）、《威斯敏斯特教堂》（1972年，合著）、《艺术家老了》（1972年）、《浪漫主义的反抗》（1973年）、《林中另类：自传第一部分》（1974年）、《亨利·摩尔画作》（1974年）、《桑德罗·波提切利为但丁神曲创作的画作》（1976年）、《动物与人》（1977年）、《林中另类续：自传第二部分》（1978年）、《奥伯利·比亚茨莱佳作》（1978年）以及《洞察的瞬间》（1981年）。克拉克爵士于1969年被授勋成为贵族。在他获得的众多荣誉中，还有英国皇家建筑师协会以及皇家艺术学院授予的荣誉会员。此外，他还分别于1970年和1976年被授予美国国家美术馆奖章及优秀勋章。克拉克爵士于1983年5月去世。

本书导读作者马丁·坎普现担任圣安德鲁斯大学美术系教授。

---

1. 企鹅图书公司1993年再版本书时的作者简介。

导读

克拉克的列奥纳多

马丁·坎普

在与列奥纳多相关的大量著作中所掺杂的众多无稽之谈，在数量上甚至超过了真正具有学术价值的内容。然而，还是有为数不少的作品非常值得一读，因为这些著作向我们提供了关于这位大师及其作品的独到见解。我不认为，对其他艺术巨匠，如米开朗琪罗的研究著作，能够达到可与列奥纳多研究著作相匹敌的文学高度。在克拉克的著作中被大量引用的四位作者——歌德、沃尔特·佩特、保罗·瓦雷里（Paul Valery）及弗洛伊德，他们共同论证了达·芬奇的迷人天赋对历代人类思想精英的吸引力。作为首部艺术史经典，16 世纪伟大的纲领性著作《艺苑名人传》（*Lives of the Artists*），尽管表面上米开朗琪罗的艺术生涯担当了书中的高潮部分，但瓦萨里还是在书中着重对列奥纳多进行了更为引人入胜的描写。从任何角度来看，克拉克的著作都应被视为与瓦萨里一脉相传的列奥纳多·达·芬奇研究中富有创造性的一部分。

肯尼斯·克拉克所著的《成为达·芬奇：列奥纳多的艺术传记》（原名 *Leonardo da Vinci*，即本书的英文版）首次出版于 1939 年，它在作者备受瞩目的早期美术史写作生涯中，占有极其重要的地位。虽然这并不意味着他此后的著作，以及作为电视主持人的成就应被视为走下坡路，但我认为克拉克所具备的美学敏感性、文学天赋及学术素养，却再也没能在其他作品里达到如此精妙和充分的平衡。回顾克拉克的生平，我们不难发现，这些特质在其思想体系形成的过程中，从各方面影响着他不断发展的心智。[1]

1903 年 7 月 13 日，克拉克出生于苏格兰的一个富裕家庭，其家族财富主要来自佩斯里地区的棉纺业。他的父亲后来在英国东部萨福克郡的索德伯恩买下一处大宅子，作为家庭主要的居住场所。这让年少的克拉克更多地将苏格兰视为偶尔度假的去处，而非自己的故乡。父亲肯尼斯·麦肯锡·克拉克对绘画收藏有着一定热情，但是他在绘画欣赏方面的维多利亚式品味既没有引起儿子的兴趣，也没有在后来的美术史学家那里得到好评。克拉克更是在其自传中强调了自己的美学倾向源自其独立获得的影响和他与生俱来的天性。他曾回忆起 7 岁那年，在保姆的陪同下，参观过的一个大型日本文化展览。抛开此类展览上那些哗众取宠的因素，当时的他对看到的日本绘画留下了极其深刻的印象。以至于 55 年后，他访问日本时，依旧能辨认出童年所见过的一些画作。[2] 他甚至在其自传中，一定程度上将当时的感觉予以浪漫化。“我就像是在空中行走。”他这样写道。种种迹象表明，克拉克所提到的对纯粹美学对象的感知能力，其实在他很小的年纪就已经开始形成了。

贯穿克拉克的职业生涯，他深信对美的感知能力，乃是人类思想中最为独特且出众的财富。这一点，也是他艺术评论生涯的主要线索。对于克拉克而言，这种对美的感知，除了绘画以外，还包含了大量的音乐、文学和戏剧作品。对于那些他认为在美学表达上达到了很高境界的作家，克拉克都会推崇备至。在这些作家里，沃尔特·佩特（Walt Pater）始终名列前茅。佩特关于《蒙娜丽莎》有一段最著名的描写：“一位有血有肉的美人，奇异的念头、非凡的妄想、精致的欲望，一寸一寸地成为她的肌肤。”从 1929 年到 1973 年，这是佩特被人引用次

---

1. 下文生平资料来源：肯尼斯·克拉克：《林中另类：自传第一部分》（*Another Part of the Wood: A Self Portrait*），伦敦和纽约，1974 年；肯尼斯·克拉克：《林中另类续：自传第二部分》（*The Other Half*），伦敦和纽约，1977 年；M. 塞格瑞斯特（M. Secrest），《肯尼斯·克拉克传》（*Kenneth Clark: A Biography*），伦敦，1984 年。
2. 肯尼斯·克拉克：《林中另类：自传第一部分》，第 35 ～ 36 页。

数最多的一段文字。[1] 在文学和美学方面超越佩特这篇写于 1869 年的关于列奥纳多的散文，始终是克拉克写作的目标之一。

克拉克在审美上的早熟，使他在温彻斯特公学的同龄人中显得有些格格不入，在此期间，他曾萌生了成为画家的想法。当他于 1922 年进入牛津大学学习历史后，这种早熟的审美追求终于得到了周围环境的滋养。克拉克融入牛津艺术圈，获得的最重要好处就是，个性独特的阿什莫尔博物馆绘画部主管查理·贝尔（Charlie Bell）特许他无限制地欣赏博物馆中精美的绘画收藏。借助罗宾森（Robinson）编撰的珍贵目录，大学期间的克拉克对拉斐尔和米开朗琪罗的原稿进行了深入的研究，训练了自己的眼力和鉴赏水平。查理·贝尔给予克拉克的支持还远不止此，他建议克拉克应该在大学毕业后就开始撰写一部关于哥特风格复兴的专著。此外，贝尔又把克拉克介绍给了身在意大利的伯纳德·贝伦森（Bernard Berenson），这在很大程度上迅速提升了克拉克在学术圈的地位。

1925 年，克拉克在托斯卡纳的意大利文艺复兴研究中心见到了贝伦森这位著名的美国艺术鉴定师。让克拉克吃惊的是，在短暂的交谈后，贝伦森就委托他协助自己编撰修订版的《佛罗伦萨绘画全集》。这项工作意味着对大量保存不善的清单目录和照片资料进行繁复的核对。不论是原作还是复制品，每一幅画作在归档时，都需要根据画面上几乎难以察觉的细微风格变化，甚至纯粹的感观体验对其出处进行迅速的判断，借此与已确定归属的画作进行比较。虽然克拉克最终没有完全走上与贝伦森相似的艺术鉴定师之路，但他始终认为，艺术鉴定师所应具备的职业素养与自己所秉持的审美追求有着异曲同工之处。正如他在 1974 年所写到的："对艺术品真伪的严谨判断，取决于鉴定者的整体才能。"[2] 当经过修订的《佛罗伦萨绘画全集》出版发行时，单纯整理制作藏品清单目录的工作和艺术鉴定师的培训，已经让克拉克感觉相当疲惫了。

当时，克拉克还断断续续地协助贝尔撰写一部关于维多利亚时期建筑的书

---

1. 沃尔特·佩特：《列奥纳多·达·芬奇》，《文艺复兴》（*The Renaissance*），D. 希尔（D. Hill）编辑，伯克利、洛杉矶和伦敦，1980 年，第 98 页；最初刊载于《双周评论》（*Fortnightly Review*），1869 年第 11 期。参见肯尼斯·克拉克：《关于〈列奥纳多·达·芬奇〉的注释》（*A Note on Leonardo da Vinci*），《生平与书信》（*Life and Letters*），第 2 卷第 9 章，1929 年 2 月，第 132 页；《蒙娜丽莎》（*Mona Lisa*），《伯灵顿杂志》（*Burlington Magazine*），第 115 期，1973 年，第 148、173 页。
2. 肯尼斯·克拉克：《林中另类：自传第一部分》，第 125 页。

籍。贝尔写作此书的目的，并非是要恢复这一时期建筑的声誉，而是想以维多利亚时期的文化及宗教背景为依托，阐述为何英国建筑会被复兴的哥特风格所主导。用贝尔的话来说："这如同英国的天气一样，是一种国家的不幸。"[1] 对于建筑风格的阐释，克拉克意识到，这些矗立于维多利亚趣味之上的巨大丑陋的建筑，需要一种与艺术鉴赏截然不同的历史归类方法。他此后在书中写道：

> 受到美好事物的启发，许多人都会产生不可抗拒甚至是过度的写作欲望。这类写作虽然有其重要性，但并不是研究艺术史的唯一途径。相对于提炼出一件伟大艺术品的主题，进而根据当时的社会及政治背景尝试对其进行分析，艺术史学家还可以逆转这一研究过程，通过对艺术品本身的细致研究，来了解其所产生的时代。人们对艺术品在社会功能和创造性方面的要求，更是会根据时代而发生不可思议的转变。[2]

克拉克的这一研究目标，更接近于德语里"文化学"的概念，而非传统意义上的英国艺术评论。而这一目标的实现，则需要通过对与艺术品相关的文学氛围、浪漫主义情怀以及考古学、神学证据进行探讨。同时，这一研究方法引起的担忧也在逐渐增长，因为在那些丑陋的建筑中也包括了有远见卓识的建筑师创造的优秀作品。尽管于 1928 年出版的《哥特式的复兴》（*The Gothic Revival*）一书并没有明确地倡导对维多利亚时期的建筑风格进行整体的否定，但还是在很大程度上把当时英国人对建筑审美的轻视扭转了过来。

克拉克对维多利亚时期建筑风格的研究，丰富了他长久以来对约翰·罗斯金（John Ruskin）所做的艺术评论，不仅是罗斯金关于威廉·透纳（William Turner）的动人描写，也包括他那些源于自然视角的诗作。罗斯金对克拉克的吸引力，体现出他在审美追求上不愿轻易被死板的形而上学原则所束缚。[3]

在牛津期间，克拉克的另一项重大收获是他与罗杰·弗莱（Roger Fry）的

---

1. 肯尼斯·克拉克：《林中另类：自传第一部分》，第 90 页。
2. 肯尼斯·克拉克：《哥特式的复兴：一篇关于风格史的论文》（*The Gothic Revival: An Essay in the History of Taste*），伦敦，1928 年，第 viii 页。
3. 参见《今日罗斯金》（*Ruskin Today*），由肯尼斯·克拉克选取并注释，伦敦，1964 年。

交往，后者于 1939 年出版了《最后的演讲录》（*Last Lectures*）。弗莱不仅对后印象主义大师们的作品推崇有加，而且在历史艺术方面也具有敏锐的洞察力。他在授课时，能将尼古拉斯·普桑（Nicolas Poussin）与塞尚的画作进行绘声绘色的比较，抑或用非洲面具来阐释米开朗琪罗的艺术成就。让克拉克最为敬佩的，是弗莱严谨的分析工作。相较于前人所做的艺术评论，弗莱总是能够用一种精准方式更高明地揭示作品中各类元素之间的相互关系。克拉克认为弗莱的方法论作为一种有力的学术工具，使其能够继佩特之后重新找到艺术史研究和评论的方向。[1]

与弗莱的交好，将克拉克引向了审美体验的自主性与史实分析相结合的学术方向。正如他在为弗莱的《最后的演讲录》撰写的序言中提到的：

> 一个评论家想要保持自身在审美上的完整性，就必须在拥有其他才能的同时，将自己视为苦行的学者。尽管各种形式的表现方法看似具有普遍性，但如果环境和侧重点不同，就会发生显著的改变。在研究中，哪怕是面对微不足道的空白，选择回避和疑惑就如同无法辨别乐曲中音调的变化一样。[2]

在 1939 年纷乱的大环境下，克拉克无比迫切地想要证明罗杰·弗莱的学说能够在这个充满战争的世界中得以传播。

导致克拉克在美学研究上与弗莱分道扬镳的，是后者的“风格决定理论”。弗莱提出，艺术作品的终极价值完全取决于其风格而非内容。虽然弗莱对这一理论的信奉并非如他所表达的那么坚定和果断，但是他对艺术作品在文学和心理学层面的意义加以贬低的做法，却让克拉克逐渐觉得难以认同。克拉克的这一转变，体现在他对列奥纳多《圣母领报》（见图 8）和《施洗者圣约翰》（见图 117）这两幅画作之间的变化所做的分析中：

---

1. 肯尼斯·克拉克：《成为达·芬奇：列奥纳多的艺术传记》，第 3 页（注释中出现的该书页码已改为汉译本页码）。罗杰·弗莱：《最后的演讲录》，剑桥，1939 年，第 xv 页，克拉克为该书所撰写的序言。
2. 罗杰·弗莱：《最后的演讲录》，第 x 页，序言。

> 前者中天使的形象，仅通过一个姿势的改变，就成了后者中的圣约翰，想要理解这一转变并非易事。必须承认，多年前当艺术被认为理应与其表现形式相辅相成时，我曾相信列奥纳多对人物形象的这一改动，纯粹是为画面形式服务的。他将人物的手臂弯曲于胸前，以便在画面中创造出一块较为完整的体量。而且事实证明，圣约翰的形象看上去确实比天使要显得整体感更强一些，但是，我们可以肯定这并非列奥纳多改变人物姿态的唯一目的。除了表现形式之外，圣约翰和天使之间还存在着其他联系。[1]

克拉克又继续从宗教造像学和个人表达方式的角度，对两个人物之间存在的肢体语言和心理学的关系进行了研究。

克拉克最终放弃了将自己的研究建立在形式主义和表现风格的基础上，一个最重要的因素是他最初与瓦尔堡方法的相遇。1929 年，克拉克曾在罗马的赫茨亚那图书馆[2]聆听过阿比·瓦尔堡（Aby Warburg）的讲演，并说这次讲演“改变了我的人生”。[3]例如，在分析像波提切利这样的艺术家所使用的象征性手法时，瓦尔堡突破了文化史研究的界限，在文学、哲学、神学等各个领域寻求突破口，以便深入了解艺术家所处时代中由理性与非理性交织而成的核心精神。自从遇见瓦尔堡后，“对艺术鉴赏的兴趣似乎仅仅成了一种业余爱好，而试图解答那些曾让瓦尔堡困惑的问题的渴望占据了我的头脑”。克拉克说自己出版于 1956 年的《裸体艺术》（*The Nude*）中关于“痛苦”的章节，可以被视为完全遵循了瓦尔堡方法。我认为“瓦尔堡方法”这一名称，可能会让如今位于伦敦的瓦尔堡研究所的学者感到吃惊。尽管克拉克受其启发，开始通过对形象的研究及时代精神的洞察来开展文化史的写作，而且大体上看，他也可以被视为瓦尔堡的信徒，但是很难说克拉克对艺术品在哲学及心理学的复杂性方面与瓦尔堡达成了共识，而且，他也从来没有像瓦尔堡的后继者埃尔文·潘诺夫斯基（Erwin Panofsky）和埃德加·文德（Edgar Wind）一样，潜心研究图像学和造像学。如同在他的专著中对《岩间圣母》的研究结论所示，克拉克的研究方法在对艺术作品做出复

1. 肯尼斯·克拉克：《成为达·芬奇：列奥纳多的艺术传记》，第 242 页。
2. 今为马克斯·普朗克艺术史研究所（Max Planck Institute for Art History）。——译者注
3. 肯尼斯·克拉克：《林中另类：自传第一部分》，第 157 页。

杂的符号解释方面，本能地保持了怀疑态度。[1]

对于其他看似能让他一窥艺术品深层含义的研究方法，比如弗洛伊德的精神分析法，克拉克也保持着类似的谨慎态度。

> 不论是否相信复杂的精神分析学说，人们普遍能体验到某些象征符号会从潜意识深处的某一区域，不自觉地浮现到脑海中。就算是最强大的头脑，也会从心灵深处充满原始活力的区域汲取能量。我们无法对艺术家的每一个动机提出简单的解释。[2]

克拉克在被弗洛伊德对列奥纳多的研究成果吸引的同时，又对他那些总结性过强的结论很反感。当克拉克根据迈耶·夏皮罗（Meyer Schapiro）所写的一篇文章，为自己著作的加印版本增加注释时，我们似乎可以察觉出他的轻松心情，因为夏皮罗在他的文章中对弗洛伊德观点的文本基础提出了质疑。[3] 尽管如此，克拉克在他 1973 年关于《蒙娜丽莎》的文章中，依然忍不住涉足了心理学的领域。

> 在最近的 10 年里我们才意识到，性心理学家们的那些理论并非天方夜谭。列奥纳多可以在描绘一位沙漠中炙热的苦行僧时，为其添加带有女性魅力的微笑或肢体动作，他能够很好地将某一性别特征转移到所描绘的异性人物身上。因此他也借由内心对沙莱（Salai）的迷恋将其微笑表现在了蒙娜丽莎的脸上。[4]

在克拉克看来，沙莱这一形同虚设的仆人充当了列奥纳多同性恋本能的皮条客（至少在心理学层面上）。

对于那些帮助他形成自己研究方法的前辈，如佩特、罗斯金、贝伦森、弗

---

1. 肯尼斯·克拉克:《成为达·芬奇：列奥纳多的艺术传记》，第 60 ～ 62 页。
2. 肯尼斯·克拉克:《成为达·芬奇：列奥纳多的艺术传记》，第 3 ～ 4 页。
3. 肯尼斯·克拉克:《成为达·芬奇：列奥纳多的艺术传记》，第 5 页注释部分。
4. 肯尼斯·克拉克:《蒙娜丽莎》，《伯灵顿杂志》，第 115 期，1973 年，第 149 页。

莱、瓦尔堡以及弗洛伊德，克拉克都本能地保持着非教条主义的态度。他不相信任何将审美体验的众多可能性拒之门外的学术教条。在内心深处，克拉克追求的是非理论性和非哲学性的方法。他承认自己如同特罗布里恩岛（Trobriand Islands）的岛民一样，对形而上学理论一头雾水。[1] 在其他人看来，一个对任何理论体系都没有足够深刻信仰的作者，既无法将某一理论运用到极致，也无法让人完全认同其观点。克拉克在借鉴弗洛伊德理论的同时，却又对精神分析法缺乏信仰；他认同瓦尔堡的方法，但又缺乏对象征符号进行细致分析的耐心；他渴望像弗莱一样对形式语言进行精确的分析，却不认同其具有决定性的意义；他曾有兴趣成为像贝伦森一样的艺术鉴定师，却又不甘受到这一职业的限制。他凭借着完全的理性充分汲取其他学术体系中有用的部分，却不愿受限于这些体系的逻辑边界，这一点非常具有英国特色。而折中主义的肤浅，是克拉克的方法所能造成的最坏的结果。不可否认的是，克拉克倾向于避免自己采用的那些理论带来的直接后果。然而，对其成就有着决定性作用的，是他能够将他人的理论与自己的见解紧密结合，并且在一个他精心设置的文学氛围中，将自己对艺术品的洞察清晰地表达出来。因此当一幅画作开始展现其魅力的时候，我们可以体会到克拉克血脉偾张的感受。他具备伟大的评述能力，来分享他受到的精神启迪。这一能力并非来源于某个阐述性的理论体系，而是来自他借助众多理论体系及分析性思维构建起来的审美敏感性。

完成《哥特式的复兴》一书后，大量来自牛津大学内外的学术思想在克拉克的头脑中形成了一条清晰连贯的思路，促使他着手对列奥纳多·达·芬奇进行研究。

> 相对于研究某位适合于新手的二流当代艺术家，我选择直接跳入最深的坑里，专注于研究列奥纳多·达·芬奇。这在当下听来似乎既寻常又显得雄心勃勃。但是在1928年时，却少有值得一读的关于列奥纳多的著作。在风格方面，人们对他的了解还有许多不确定的成分。乌菲兹美术馆所藏的《圣母领报》（见图7）被认为是韦罗基奥（Andrea del Verrocchio）的作品。而肖像《吉内薇拉·德·班琪》（见图11）还未被归于列奥纳多名下。更重要的是，当时还没人认真地试图将列奥纳多存量巨大的文字手稿与其绘画作品

1. 肯尼斯·克拉克：《林中另类：自传第一部分》，第29页。

联系起来研究。[1]

这一关于当时列奥纳多研究之荒凉景象的描述，未免存在夸张的成分。但事实上，的确还有许多前瞻性的工作有待完成。

克拉克所做的第一个尝试，是收录在戴斯蒙德·麦卡锡（Desmond MacCarthy）主编的《生平与书信》中的一篇散文。作为年轻的作者，他在该书中与其他一些备受尊敬的投稿者，如阿诺德·本内特（Arnold Bennett）有了交集。克拉克的这篇散文可以被视为一次阐述列奥纳多文字及绘画作品特点的大胆尝试，他还回顾了加布里埃尔·西耶尔斯（Gabriel Séailles）于1892年在巴黎出版的关于列奥纳多的早期专著，以及在他看来保罗·瓦雷里在其著作《列奥纳多·达·芬奇方法引论》（1895年）中强加于西耶尔斯理论的那些形而上学层面的过度渲染。[2] 瓦雷里描述列奥纳多的思维模式存在着一种深层统一性，其根源来自艺术家在对看似无序的自然进行思考时内心产生的和谐与目标。而克拉克则深信这种思维模式是作者的臆想。

> 对于读过列奥纳多大部分笔记的人来说，没有人会轻视作者那近乎神奇的多面性及其头脑的领悟力和活力。但我相信，这些笔记所带来的建设性却十分有限。哪怕它们能在列奥纳多死后立即被出版，也不会对人类的思想进程造成太大的影响。作为一个思想家，列奥纳多的能量是巨大的，但是这股能量是带着挫败感的。再早生个两百年，他有可能超越罗杰·培根（Roger Bacon）；或是迟生两百年，他也可能会与莱布尼茨（Gottfried Leibnitz）比肩。但是在每个特定的时代，任何艺术作品或思想体系的产生，都要归因于那些受到时代制约的生动形态和声音，所有伟大的作品都是在这种神秘无声的综合作用下产生的，因此绘画才成为活在意大利文艺复兴早期的列奥纳

---

1. 肯尼斯·克拉克：《林中另类：自传第一部分》，第145页。
2. 加布里埃尔·西耶尔斯：《列奥纳多·达·芬奇：艺术家和学者》（*Léonard de vinci, l'artist et le savant*），巴黎，1982年；保罗·瓦雷里：《列奥纳多·达·芬奇方法引论》（*Introduction à la méthode de léonard de Vinci*），《新评论》（*Nouvelle Revue*，1985年8月15日）；《新法兰西评论》（*Nouvelle Revue Française*），巴黎，1919年［T. 麦格里维（T. McGreevy）译，《列奥纳多·达·芬奇方法引论》，伦敦，1929年］；肯尼斯·克拉克：《林中另类：自传第一部分》，第145页。

多·达·芬奇最为人熟知的成就。[1]

尽管克拉克并没有及早提到列奥纳多的笔记缺乏固定模式并且毫无建树的特点，他的相关表述也算不上清晰，但是，这一论断仍可以被视为克拉克为构建一个去神化的列奥纳多形象所做出的高尚努力。在这一尝试中，他准确地指出，将同时代的人文背景考虑在内对研究是极其重要的。

我相信他所记录的那些事实数据，在当时受过教育的人中间更像是一种基本常识。学者们也在早期的经典文献中逐渐发现了他所遵循的道德准则。在光学研究方面，他并没有超越当时阿拉伯人或是罗杰·培根及其学生达到的水平。在解剖学上，他似乎师承马克·安东尼奥（Marc Antonio），而非相反。[2]

对于这些观点，克拉克似乎并没有掌握太多的证据。尽管他可能阅读过埃德蒙多·索尔密（Edmondo Solmi）关于列奥纳多理论根源的基础著作，但他并没有在随后的专著中使用它们。尽管索尔密的观点在其他后来研究者的著作中得到了广泛的认可。

克拉克在他 1929 年发表的这篇散文中，用精彩的篇幅拓展了佩特关于列奥纳多如何面对自然活力的猜想。

列奥纳多凭借原始的征服冲动，热爱着生生不息的生命形态，相较于统一性，他更热衷于多样性。用古典哲学术语来说，他热爱非主流特性多过主流特性。单单从他的绘画中我们就能发现，列奥纳多更像是个自然科学家而非数学家。事实上，在他的表现形式和特殊的研究对象之间存在着一种奇特的联系，比如人体解剖和水流的运动。对水流动时旋转的线条和皮肤下精细

1. 肯尼斯·克拉克：《关于〈列奥纳多·达·芬奇〉的注释》，《生平与书信》，第 2 卷第 9 章，1929 年 2 月，第 128 ～ 129 页。
2. 肯尼斯·克拉克：《关于〈列奥纳多·达·芬奇〉的注释》，《生平与书信》，第 2 卷第 9 章，1929 年 2 月，第 126 ～ 127 页。

> 的人体组织所做的精细观察，似乎对他后期画作中的所有物体的动态都产生了影响。当我们联想到深藏于我们心灵深处的对形式的感知，便不难相信，列奥纳多选择这两个对象不只是出于科学目的，更是因为他从中感受到了有节奏的吸引力。[1]

当时，温莎城堡的新任图书管理员欧文·莫斯海德（Owen Morshead）希望能找到一个人选，为无与伦比的皇室列奥纳多画作收藏编制目录。作为年轻的美学研究者，克拉克刚刚开始在贝尔领导的阿什莫尔博物馆工作，并且是杰出的贝伦森的学生，因此他成为合适的人选似乎水到渠成，并不像克拉克后来在自传中提及的有那么大悬念。如今看来，这一选择是非常正确的。用他自己的话来说："在近三年的目录编撰期间，伴随着愉悦和激动，同时也对自己打开新的领域感到自信。"[2] 关于列奥纳多，确实有许多新的研究领域等待被开拓，而前辈学者们也证明了正确的研究工具可以在合适的人手中发挥怎样的作用。德国艺术史学家保罗·穆勒－瓦尔德（Paul Müller-Walde）和安妮·波普（Anny Popp），以及意大利学者吉罗拉莫·卡尔维（Girolamo Calvi）均在学术严谨性方面为克拉克的贝伦森式鉴定实践做出了榜样。波普在他 1928 年出版的专著中，为列奥纳多编写作品年表的重要尝试可以说是严肃且卓有成效的，这也是当时克拉克所面临的最紧要任务，即从思想和风格发展层面对列奥纳多的绘画作品进行正确的年代梳理。温莎的目录于 1935 年完成编撰，不但为英国此类著作的出版设立了标准，也为后人对这一课题的研究奠定了基础。尽管与今天相比，可以利用的资料和手段明显不足，但克拉克当时对作品的出处及年代做出的鉴定结果，却成功地经受住了学术界长期的检验。随后的 40 年，克拉克仍可以自豪地宣称自己的鉴定结果基本上是正确的，而且是列奥纳多研究中关键的一部分。而另一方面，他也不乏谦虚幽默地自嘲："这部目录，是我唯一可以被视为学者的资本。"[3]

---

1. 肯尼斯·克拉克：《关于〈列奥纳多·达·芬奇〉的注释》，《生平与书信》，第 2 卷第 9 章，1929 年 2 月，第 130 ～ 131 页。
2. 肯尼斯·克拉克：《林中另类：自传第一部分》，第 146 页。
3. 同上。

在目录编撰期间，克拉克的事业发生了两个值得注意的转变。1931 年，他被任命为阿什莫尔博物馆的馆长，而他的老师兼前任馆长查理·贝尔则被上层以屈辱的方式排挤出局。1933 年，在他 30 岁生日前，他又出人意料地被任命为伦敦国立美术馆[1]的馆长。于是他瞬间成了名人，而二战爆发前的那几年对克拉克来说，正如他多年后所戏称的，是“伟大的克拉克浪潮”。他迅速地进入了伦敦上流社会，并收到大量的演讲邀请。令我们欣慰的是，他的演讲包括了一系列关于列奥纳多·达·芬奇的讲座，后来形成了 1936 年由耶鲁大学举办的瑞尔森系列讲座。最初计划的六讲又扩大成了九讲。1939 年，讲座内容被剑桥大学出版社结集成专著出版。

克拉克在温莎城堡目录的编撰期间，对列奥纳多的艺术发展过程所积累的年代学认知为他的专著提供了基本框架。精确的学术信息结合他从容优雅的讲述，而且专著中也收录了读者希望看到而早先却没有印刷出版过的画作。克拉克的这部专著，还包括了两个关于列奥纳多笔记的章节；因为他认为要研究列奥纳多的艺术成就，就应该对笔记的内容形成一定的认识。但他也明确承认，自己在这一方面的能力并非完全令人满意。

> 列奥纳多研究者面对的是如同巨幅拼图一样的材料，以及像穆勒－瓦尔德、卡尔维和索尔密这些学者所付出的大量劳动，而且还有太多东西需要被发现，例如至今还很少有人研究过，列奥纳多在他一生中到底积累了多少知识，完善了哪些科学方法。要形成对列奥纳多真实全面的认识，我们必须集思广益，并且将他科学方面的成就与其艺术发展过程相比较。但这就要求巨大的知识储备，研究者不但要在时间顺序上对列奥纳多的所有笔记内容了如指掌，而且还需要熟悉文艺复兴时期的整体知识构成，从而在同一个时代背景下对列奥纳多的知识结构进行评判。由于缺乏这一条件，我不会强求自己能够对他的笔记进行全面的研究，而只是对其特点进行简单的陈述。[2]

1. 即英国国家美术馆。——编者注
2. 肯尼斯·克拉克：《成为达·芬奇：列奥纳多的艺术传记》，第 80 页。

“简单的陈述”，这一说法并不能表达克拉克所达到的高度，尽管他确实如自己所说缺乏对笔记系统性的研究，但他对列奥纳多的洞察却频繁超越他为自己所设置的界限。这种洞察，来自他观察画作时内心产生的直觉。这一点可以用他对《蒙娜丽莎》（见图 67）的讨论来证明：

> 对于列奥纳多来说，风景和人类一样，都属于宏大整体的一部分，而我们可以对整体进行有步骤的探索，直至掌握其全貌。画中的岩石就不只是一种装饰性的轮廓，而是地球骨骼的一部分，形成于地壳变化并有着自己的解剖结构。云，也不是什么天外画家随意勾勒的卷曲笔触，而是海洋中蒸发的水汽形成的聚合，并很快会以雨的形式回到河流中。[1]

这段文字不但体现了克拉克对思想风格的领悟能力，同时也可以让人对列奥纳多科学研究背后的重要驱动力有所了解。克拉克提出的不少线索在后人的研究中均得到了证实。

克拉克在表达自己的观点和洞察时，所使用的语调也与当时标准的艺术史专著有着很大的差别。他凭着佩特在 19 世纪表现出的冒险精神，将列奥纳多的作品与世界艺术史上的其他杰作进行横向的对比。特别是在音乐和文学领域，他自信且看似随意地将莫扎特和《李尔王》引入话题，这在今天看来也不是谁都敢于尝试的方法。克拉克还对文学性语言的叙述能力深信不疑，尽管他特有的表达方式会让今天的我们感到陌生。在语言的叙述方面，歌德堪称典范。在概括《最后的晚餐》（见图 54）里对门徒的精彩塑造时，克拉克说：“画面中所有的深层含义、戏剧性创造，都已经被歌德彻底地分析过了，并且就天赋而论，歌德也属于少数几位有资格对列奥纳多进行评判的人物之一。”[2] 而克拉克自己对列奥纳多那些杰作的文学性阐述，与这一领域其他的大师们相比也毫不逊色。

但是，克拉克对列奥纳多的认识也存在着不足。其中最让人不解的，是他忽视了列奥纳多在科学活动中对几何学的青睐源于他对有机体生命力的着迷。作为

1. 肯尼斯 · 克拉克：《成为达 · 芬奇：列奥纳多的艺术传记》，第 159 页。
2. 肯尼斯 · 克拉克：《成为达 · 芬奇：列奥纳多的艺术传记》，第 129 页。

忠诚的罗斯金派活力论者，克拉克始终将几何学与有机体视为影响这位艺术家的两种对立的因素。有趣的是，罗斯金自己对几何学的态度却比他通常承认的要更为复杂。可是克拉克将列奥纳多笔记中的几何学内容仅仅视为其“幻想破灭后的涂鸦”，认为列奥纳多“钟爱的数学也不再是其追求真理的工具，而仅仅沦为了一项脑力消遣”。[1] 列奥纳多和数学家卢卡·帕乔利的合作导致了他将大量的精力花在那些“抽象的设想”上，这也成为“他的创造性天赋在很大程度上被其智力所支配”的证明。[2] 但是，克拉克的这一看法却忽视了一点，即列奥纳多坚信自然界的复杂生命形态及其最细微的变化，都是建立在自然法则中几何图形间不断相互作用的基础上的。在列奥纳多看来，环环相扣、重复呈现的几何图案与花瓣或心脏三尖瓣一样，充满旺盛的生命力。

列奥纳多不仅善于从各个层面对生命进行观察，并且将其视为一个有创造力的严谨艺术家的终极目标。对于这一基本特点，克拉克多次表现出了他的怀疑。而这种怀疑的态度也解释了他在《最后的晚餐》前的不适感：

> 《最后的晚餐》中的整个瞬间是凝固的。这些被定格的乏味形象让人产生了某种恐惧。同时，这些雕琢了每个完美姿态的慢工细活中也存在着某种矛盾。此外，还有一个更深层的原因。姿态作为情绪表现的力量来源于其自发性，但是《最后的晚餐》中的姿态却缺乏这样的自发性。[3]

对此，列奥纳多本人应该会说，艺术家只有在对解剖构造深入了解的情况下，才能掌握和再现姿态语言；而姿态则是内心感觉、情绪及意志的外在反映。此类再现则是通过深思熟虑而非偶然实现的。

然而，尽管克拉克的某些论断在我们看来还值得商榷，但是他在阐述观点时所具备的风格和说服力却是值得我们尊敬的。今天的列奥纳多专家，在读克拉克的著作时，并不会感觉其中包含突兀的过时信息或看法。对于任何希望想了解列奥纳多的天赋的人，克拉克的著作都是令人信服的推荐，并且可以被视为对任何

---

1. 肯尼斯·克拉克：《成为达·芬奇：列奥纳多的艺术传记》，第 XLIV 页。
2. 肯尼斯·克拉克：《成为达·芬奇：列奥纳多的艺术传记》，第 137 页。
3. 肯尼斯·克拉克：《成为达·芬奇：列奥纳多的艺术传记》，第 132 页。

领域中的创造性人物进行简短综合性研究的典范。

克拉克所著的《成为达·芬奇：列奥纳多的艺术传记》，在出版发行伊始就得到了广泛的赞誉，这位英国国立美术馆的新任馆长用文学上的胜利庆祝了自己的上任。埃里克·牛顿（Eric Newton）在 1939 年 7 月 23 日的《星期日泰晤士报》上写道："克拉克的列奥纳多研究为这个国家的艺术评论设立了新的标准。"在如潮的赞美声中，没有什么比贝伦森热情洋溢的褒奖更让克拉克感到高兴的了。因为两人间的关系已经因为学生与老师渐行渐远而产生了裂痕。回溯过去，很难发现有任何一部英国专著能在学术性、洞察力及文字优雅性的平衡上与之相提并论。尽管在叙事角度和专业性上有所区别，赫伯特·霍恩（Herbert Horne）在 1908 年出版的关于波提切利的著作可以算是为数极少的早期同类作品。多年来，该书始终热度不减，畅销不衰，版本和加印数量一直在不断增加，直至企鹅图书于 1959 年推出了修订版。在他为后来版本所做的说明里，克拉克更明确地强调了综合性论述对研究列奥纳多艺术和科学实践的必要性，他甚至觉得有必要为此再写一部新的著作。这并不是他想为自己辩护，无论是在哪个时期，克拉克都对自己在学术上的不足有着充分的认识；但他仍然能够凭着敏锐的直觉，找到进入未知领域的途径，这在今天看来依然是个非同寻常的能力。

晚年时，克拉克还是会频繁地回到列奥纳多的研究中。他曾受邀写过数篇散文及论文，其中精彩的有《列奥纳多与古典风格》《蒙娜丽莎》，以及于 1977 年在列奥纳多的故乡芬奇镇（Vinci）出版的《芬奇读书》上发表的文章。[1] 这

---

1. 肯尼斯·克拉克:《列奥纳多与古典风格》(*Leonardo and the Antique*)，《列奥纳多的遗产》(*Leonardo's Legacy*)，C. 欧玛利（C.O'Malley）编，伯克利和洛杉矶，1969 年，第 1 ～ 34 页。肯尼斯·克拉克:《蒙娜丽莎》，《伯灵顿杂志》，第 15 期，1973 年，第 144 ～ 150 页。肯尼斯·克拉克:《列奥纳多与生命的曲线》(*Leonardo e le curve della vita*)，《芬奇读书》(*Lettura Vinciana*)，第 17 期，芬奇，1977 年；佛罗伦萨，1979 年。另见《自述与图片资料中的列奥纳多·达·芬奇》(*Leonardo da Vinci im Selbstzeugnissen und Bilddokumenten*)，汉堡莱茵贝克出版社（Reinbeck bei Hamburg），1972 年。《一个致命的女人》(*Una donna fatale*)，《波拉菲艺术》(*Bolaffi Arte*)，第 5 卷，都灵，1974 年，第 32 ～ 39 页。《圣安妮》(*La sant' Anna*)，见列奥纳多·达·芬奇《绘画论》，佛罗伦萨，1977 年，第 69 ～ 74 页。以及克拉克为英国王室收藏列奥纳多素描手稿展所作的序，女王美术馆，白金汉宫，1969—1970 年，C. 佩德雷蒂（C. Pedretti）:《画中的列奥纳多·达·芬奇：一部失传的书》(*Leonardo da Vinci on Painting: A Lost Book*)，卷 A，伯克利和洛杉矶，1964 年；伦敦，1965 年。

些文章虽然为他在早先的专著中所阐述的观点提供了有益的修正和补充，但是，我仍然认为后期的这些文章里缺少了他早年著作中那种让人激动的新鲜感。列奥纳多也出现在克拉克后期贯穿艺术和文化史的研究中，最著名的是他所著的《艺术中的风景》和《裸体艺术》。他在《艺术中的风景》关于“大洪水”（见图 111 ～ 115）的论述，更证明了他依然能够提出全新的见解。

> 凭借他对自然的科学认识，以及对事物潜在性的敏锐直觉，列奥纳多能够利用模糊的东方象征手法将中世纪的末日景象转变为另一个世界。而象征和现实在这一毁灭性的场景中合为一体。[1]

第一版《成为达·芬奇：列奥纳多的艺术传记》，已经过去了近半个世纪，其间，各种直接或间接研究材料的数量有了明显的增加。根据某些指数法则，每一篇新的文章都会至少引出另外两篇相关著作。我自然无法对这一学术领域的所有发展进行全面的梳理和回顾，并且这样做也会与克拉克当年开始列奥纳多研究时所秉持的精神相违背。根据克拉克的意愿，本书最后附录所列的书目，是为了将其著作限制在一个让普通读者能够接受的公正的概论范畴内；当然，他同时也假设了这些普通读者是具备相应的语言水平和评判能力的。对于我们来说，忽视这一点则是不明智的。为了让现在的读者大致了解自该书首次面世以来发生了什么，我将在导读剩下的篇幅中，把重点放在那些与克拉克的研究有着最直接联系的学术进展上。

以下涉及的新材料包括两个主要门类：首先是直接材料，其中包含了最新发现的列奥纳多的作品，以及与其生平相关的档案材料；其次是间接材料，那些从全新的角度对其作品进行评述的著作。在直接材料中，最值得注意的是 1965 年在马德里国家图书馆发现的两册列奥纳多的笔记，克拉克在本书再版时为此增加过一个相关的注释。[2] 以现在的眼光来看，其中最重要的部分是马德里手抄本中包

---

1. 肯尼斯·克拉克：《艺术中的风景》（*Landscape into Art*，1949 年初版），哈蒙斯沃斯出版社，1956 年版，第 60 页。
2. 拉迪斯拉斯·雷迪（Ladislas Reti）编：《马德里国家图书馆中的列奥纳多·达·芬奇手稿》（*The Manuscripts of Leonardo da Vinci…at the Biblioteca Nacional of Madrid*），由雷迪作序、翻译并评述，第 5 卷，纽约，1974 年。

含的 17 页关于列奥纳多为弗朗切斯科 · 斯福尔扎（Francesco Sforza）设计铸造骑马纪念像的内容。里面两页分别记录了年代：1491 年和 1493 年。列奥纳多记录了自己铸造及运输巨型马匹铜像的过程，还提供了确定马匹站姿的草图（见图52），此外还有一些关于铸造过程的精彩素描。马德里手抄本的另一部分由 140 页杂乱的材料组成，产生年代大约在 1503—1505 年，其中包括对一场于 1505 年 6 月 6 日打断了他绘制《安吉亚里之战》的暴风雨的生动描述。此外，还有一些有意思的计划及备忘录，内容与他在 1504 年秋天受佛罗伦萨政府委托，在皮翁比诺（Piombino）当地领主的军队中担任工程师有关。列奥纳多还计划在当地开挖一条连接佛罗伦萨与海洋的运河（见图 I)。另一册手抄本大致成稿于 15 世纪 90 年代晚期，但具体日期尚存争议。其内容总体上是关于机械的设计理论及具体应用。其中包括一些列奥纳多创造的最精美的机械素描草图，例如一系列对渐开线齿轮的研究手稿（见图Ⅱ)。其中，他利用力学原理对松弛弹簧的弹力进行补偿，展现了他制造精密机械的能力。这些手稿中，他根据物体形状以紧密排列的阴影线来表现体积的绘画手法，也成为其随后绘画风格的主要特征之一。

格拉奇奥索 · 西罗尼（Grazioso Sironi）于米兰发现的关于《岩间圣母》的新材料也具有很高的价值。[1] 里面提及安布罗吉奥 · 达 · 普雷迪斯（Ambrogio da Predis）于 1508 年 10 月在列奥纳多的授意下将原画作嵌板从画框上取下，以便完成一件复制品。这一发现似乎意外地解答了该画作存于伦敦的第二个版本的出处问题，并且引发了学界对此更多的论证。[2] 但是我们也随即面临着以下结论：该画作藏于巴黎的版本因为尚在进行的法律诉讼，直至 1506 年末还未完成，而伦敦版本的完成时期则在 1508 年或更迟；不过，目前尚无其他已知书面材料或实物证据可为这些结论提供佐证。在我看来，这一新材料带来的疑问并不比它能解决的少。

同时，现代保存技术及科学调查手段也揭示了新的直接证据。《最后的晚餐》正在接受一丝不苟的修复，目标是去除所有的早期表层颜料。一些绘画技法和色

---

1. 格拉奇奥索 · 西罗尼：《关于列奥纳多 · 达 · 芬奇的〈岩间圣母〉的新资料》(*Nuovi documenti riguardanti La 'Vergine della Rocce' di Leonardo da Vinci*)，米兰，1981 年。
2. W. 康奈尔（W. Cannell)，《列奥纳多 · 达 · 芬奇的〈岩间圣母〉》(*Leonardo da Vinci—"The Virgin of the Rocks"*)。对新材料的重新审视与解读收录在《美术公报》(*Gazette des Beaux Arts*)，1984 年，第 99 ～ 108 页。

图 I　连接佛罗伦萨与阿诺河（Arno）可航行流域的运河规划，
约 1503—1505 年，马德里国立图书馆

彩上的美妙细节因此得以重见天日（见图 III、图 IV）。这些细节不但证实了克拉克先前的直觉：人物的面部表情在更早的修复中被削弱了；同时也加深了这样的怀疑：就算在保存较完好的区域，分散于墙体各处的列奥纳多原始画作的表面残留，也已经无法再呈现出连贯整体的效果。在佛罗伦萨市政厅利用现代科技对《安吉亚里之战》展开的检查中，虽然人们使用的超声波手段尚未在下层灰泥面找到列奥纳多未完成部分的明显痕迹，但检查的一些初步结果却是令人鼓舞的。[1]

1. H. T. 牛顿和 J. R. 斯班瑟（H. T. Newton and J. R. Spencer）：《在列奥纳多的〈安吉亚里之战〉的现场》（*On the location of Leonardo's 'Battle of Anghiari'*），《艺术报》（*Art Bulletin*），第 64 期（1982 年），第 45 ～ 52 页。

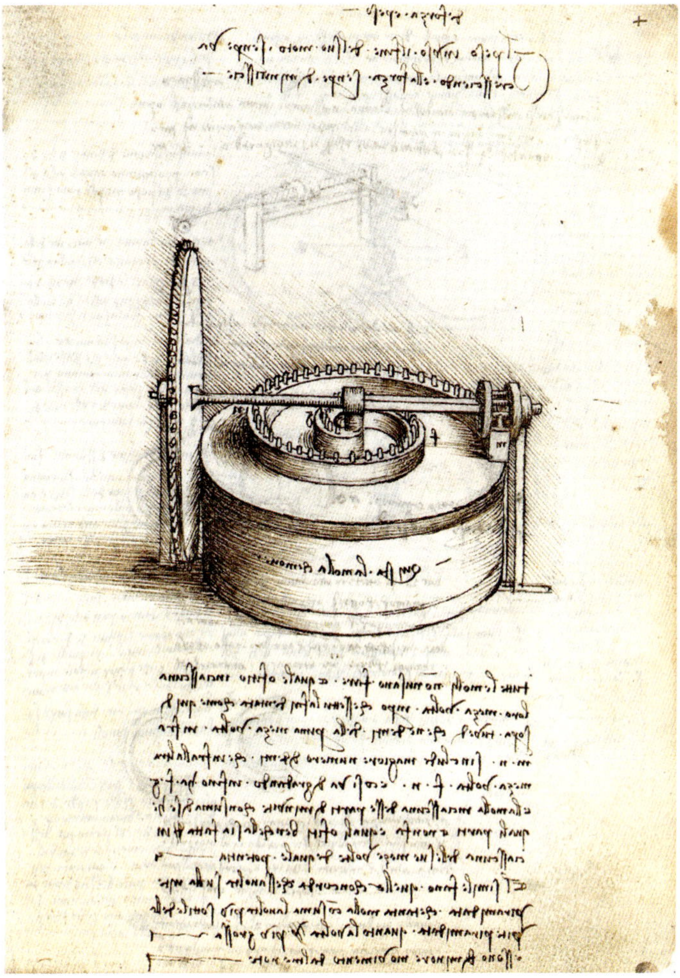

图 II　对渐开线齿轮及弹簧管的习作，约 1498 年，马德里国立图书馆

在我看来，与克拉克著作相关的新发现中，最具启发性的并非列奥纳多的原作，而是一幅根据他从未被发现的草图《圣母子与圣安妮》（*Virgin and Child and St. Anne*）（见图 V）所作的早期临摹作品。这幅现在日内瓦由私人收藏的作品反面写有“Leonardo alla Nuntiata”，[1]其画面构图与彼得罗·达·诺韦

1. 见卡罗·佩德雷蒂《列奥纳多》（*Leonardo*），博洛尼亚，1979 年，第 42 页；以及他为在芬奇举办的《列奥纳多后米兰时期展览》目录所写的导言，A. 维佐斯（A. Vezzosi）编，佛罗伦萨，1982 年，第 18 页，第 21 号。

图 III 《最后的晚餐》中圣马太（St. Matthew）局部，1497 年，
恩宠圣母教堂（Santa Maria delle Grazie），米兰

拉拉（Pietro da Novellara）于 1501 年根据实物所叙述的极其接近，因此，这幅作品也暂时被视为列奥纳多在圣母领报（Annunziata）修道院驻留期间所创作草图的临摹稿。这幅草图同时还为一张收藏于柏林的布雷西亚尼诺（Andrea del Brescianino）画作提供了佐证，该画作曾被克拉克视为对列奥纳多构图近乎呆板的模仿。出于对圣安妮的形象年表的增补，克拉克最终在本书再版时对这一问题重新做了说明。[1]

在对列奥纳多的思想性研究方面，各类翻译和注释版本的高清印刷品对研究工作提供了重要的帮助。卡罗·佩德雷蒂（Carlo Pedretti）数量庞大的著作让我们对列奥纳多手稿的年代信息加深了认识，可以说他在这方面的贡献，自卡尔维以来无人能及。而奥古斯托·马里诺尼（Augusto Marinoni）的研究，则为我们提供了理解列奥纳多思想的关键工具。这些学者的杰出研究成果，一部分已被收录在新近完成修复的米兰《大西洋古抄本》（*Codice Atlantico*），以及让克拉克受益匪浅的温莎城堡列奥纳多素描收藏精美图录中。同时，法兰西学院所藏的列奥纳多手稿也在安德烈·沙泰尔（André Chastel）的领导下被整理出版。

1. 肯尼斯·克拉克：《成为达·芬奇：列奥纳多的艺术传记》，第 146 页注释部分。

图IV 《最后的晚餐》中圣达太（St. Thaddeus）和圣西门（St. Simon）局部

图V　仿列奥纳多（？），《圣母子与圣安妮》，日内瓦，私人收藏

我们对列奥纳多在科学追求方面的认识，也发生了重大的转变和重构。就像克拉克预测的，这样的转变既归功于我们对中世纪科学成就有了更深的认识，也因为我们将列奥纳多的个人科学活动纳入其整体思想发展过程中所开展的细致研究。其中对列奥纳多的科学人格最为传神的刻画，出自俄罗斯学者瓦西里·祖波夫（Vasilij Zubov）笔下。[1] 与此同时，肯尼斯·基尔（Kenneth Keele）近期也对列奥纳多的解剖学作品进行了研究，希望借此进一步掌握其毕生所持科学理念的全貌。两人的著作是对克拉克的列奥纳多研究有益的补充。我个人则希望通过对列奥纳多的艺术与科学实践之间互补性因素的研究，将两者纳入同一学术语境，而不是武断地将其混为一谈。[2] 在重新阅读本书的最新版本时，我仍会时不时地惊叹于克拉克对后来学者研究颇具远见的预测。

对于列奥纳多的学术研究从来没有像现在这样兴盛，在阿曼德·哈默（Armand Hammer）的资助下，加利福尼亚大学为列奥纳多研究设立了专门的教职并将出版专门的期刊。这一势头还将继续，全世界有关列奥纳多的展览层出不穷，并吸引了越来越多热情的参观者。大众对列奥纳多的熟悉程度达到了前所未有的高度。所有这些变化，非但没有让克拉克这部专著显得过时，反而印证了他对这位大师进行研究的正确性。克拉克的著作，也将继续帮助我们理解作为欧洲文明高峰之一的列奥纳多·达·芬奇。

---

1. 瓦西里·祖波夫（Vasilij Zubov），《列奥纳多·达·芬奇》（*Leonardo da Vinci*），D. 克劳斯（D. Krau）译，剑桥大学出版社，1968 年。K. 基勒（K. Keele），《列奥纳多作品中的人文科学元素》（*Leonardo da Vinci's Elements of the Science of Man*），伦敦和纽约，1983 年。
2. 马丁·坎普（Martin Kemp），《列奥纳多·达·芬奇：美妙的人与自然的作品》（*Leonardo da Vinci: The Marvellous Works of Nature and Man*），伦敦，1981 年。

企鹅版版本说明

本书的再版，是因为我们相信克拉克的《成为达·芬奇：列奥纳多的艺术传记》作为一部经典著作，应该继续为读者所拥有。1967 年修订版的内容基本上未做改动。脚注部分，将后来的各个版本中的参考文献与 1939 年版本的脚注内容做了整合，包括口袋书版中未收录的注释。

考虑到会使原文的注释显得学究气过重，并与本书的精神追求不相符合，所以本书没有尝试添加经过更新的全部参考文献内容。拜克拉克在 1939 年无法想象的先进印刷技术所赐，本书最大的改动是将插图数量从 67 张增加到了 127 张。新增插图的选择依据以下原则：（1）克拉克讨论过的所有画作的插图，不包括仅仅提及的。（2）克拉克所选取的大量参考画作，出自 A. E. 伯汉姆（A. E. Popham）所著《列奥纳多·达·芬奇的素描作品》（*The Drawings of Leonardo da Vinci*），其中大部分由克拉克亲自挑选。（3）插图能够为内容提供视觉上的补充。本书中的“生平年表”和参考书目也做了适当扩充，能够更好地服务于本书内容。我在此非常感谢特蕾莎·克劳（Thereza Crowe）、撒切尔·亚历山大（Thacher Alexander）和理查德·凯（Richard Kay）为编辑工作所提供的宝贵的热情协助，以及道恩·沃德尔（Dawn Waddell）所承担的超越其义务的事务性工作。

鹈鹕丛书首版引言

本书由我在 1933—1936 年所做的一系列讲座构成，这些讲演稿最终收录于耶鲁大学瑞尔森系列讲座集。本书于 1939 年首次出版，随后，稍做修改的第二版于 1952 年出版。在此，我必须感谢剑桥大学出版社允许我将本书作为鹈鹕丛书再版。为了把最新的列奥纳多研究成果纳入本书，我对这个版本的内容做了必要的修改和补充，其中也包括根据我个人意见做出的改动。

对于那些我在书中提及，但无法提供插图的画作，请参考伯汉姆所著的《列奥纳多 · 达 · 芬奇的素描作品》一书。该书 1946 年于伦敦出版。

肯尼斯 · 克拉克

1957 年 9 月

鹈鹕丛书首版序

本书所存在的不足之处并不能依靠修订版来弥补，尽管我希望能就这一主题重新写一部书，这一想法却因为其他事务终不得实现。但我还是想借此机会用几句话来探讨一些主题，如果我有机会重写本书，这些主题也是我将在书中展开谈论的。我会改变本书第一段的内容，我曾在这一段中将列奥纳多的艺术创作与其思想做了区分，并表示我只对前者感兴趣。虽然这样的区分有其合理之处，但也需承担风险。因为其中体现了 20 世纪早期的一个观念，即绘画是一种可以单独习得的技巧。但在 15 世纪时，绘画却被视为知识的一个门类。通过对自然现象的永久记录，艺术不但具备自身独立的价值，同时能用让人信服的上帝、圣母或圣徒等形象来满足人们的想象。作为艺术家的列奥纳多也曾通过观察、比较和分析来扩展他对自然世界的认知。尽管在一定程度上，他确实更倾向于通过笔记和图表而非绘画来记录这些认识，但在他生命的每一个阶段，这两种形式都是密不可分且相互作用的存在。

列奥纳多的艺术生涯始于他对表象的观察，早期的他满足于这样的方式，是因为他无条件地接受了佛罗伦萨画派通过数字表达和谐的理念。尽管与新柏拉图主义产生了明显的对立，但列奥纳多并没有对这一缺乏挑战的理念产生怀疑，并在其手稿中写道："平衡不仅存在于数字和尺度中，也能在声音、重量、时间，以及一切自然界存在的能量中找到。"这一信念为创造清晰严谨风格打下了完美基础。自然界的对象所需要的，不是被分析或通过强调其至关重要的复杂性被二次创作；它们需要的，是被简化至最单纯、最便于观察的要素，以实现和谐的相互关系。但是欧几里得式的井然有序并不能长久地满足列奥纳多，并且终将与他对生命的理解产生矛盾。对于在过去 50 年间，众多佛罗伦萨画派艺术家们所追求的另一个目标：通过风格来表现动态，列奥纳多则产生出更多的共鸣。像其他人一样，他认为艺术所表现的动态具有其特殊性，必须成为优美的视觉化表达。

虽然文艺复兴时期的作者们没有为“优美”一词给出正式的定义，但他们应该都会同意其中包含了一系列优雅顺畅的过渡。这一特征可以完美地体现在流畅的姿态、垂顺的布纹或卷曲起伏的发丝中。生硬的过渡代表着粗鲁，而优雅的过渡则具有连续性。列奥纳多继承了这一动态表现传统及其部分优雅特性，并将它们发展成了一种整体风格。没有哪件作品比藏于卢浮宫的《圣母子与圣安妮》更能完整复杂地展现这种连续的流动感。但是相较于威廉·荷加斯（William Hogarth）提出的优美的线条理论，列奥纳多为画面连续性所做的努力产生了意义更为深远的结果。因为这对于他来说，不仅是一种描绘技法，而且也是他追寻视觉真相的一部分。列奥纳多关于光线投射到球体表面的示意图，正是这种不断模拟自然的尝试。这种尝试不仅在《蒙娜丽莎》中被引向一个新的层次，而且在卢浮宫所藏的《施洗者圣约翰》中达到了极致。

连续性和对事物进行系统性表达之间的联系最终汇聚于一点，对优雅和真实表达的需求在此合二为一。

列奥纳多思维的整个走向是从机械性转向有机性的。比如在进行解剖学研究时，他从结构入手了解头骨和其他骨骼，进而对生殖系统及心脏工作原理展开了研究。最能说明这一点的，是他对地质学的兴趣。在《岩间圣母》中，他首先在希腊风格和中世纪传统的基础上，将对现实的观察表现于对岩石的描绘。接着他便对作为整体的风景地貌产生了兴趣，将岩石视为地球构造的一部分。最终他将注意力放在了地质学方面，通过观察岩层和山上碎石中的海洋生物化石，列奥纳多得出了自己的结论：与人类、植物和光线一样，地球也处于不断变化的状态。水对于地球的作用就像是血液之于人体。[1] 这也解释了他笔记中那些多到令研究者生畏的对水流运动的描述和草图。这些研究象征着一股持续不断的能量，而列奥纳多通过对自然的观察将这股能量置于他宇宙观的中心。

虽然我认识到了飘动的头发（优雅）和流水（连续的能量）之间的根本联系（见图 110），但是我却没有着重强调发现万物间能量流动的现象对列奥纳多来说意味着什么。如果所有事物都在不间断地运动，而列奥纳多深信不疑的那套数学体系却无法控制这些运动。第 111 页（鹈鹕丛书首版中的页码）中引用的列

1. 此处原文有“L’acqua e il vetturale della natura”。——编者注

奥纳多有关数学的断言，充分展示了他在 15 世纪最后 10 年对数学的巨大热情；而这种热情的逐渐湮灭，对列奥纳多必然是非常沉重的打击。所以也难怪大量的观察记录工作使他变得越来越沮丧，不仅是因为其浩瀚的规模，更因为其表象下的本质。可悲的是，这些都已超越了他的控制范围。这一思想状态体现在了大洪水素描中，画中持续流动的能量被表现为人类存在痕迹的摧毁者。此外，与大洪水相关的数百张地质结构草图，也可视为他晚年幻想破灭后的涂鸦。他钟爱的数学也不再是其追求真理的工具，而仅仅沦为了一项脑力消遣。

事物的持续变化尽管对列奥纳多思想的理论根基造成了威胁，但是也激发了他最深层的一种本能：对神秘事物的认知。张开的手指和微笑——前者暗示了人们视野之外的力量，后者反映了同样超出常人理解范围的一种内在机制——甚至在他的早期作品中就具有了象征性的重要意义。所以，当他强化了对神秘事物的感觉并通过研究将其巩固，他对象征符号的使用也变得更具主观性。《蒙娜丽莎》曾被不逊地描述为“一只刚吃下金丝雀的猫”，对一个完全占有她的所爱并享受着消化过程的女人脸上的微笑，这确实是一种不错的比喻。列奥纳多发现这个神秘且不间断的过程，和雨水从云层落下汇入海洋后，又经蒸发返回云层的过程有着相同的节奏。在卢浮宫所藏的《施洗者圣约翰》中，两个神秘的象征相互结合并浓缩在了一起，给了画面一种迷人的力量。代表优雅的微笑和转动的身姿变得异常危险，因为它们已经融入了不断流淌的能量之中。而这些人类无法左右的事物，则被认为是人类安全的威胁。然而，如同我们在《施洗者圣约翰》中感觉到的形式上的压迫感，列奥纳多凭着一种源于直觉的固执，在他对自然力量的学术研究中向着神秘领域渐行渐远，最终他自己似乎也成了其中的一部分。因此，像他同时代的人一样，我们也不再将列奥纳多视为一个科学家和可被测量的现实的追求者；他是一个因精通自然机制，从而掌握了令人不安的万物之谜的术士。

第一章

1452—1482 年

本书的目标；列奥纳多的童年；跟随韦罗基奥的学徒生涯；韦罗基奥的绘画与雕塑；列奥纳多在韦罗基奥作品《基督受洗》中的贡献；乌菲兹美术馆的《圣母领报》；列支敦士登肖像；慕尼黑《圣母子》；《柏诺瓦圣母》；以及，卢浮宫的《圣母领报》

本书旨在研究列奥纳多·达·芬奇作为艺术家的发展轨迹。至于他在科学及相关理论上的研究成果，只能留给对中世纪和文艺复兴学术史有专门研究的学者来做严肃的讨论。正如所有伟大的艺术成就一样，他的作品以及人格所呈现的一切，至今为世人津津乐道。因此，也更需要被重新诠释给新一代受众。

至于为何列奥纳多的艺术生涯需要被重新诠释，可归结于以下原因。在过去的一个世纪中，公众对其作品的认知仍存在诸多模糊之处。而造成这类模糊认识的原因，是被归于其名下的众多绘画作品中存在着大量有待商榷的真伪问题，人们也就可能从中得出对于他作品风格的不实结论。因此在人云亦云的迷雾中，还原出列奥纳多艺术生涯的全貌，就成了当时艺术史学界的首要任务。而这项工作的完成，几乎耗尽了意大利艺术史研究者们的全部精力，以至于学界对列奥纳多在人文精神方面的研究存在着大量空白。然而在经过了长达 50 年对其风格的研究和分析之后，学术界终于在一定程度上对他的作品履历达成了共识。尽管在许多画作上仍然存在着归属问题，但我们不应该继续试图从画面细节的形态学比较分析角度去解决它们。与其将绘画简单地视为人类用双手创造的艺术门类，我们更应该将其看作人类灵魂的表达，从而于前人遗漏之处，对这部分艺术史进行重新梳理，正如沃尔特·佩特在他关于列奥纳多的优美散文中描述的那些其从未画过的作品。尽管材料不尽翔实，有损于对他的研究，但由此可见佩特所关注的并非列奥纳多本身，而是他的画作所表达的精神世界。假如佩特能够了解列奥纳多的所有真迹，可以想见他的研究将会拥有怎样的深度和活力。

相较于前辈的研究者来说，我们在审美比较的广度上有着明显的优势。古典绘画体系中的相似性已不再是我们评价列奥纳多作品的唯一标准，而符合传统学院派审美要求的画作也已经不再于画界独占鳌头。西方人从对原始和东方艺术的接触学习中，诞生了更为自由的创作形式，其所展现出来的鲜明特色此前被认为是怪诞的。相较于他流传至今的油画巨作，我们反倒可以从列奥纳多那些更为私密和随性的素描手稿中，进一步窥见其天才的源泉。尽管我们对人类心理学的认识可能言过其实，也不论是否相信复杂的精神分析学说，人们普遍能体验到某些象征符号会从潜意识深处的某一区域，不自觉地浮现到脑海中。就算是最强大的头脑，也会从心灵深处充满原始活力的区域汲取能量。对于列奥纳多的风格和作品，我们无法对其创作灵感加以简单的解读。任何笼统的归纳和褒贬之词，以及传统艺术评论界惯用的优劣分类标准，都不足以合理地应用在他的身上。列奥纳多本身就是对一切单一结论最鲜活的反驳。同时，他性格中存在的复杂性和多样性无人能比，任何对其概括总结的尝试终将在他的奇思妙想前不攻自破。不论是生长或衰亡，微观或者宏观，他对生命的本质有着一种强烈的敏感性。对于自然世界，他总是能够精确地抓住其抽象化的本质。因此我们在进行列奥纳多研究时，也应该持有同样的方法论。

尽管我们在解读列奥纳多的一生时，会试图避免过多地进行猜想和推论，但是对于他生命的前 30 年这样做却是无法避免的。可供研究的史料如此贫乏，以至如果我们过于严谨或过分依赖资料和风格分析，必然会错过部分真相。几乎从他的青少年时代起，列奥纳多就是一个具有传奇性的角色。那些在我们的印象中关于其形象最真实和最宝贵的特征，大都源自传奇故事以及瓦萨里所著的传记。

1452 年 4 月 15 日，列奥纳多出生于芬奇小镇附近一个叫作安齐亚诺（Anchiano）的村子。他的父亲皮耶罗是一个成功的公证人。他的母亲名叫卡特里娜，是一个农妇。据我们所知，列奥纳多在他出生的村子中长大。佩特借助他一贯的洞察力描述了托斯卡纳农村的日常生活：“观察蜥蜴、萤火虫及其他在意大利葡萄园中出没的奇特小动物。”这样的生活能够丰富孩子的想象力，并引发他对有机生命持续的痴迷。瓦萨里也通过一个故事描述了这一事实，列奥纳多孩童时，为了在父亲手下雇农的盾牌上画一条龙，将各种蜥蜴、蟋蟀、蛇、蝴蝶、蚱蜢、蝙蝠等动物抓回自己的房间，并将这些动物的特征组合在一起，创造出了一个不寻常的丑陋生物。虽然那面盾牌并没有保留下来，或许根本就是子虚乌有，但我们并不需要确凿的证据就能理解瓦萨里这段逸事中的真相。因为通过这个关于创造生物的故事，我们可以发现在他的晚期作品中依然存在的模式。

我们还必须记住关于列奥纳多青少年时期的另一个传说：他的美貌。尽管我们没有掌握同时代的人对他年轻外表的描述或是可被证实的肖像画，但是瓦萨里和其他所有早期作者都在记述中对其美貌进行了渲染。由此可推测这样的结论必然建立在同一学术传统的基础上。列奥纳多不但英俊、健壮、举止优雅，而且他在谈吐上的魅力能感染所有人的心灵。他日后的人生也为这一说法提供了佐证。在瓦萨里的叙述中，关于他对马匹的热爱和精通也可以通过大量绘画来验证。关于列奥纳多如何在市场上购买鸟类并将其放生的故事，则代表了他对自然的热爱，这一点在他所有的作品中都有所体现。[1] 对于那些早期的传记作者来说，列奥纳多本身就是自然的杰作，并且似乎属于自然进程的一部分。即便是他在晚年被赋予的那些近乎神奇的能力，也被这些作者视为其完美存在的证明。尽管这样的解读显得无知且片面，但是其中仍包含着少量值得被纳入复杂全貌的真相。我们可以在列奥纳多自己的一本笔记中找到另一个截然不同的片段。这实际上是他的所有笔记中唯一的一段对自己青少年时期的记录。那是一段回忆，或者说是具有象征意义的梦境，依旧留有深埋于潜意识中的情感经历所具有的不安特质。“在我最早的童年记忆中，我似乎躺在摇篮里。一只鸢飞到我身边并用尾巴打开了我的嘴，然后又用尾巴在我的嘴唇间敲打了很多下。这似乎就是我的命运。”[2] 出于心理学知识的匮乏，我们无法对这样的回忆进行最终的解读。但是弗洛伊德却毫不意外地将这段文字作为他对列奥纳多研究的起点。他的结论则被大多数列奥纳多研究学者视为惊世骇俗的谬论。诚然，强大复杂的思维机制既无法从简单几句话中被推导出来，也不能被相对片面的某种心理学理论所解释。弗洛伊德的研究尽管具备一些合理的直觉认识，但和瓦萨里一样存在着过度简化的问题。通过强调他的反常，这种过度简化的解读，依旧可以帮助我们建立关于列奥纳多性格的整体概念。在审视其早期作品的表象时，我们必须考虑到这股暗流。并且此后也不该轻易地忘记这一点。

我们知道列奥纳多在1469年随着父亲来到佛罗伦萨生活，1472年时，他已经在圣卢克行业工会中以画师的身份注册在案。[3] 此时他年仅20岁，如果他完

1. 《列奥纳多·达·芬奇》:《艺苑名人传》，乔尔乔·瓦萨里著，乔万尼·波吉（Giovanni Poggi）编辑，佛罗伦萨，1919年。这一点被安德里亚·科萨里（Andrea Corsali）证实，他在1516年10月从印度写给朱利亚诺·德·美第奇的信的第4页谈到某个部落“很温柔，不吃任何带血的食物，也不允许人伤害有生命的东西，就像我们的达·芬奇”。
2. 对这段回忆合理且具有学术性的解读使精神分析学家失去了对它的兴趣。参见迈耶·夏皮罗（Meyer Schapiro）《对创意史的记录》（*Journal of the History of Ideas*），第17卷，第2篇，1956年4月，第147～178页。
3. 此处原文有“Leonardo di ser Piero da Vinci dipintore”。——编者注

成了常规的学徒阶段，就意味着他至少已经学习了四年绘画。当时的传统及风格方面的证据告诉我们，韦罗基奥是他的第一位老师。从历史记录中我们得知，直到 1476 年他仍是韦罗基奥工作室的一员。因此了解这位列奥纳多跟随了六七年的画家，对我们来说是非常重要的。

韦罗基奥一直以来都被视为文艺复兴时期佛罗伦萨画派的典型画匠。他的能力足以胜任任何创作，不论是至今位于圣母百花大教堂屋顶的红铜球体的铸造[1]还是宝石镶嵌。但是韦罗基奥的绘画和雕塑创作，却无法用单一的论述来概括。韦罗基奥的绘画从一小群收藏者的手中流传到我们身边，这些作品往往尺寸硕大、风格严谨，每一幅作品中的人物形象相对于风景都处于支配地位，并体现出一种尊贵的气质。但是这些形象却无法激起人们的想象。人物造型呈现近乎金属的质感，颜色明快且具有概括性。画面所表现的是一个务实之人笔下的乏味世界。然而在韦罗基奥的雕塑作品中，却有一种对无法预知力量的暗示，以及我们时常将其与列奥纳多联系在一起的奇思妙想。因此列奥纳多和作为雕塑家的韦罗基奥之间的关系，可以说既紧密又存在问题。要理解韦罗基奥在风格上对列奥纳多的影响，我们就必须从列奥纳多在其工作室期间，韦罗基奥所完成的重要雕塑入手。[2]其中有确切记载的是位于佛罗伦萨圣弥额尔教堂（Or San Michele）的《圣托马斯的怀疑》组雕。我们知道，韦罗基奥是在 1463 年接受委托，并于 1467—1470 年创作了样稿。圣洛伦佐教堂圣器安置所中洗手盆的创作日期则被认为要早于 1469 年，皮耶罗和乔万尼·德·美第奇的石棺雕塑（见图 1）完成于 1472 年。在他没有确切日期记录的作品中，我们可以肯定，巴杰罗美术馆中的青铜大卫像和卡雷吉（Careggi）的耶稣复活陶土浮雕均完成于列奥纳多的学徒期内。韦罗基奥的后期作品中，圣母百花大教堂博物馆中的银制浮雕于 1477 年完成时，列奥纳多仍然留在老师的工作室。此外，洛伦佐·德·美第奇赠予马蒂亚斯·科尔维努斯（Mathias Corvinus）的银制浮雕（现已丢失）很有可能

1. 当列奥纳多进入韦罗基奥的工作室时，球体的铸造必定是当时工作室中的一项重要工作。球体于 1471 年 5 月 27 日在赞美诗的歌声中被吊装到教堂顶部。

2. 韦罗基奥并不是唯一在雕塑上影响列奥纳多的艺术家。列奥纳多也从老师的竞争对手安东尼奥·波拉约洛（Antonio Pollaiuolo）那里借鉴了一些长处，后者充满活力的线条风格反映在了列奥纳多的首张铅笔素描中。并且列奥纳多似乎还对德斯德里奥·达·塞蒂尼奥诺（Desiderio da Settignano）的作品也特别关注。

图 1　韦罗基奥，《皮耶罗及乔万尼 · 美第奇之墓》局部，约 1469—1472 年，圣洛伦佐教堂，佛罗伦萨

图 2 韦罗基奥，《大卫》侧面像，约 1473 年，巴杰罗美术馆，佛罗伦萨

也完成于这一时期。如今看来，这些作品所拥有的一个显著共同点是对扭曲动态的偏爱，同时体现在整体构图和细节两方面。《圣托马斯的怀疑》组雕可以说是文艺复兴时期第一件利用人物轴线的对比所形成的构图来表现复杂动态的艺术作品。这一形式后来也被列奥纳多作为他所有创作的主要手段，经由他，这一手段成了文艺复兴晚期风格主义艺术形式的基础，甚至青铜大卫像也拥有值得注意的躯干扭动。此外，卡雷吉浮雕人物的动态姿势，也与列奥纳多的早期素描极为相似。关于刻画细节上的动态变化，瓦萨里曾描写过韦罗基奥对画绳结和精细编织的发辫的热衷。这一点可以从那些缠绕在美第奇斑岩石棺上象征着大自然勃勃生

机的青铜花卉上得到充分的印证。藏于大英博物馆的韦罗基奥素描中的编织发型，与列奥纳多30多年后创作的《勒达与天鹅》草图中的发型几乎如出一辙。因此我们必须假设，列奥纳多对曲线的偏爱属于天性，源自其最初的潜意识记忆。但老师传授给他的形式语言，则让列奥纳多那与生俱来的韵律感能够得到轻松的表达。

另一方面，我们在列奥纳多早期人物素描中发现，其面部特征与韦罗基奥的雕塑相同。图2中大卫的侧脸，与列奥纳多创作的那些一头浓发的优雅青年非常相似。大卫脸上不易察觉的微笑，此后也成为列奥纳多风格的标志之一。我们还可以在韦罗基奥的其他作品中发现此类微笑，比如圣托马斯或者圣洛伦佐教堂洗手盆上装饰的头像。韦罗基奥也是最早将俊美少年与凶恶的瘪嘴老人进行对比的艺术家之一。在幸存下来的《施洗者圣约翰被斩首》的银制浮雕中，那位老年武士也带有极强的列奥纳多风格。但这一经典的面部表情，无疑可追溯至大西庇阿（Scipio Africanus）及大流士（Darius）的两件著名青铜浮雕，其原貌可以从后来各种材质（如大理石、灰泥及上釉陶土）的复制品中窥见。很有可能列奥纳多也曾尝试过这些浮雕的再创作。卢浮宫中的一件大理石浮雕以及维多利亚和阿尔伯特博物馆中的一件灰泥浮雕，在造型和设计上，明显的列奥纳多风格隐约体现了他眼中的西庇阿形象。而他为人熟知的大流士形象，则来自藏于大英博物馆的那件银笔画，这也是他早期素描作品中最精美完整的一件（见图3）。而将人物形象的年轻柔美与年迈阳刚进行对比的表现形式，则让这些浮雕作品产生了深远的影响。对此我将在谈及列奥纳多的讽刺画时加以详细的探讨。

事到如今，我们头脑中一定会浮现这样的问题，师徒作品之间的这些相似性是否暗示着韦罗基奥的大量雕塑作品出自列奥纳多之手？列奥纳多在写给卢多维科·斯福尔扎的信中提及了自己的雕塑创作，在后文第53页[1]的作品列表中也包含了一件耶稣受难的浮雕作品。虽然这一假设并非空穴来风，但遗憾的是，我们至今尚未发现任何确凿的文字或图像证据来支持它。而在绘画方面，情况则要比雕塑明朗得多。

那些确定出自韦罗基奥之手的绘画，显然都完成于1472年之前，因为他似乎从那之后就完全放弃了绘画。无独有偶，我们所掌握的关于列奥纳多作为画家

1. 此处原为企鹅版页码，已改为汉译本页码，相同情况不另出注。——编者注

图 3 《一个古典战士》，大流士（？），约 1475 年，大英博物馆，伦敦

最早的证据就来自同一年。而且我们可以将被学界公认的列奥纳多早期作品的创作时间限定在其后的六年中：乌菲兹美术馆的《圣母领报》，慕尼黑老绘画陈列馆的《持花的圣母》，原藏于列支敦士登的一副肖像（见图11），以及圣彼得堡艾尔米塔什博物馆的《柏诺瓦圣母》。在与韦罗基奥的画作进行对比后，上述绘画所具备的共同特征将它们与第一幅毫无争议的列奥纳多作品、卢浮宫的《岩间圣母》联系起来。不同于韦罗基奥所用的局部明亮色彩，这些作品在创作中使用了橄榄绿和灰色的沉稳色调。另外，相对于韦罗基奥粗犷结实的人物造型，这些画作中人物的头部和手经过了细致的描绘，同时还兼顾了物体表面机理的细微渐变。列奥纳多同时代的人们无法想象他画中这个暮色下的世界，因为它与15世纪绘画中上过釉般明亮的光线有着天壤之别。尽管这些画作与韦罗基奥已无太大的关联，但是我们可以肯定，它们是在韦罗基奥的工作室中完成的。不仅因为列奥纳多当时还在为老师工作，而且还在于它们仍具备某种韦罗基奥工作室风格的特征。事实上，我们可以从皮斯托亚祭坛画的相关资料中，推断它们是作为韦罗基奥的作品接受委托和交付的。更确切地说，是作为韦罗基奥工作室的作品。应该说，列奥纳多在老师的工作室中所享有的地位，类似于一个规模不大但声望极高的裁缝铺中的工头。尽管作为工作室的主人，韦罗基奥也是个极有能力的工匠，但他自然还是会将自己不甚感兴趣的那部分工作，交给这个天赋过人的助手。在此，我们还能发现瓦萨里关于韦罗基奥《基督受洗图》（见图4）中的“天使出自列奥纳多之手”这一故事的真实核心。瓦萨里是这样叙述的：“韦罗基奥因为这个少年在艺术方面的天赋超越了自己而感到恼火，这就是他从此再也不碰颜料的原因。”[1]很有可能当韦罗基奥发现学生过人的绘画天赋后，就放弃了绘画。毕竟工作室中有一个优秀的画家就已足够，韦罗基奥自己可以从此专注于雕塑和金器制作这两个他最钟情的艺术领域。

现在，我们必须对列奥纳多的早期绘画作品进行细节分析。瓦萨里认为他完成了《基督受洗图》中的一个天使（见图5），虽然这一说法在近一时期的怀疑论氛围中受到了质疑，但是可以从历史资料和风格两方面加以证实。这样的证据

1. 这当然是典型的师徒之间的传奇，在描述契马布埃（Cimabue）和乔托（Giotto）、弗朗西亚（Francia）和拉斐尔时，瓦萨里也曾提及这样的关系。但是在韦罗基奥和列奥纳多之间这种关系极有可能是真实的。

图 4　韦罗基奥，《基督受洗图》，约 1472 年，乌菲兹美术馆，佛罗伦萨

图 5　韦罗基奥,《基督受洗图》局部, 约 1472 年, 乌菲兹美术馆, 佛罗伦萨

出现在一部阿尔贝蒂尼（Albertini）撰写的名为《纪念碑》（*Memoriale*）的介绍佛罗伦萨的小册子中。由于该书写于列奥纳多仍生活在意大利的 1510 年，因此可以被视为相对可靠的资料来源。最关键的是，我们可以在天使的头部找到列奥纳多早期风格毋庸置疑的证据，这一点与韦罗基奥所画的天使形成了鲜明对比。借助他在早期作品中所展现出来的天才般的预言能力，列奥纳多预示了整个意大利艺术将在他有生之年发生的变化。韦罗基奥笔下的天使有着和 15 世纪所有天使一样的外表，这一类型要追溯至卢卡 · 德拉 · 罗比亚（Luka della Robbia）所画的唱歌的男孩。他有着类似的较宽的结实脸形、短小的鼻子和厚

重的头发，在技法上运用了完美的写实主义。图中的他似乎正诧异地看着身边这位像是从另一个世界来的同伴。的确，列奥纳多笔下的天使，正是来自那个韦罗基奥从未涉足的幻想世界。他的头像，借助每一笔勾勒出鼻子、脸颊和下巴的线条，展现了一个完美的典范，符合我们关于完美的所有想象。这一形象在某种程度上受到了古希腊古罗马风格的影响，因为列奥纳多在当时的佛罗伦萨必然会见到这一时期的遗物。但是那些如瀑布般流淌在天使肩头的波浪长发，却是列奥纳多自己的创造。这时，列奥纳多的艺术就像一朵神奇的花蕾，用佩特的话来形容就是“被一丝诡异染指的美”。尽管强烈预示着画家成熟的构思，但这一头像无疑出自一位年轻人之手 。画家将更多的精力用在勾勒微妙的轮廓而非人物的体量和结构上。由此推断，这件作品的创作时间，应该在 1470—1472 年。天使的衣纹也同样出自列奥纳多之手，展现了一种奇特的皱褶关系。虽然稍显拘谨生硬，但经过了精心的安排。对此我们也可以从瓦萨里的叙述中得到印证，他说，当列奥纳多还是学徒时，“经常做一些泥塑人像，并为其穿上浸过泥水的软麻布衣服，然后非常耐心地在一块特殊的优质兰斯布料或者亚麻布上对其进行写生。其中一些他会用黑白形式表现，并且仅用笔尖作画就能达到让人惊叹的效果。一些留存至今的作品可以为此提供佐证”。[1] 从这些硬挺的衣褶，我们可以看出瓦萨里关于它们的论述是可信的。《基督受洗图》中天使衣纹的处理无疑是基于这样的习作，其中两幅习作很有可能还曾在学徒中被流传借鉴。由此，我们对列奥纳多早期衣纹的特殊创作技法有了新的认识。

与指责瓦萨里捏造故事的人相反，我却认为他的胆量还不够大。《基督受洗图》中由列奥纳多完成的部分还不止一位天使，画中的风景也出自他的手。这类来自列奥纳多想象的风景，同样预示了他未来的风格。不同于他的竞争对手安东尼奥·波拉约洛，韦罗基奥并没有发展出原创的风景技法。他遵循了当时流行的佛兰德斯绘画及彩绘手稿中运用的风景技法，饱满的树木星星点点地分布在平原上，远处是由一系列山包构成的地平线，一切都被安排得井然有序、轮廓分明。而《基督受洗图》中是一片广阔而浪漫的山丘、湖泊、微亮的雾气和水塘，因此不可能出自韦罗基奥之手。这样的风景，让人联想到《蒙娜丽莎》和卢浮宫所藏的《圣母子与圣安妮》的背景。虽然画面中一些远处的山丘被过度刻画而破坏，

1. 其中五幅被贝阿格伯爵夫人（Mme la Comtesse de Béhague）收藏。

图 6 《阿诺河谷》，1473 年，乌菲兹美术馆，佛罗伦萨

但较近的部分却显得十分完整，与列奥纳多藏于乌菲兹美术馆的一幅著名的阿诺河谷素描有些相似。该素描上标注着“给圣母玛利亚，1473 年 8 月 5 日”[1]（见图 6）。如同在文艺复兴艺术中常见的，与油画相比，这幅素描显得更为写实。但是两者具备相同的特征，即由明亮的岩石、树木构成的向远方延伸的地平线。我们认知中的风景是充满动感的，移动的光线照在山体上，被风吹动的树叶，以及河流和瀑布。素描中所有对象皆通过精湛的细碎笔触来表现，我们可以观察到画家急促跳动的用笔及轻拂于画面的金色颜料。这幅素描是我们研究列奥纳多早期作品时极其重要的资料，它显示了列奥纳多已经发展并掌握这种与同时代的刻板风格大相径庭的独创性技法，用更为直接的方式来表现光线的效果。《基督受洗

1. 此处原文有“didi Sta Maria della neve addi 5 d’ aghossto 1473”。——编者注

图 7 《圣母领报》，1472—1473 年，乌菲兹美术馆，佛罗伦萨

图》的风景中带有的某种恰到好处的轻率，也意味着它们并非出自韦罗基奥这个兢兢业业的金匠之手。

紧随《基督受洗图》完成的，是藏于乌菲兹美术馆的《圣母领报》（见图 7、图 8、图 9）。该作品可以说是属于那种被艺术家长期置于工作室中、断断续续完成的大型组合画作，画面中缺少了那种一气呵成的作品所具有的整体性。也许正是出于这个原因，学者们长久以来都不愿接受它出自列奥纳多之手。但是，在细节的刻画及总体昏暗的色调上，它都完美地体现了列奥纳多其他早期作品所具有的特征。此外，现存的一张画中天使的衣袖素描习作，也毫无疑问是他所画（见图 10）。《圣母领报》中衣纹上的细直褶皱，和《基督受洗图》中天使袍上的极为相似，因此两件作品很可能开始于同一时期。[1] 另外值得注意的是，圣母身旁那个过于醒目的讲经台似乎也属于 1472 年前后这一时期。因为当时韦罗基奥工作室正在为美第奇家族制作的放置于圣洛伦佐教堂的石棺与画中讲经台有着相似的风格。《圣母领报》中别扭的画面构图导致了学者们对其透视关系的准确性

1. 或至少属于画于麻布上的同一系列习作，其中由贝阿格伯爵夫人收藏的两张习作中的衣纹与画中圣母的袍子非常相似。

图8 《圣母领报》中的天使形象，1472—1473年，乌菲兹美术馆，佛罗伦萨

产生了质疑。虽然显得生硬且不甚熟练，但画中建筑物部分的透视关系却是正确的。透视线的交点，准确地落在画面水平线的正中及垂直线的三分之二高度。但是这种在强调建筑物透视关系准确性的同时，却忽略画中人物及画面整体透视关系的做法恰好代表了画家的年轻。因为他在掌握了透视画法的同时，却还没能领悟到这一方法的真实目的，即将对象在画面空间中合理、和谐地加以安排。列奥纳多确实在这里犯了一个空间关系上的错误，将圣母正在翻书的手置于讲经台靠近观众那一边的上方，但我们从讲经台的底座可以看出其比圣母距离观众要近几英尺。

乌菲兹美术馆收藏的《圣母领报》的总体效果被它的保存状态所困扰。画作的整个表面极其肮脏，画面衣纹则因为以往的多次修复和凝固的上光剂而失去色

图 9 《圣母领报》中的圣母形象，1472—1473 年，乌菲兹美术馆，佛罗伦萨

彩。更糟的是，以往的修复并没有对画面做均衡的处理，某些部分的后期处理显得相对粗糙。天使袍子上的红色也无法与圣母裙子的粉色产生太多的关联。我们也必须注意到，天使的翅膀被以简单粗暴的方式加长至符合当时宗教标准的比例，像一块棕色污渍般悬挂于画面左边迷人的风景之上。原本较短的翅膀则是直接参照了鸟类的翅膀，它与天使肩膀的结合展现了令人信服的写实主义风格。天使头部（见图 8）的表现，比列奥纳多的其他任何作品都更接近于 15 世纪的绘画传统，第一眼看上去，还带有一些多梅尼哥·基尔兰达约（Domenico Ghirlandaio）式的平淡。我们通过长时间的观察，可以看出其轮廓和造型上的微妙之处，特别是在鼻子和眼睛周围。可以说列奥纳多在技法上，比画《基督受洗图》的天使时更为自信了。另一方面，画中圣母的头部（见图 9）却更接近于

图 10 《圣母领报》中天使衣袖的习作，1472—1473 年，
基督教堂，牛津

他早期的天使。她的五官看上去不像是脸部结构的组成部分，而是被贴在脸上的。如果我们将其与《蒙娜丽莎》的脸部做比较，就可以认识到列奥纳多在他艺术知识的积累中所付出的巨大努力。

尽管存在着一些不足，《圣母领报》仍然是一件迷人且具有原创性的作品。画中呈现的细节和氛围之美，远远超越了它的缺陷。没有任何一件列奥纳多的作品，比它更能印证瓦萨里所记述的列奥纳多早年与自然所产生的共鸣。与列奥纳多同时代的其他画家对自然的描绘，往往带有装饰性或是死板的精确还原。除了尊敬的弗拉·安吉利科（Fra Angelico）修士外，从来没有人会去表达自然的气氛，并通过这种手段来控制画面的情绪。《圣母领报》中的黑色树木轮廓与灰色傍晚天空对比所产生的效果，像我们在儿时第一次感受到的大自然的诗意与亲近感。这种几乎随处可见的效果往往会被人们滥用，但是列奥纳多却将其中多愁善感的情绪进行了剥离。远处的河流和上方的高山比他其他作品的背景更接近于佛兰德斯风格，但是在左侧天使身后，透过画布上的污渍和上光剂隐约可见的一点风景，却明显带有乌菲兹素描中的那种个人风格。而与他后期的成熟风格更为接近的，是画面前景中的花草。15 世纪的画家们不是将花草像地毯般铺在画面里，就是将其像植物标本般单独绘制。但是列奥纳多却赋予了他笔下的花草某种骚动，如同他眼中自然界的本质。天使与圣母之间扭动翻滚的花草，为画面构图中原本毫无生气的区域注入了一股活力。

图 11 《吉内薇拉 · 德 · 班琪》，1474 年，美国国家美术馆，华盛顿

在《圣母领报》完成后不久，列奥纳多就为一位夫人画了那幅如今藏于美国国家美术馆（华盛顿）的肖像（见图 11）。这一推断的根据是肖像的一系列与《圣母领报》中天使的相似之处，例如苍白的肤色，画面中形成深色区块的枝叶以及微亮的灰色天空。但是肖像的头部造型要比天使的更为扎实，因此在完成时间上应该要稍晚一些。这幅肖像所表现出来的精致忧郁的美，已经远远超越了韦罗基奥的能力范围，也是洛伦佐·迪·克雷迪（Lorenzo di Credi）所无法企及的。我个人并不怀疑这幅肖像中的人物是瓦萨里和《加迪亚诺匿名者书》（the Anonimo Gaddiano）[1] 都提到的吉内薇拉·德·班琪（Ginevra de' Benci），尽管瓦萨里认为这幅作品完成于列奥纳多的第二个佛罗伦萨时期。画中呈现的似乎是一位名叫吉内薇拉的夫人，因为不但画中她的身后背景是一片刺柏[2]，而且画布的背面也有一枝被月桂和棕榈花环围绕的刺柏。大部分佛罗伦萨妇女肖像是为了庆祝她们的婚姻而画的。吉内薇拉·德·班琪成婚于 1474 年 1 月，从风格上看，这极有可能也是该画作的完成时间。

从这幅肖像不寻常的尺寸，我们可以推测它曾被从底部裁切过。而画面背后被截断的花环也证实了这一猜测。如果将花环和其下部的飘带补齐，我们可以计算出这幅画至少被从底部截去了 9 厘米，从而也使它的原有尺寸符合了 3 ∶ 4 的经典比例，也让这幅肖像的尺寸足以容纳这位夫人的双手。作为首位认识到这幅作品重要性的学者，威廉·冯·博德（Wilhelm von Bode）认为画中缺失的双手，正是我们所熟知的藏于温莎城堡的那幅著名的优美银笔画中的双手（见图 12）。温莎城堡中那双有着修长手指的手与乌菲兹美术馆的《圣母领报》中圣母的手非常相似，风格也符合列奥纳多 1474 年的画风，但是在造型上比他这一时期流传下来的其他作品更为扎实和成熟。假设这幅银笔画正是为吉内薇拉肖像所作的习作，我们可以看到画中她右手的手指与上衣底部的花边发生了接触。而在肖像中这些花边实际上是经过补画的。不幸的是，我们可以从画布背面看出肖像的底部曾遭损坏并被新的画布替换。因此即使用X光也无法检测到那双遗失的手。

尽管曾遭破坏，《吉内薇拉·德·班琪》仍然是列奥纳多早期作品中保存最

1. 也以匿名者《马格里亚贝奇亚诺手抄本》（*Magliabecchiano*）闻名，弗莱编辑，柏林，1892 年，第 111 页。下文中我将这一资料来源简称为《匿名者书》。
2. 刺柏在意大利语中为 ginepro，在罗马语族方言中为 genevra（吉内薇拉）。

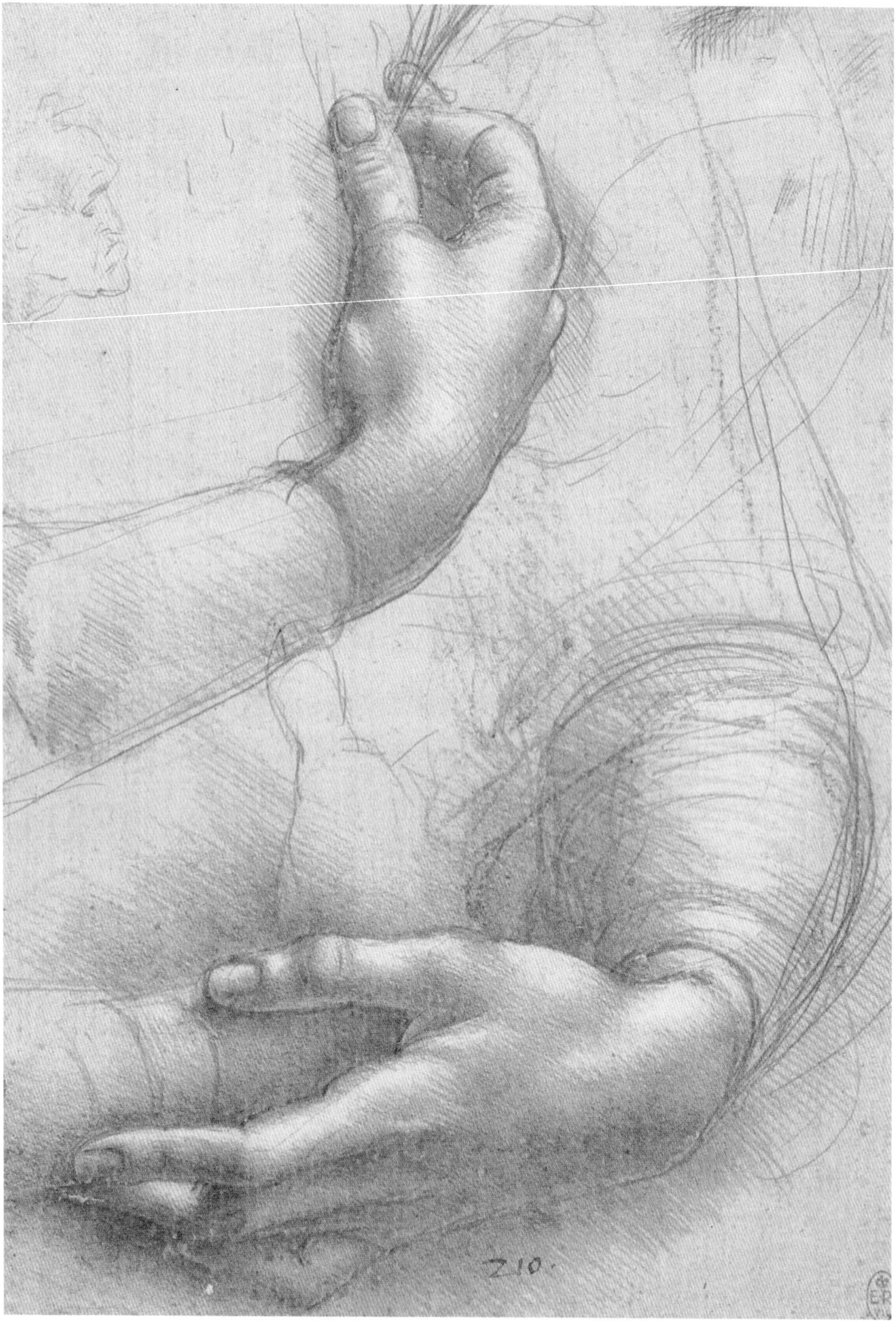

图 12　手的习作，1474（？），英国皇家图书馆，温莎城堡

完好的，它清楚地显示了列奥纳多在这一阶段的创作意图。画面中亮部与暗部之间形成强烈的对比，但脸部受光的区域却只存在少许阴影，脸部的造型则通过色调的渐变来实现，尤其是在反射光线的部分。我们在德斯德里奥·达·塞提涅亚诺（Desiderio da Settignano）的浅浮雕作品上也可以见到类似的处理技法，同样是通过对表面细微变化的感受来进行控制。例如在眼睑塑造的明暗过渡上，列奥纳多从未在细节上被超越。但是在这件作品中，列奥纳多似乎没有像我们在他后期作品或者同时代对其艺术的评价中看到的那样表现出对均匀色调的反感。这幅肖像中最具独创性的手法，就是除脸部之外，用刺柏的枝叶和泛光的水面，在所有亮部上形成破碎且不规则的轮廓，从而使人物脸颊和眉毛的轮廓在画面布局中占有主导地位。与此类似的是人物优美卷曲的长发与刺柏坚硬带刺的质感之间的对比。但是所有这些技法的运用，都是为了体现列奥纳多赋予肖像作品的那种独特风格。正因如此，这位苍白的年轻女性也成为文艺复兴时期让人难忘的人物形象之一。

假设《吉内薇拉·德·班琪》完成于1474年，那接下来的四年中列奥纳多又做了什么？除了一幅貌似属于他这一时期的画作外，在1478年之前没有任何已知的材料涉及他的作品。虽然我们知道他在老师身边生活到1476年，但已经25岁的他不可能继续默默无闻地受雇于韦罗基奥。这时的他尚未开始对科学进行研究，并将其作为他后来绘画之余的主要工作。或许像其他天赋异禀的年轻人一样，列奥纳多也将大部分青春时光花在穿着打扮、闲聊、驯马或者学习鲁特琴及长笛等不务正业的事情上，在他的天赋找到真正的方向前，享受着生活的开胃菜。

有证据证明，藏于慕尼黑老绘画陈列馆的《圣母子》（见图13）是列奥纳多唯一一件被认为完成于这段时期的作品。它在许多方面与韦罗基奥的工作室有着联系。克雷迪曾用穿着同样服装的同一位模特画过素描和油画。而且韦罗基奥工作室为皮斯托亚教堂完成的祭坛组画中，也使用了与《圣母子》中几乎相同的人物姿势。[1] 也许由于慕尼黑的《圣母子》只是一件工作室订单作品，所以它缺乏我们在列奥纳多的其他画作中所推崇的品质。而且这幅画作现存的状态也让人很

1. 与克雷迪之间的联系最迟可以将该画作的完成日期定于1478年。但另一方面，绘画手法以及对圣母头部的习作则显示该画作完成时间应该不会晚于《圣母领报》。1474—1478年可以说是列奥纳多艺术生涯中最不明朗的阶段。在任何新材料被发现之前，我还看不到真相大白的希望。

图 13 《圣母子》，约 1476 年，慕尼黑老绘画陈列馆

难做出准确的判断，因为其中圣母的头部整个被含有过多油质的材料重新覆盖过并造成了龟裂纹，这一点与任何意大利的修复技术都不相符。因此乔瓦尼·莫雷利（Giovanni Morelli）相信这实际上是一件出自佛兰德斯画师之手的仿品。同一种材料也被用来对阴影部分进行了覆盖，特别是在婴儿的头部周围，以至于可以隐约地观察到另一条轮廓线。除此之外，画面上还有不少其他损坏痕迹，不禁让人发问为何这件作品会被归入列奥纳多的名下。答案是画面上所有未被破坏的部分，作为一个整体，具有典型的列奥纳多风格。圣母经过编织的头发、她的左手及大部分衣纹，还有她身边瓶中的花卉都具有和乌菲兹美术馆的《圣母领报》完全相同的风格。这些细节在形式和色彩上给了作品一种区别于这一时期任何其他风格的质感。同时，背景中透过拱窗所呈现的与《圣母领报》中相似的山脉全景也进一步证实了这一点。此时的列奥纳多觉得有必要用一系列陡峭山峦组成的垂直构图替代背景中的地平线。这些哥特式的山峰与《圣母领报》中的花草一样作为静止状态的对立物，体现了列奥纳多对缺乏动态的自然的抵触态度。将这幅魅力平平的作品与美国国家美术馆德莱弗斯收藏（Dreyfus Collection）中的一幅精致的克雷迪早期作品《圣母子》进行比较，能为我们带来一些启发。两件作品使用了同一位工作室模特，并且有可能完成于同一时期。用精致细微笔触完成的克雷迪版的《圣母子》，可以被放大至原始尺寸的10倍来观看，毫无疑问出自一位大师之手。相对于慕尼黑《圣母子》所展现的一位稚嫩天才的蛮力，克雷迪的《圣母子》则带着一位画匠亲切的自满。

资料显示，在1478年1月列奥纳多得到了一份重要的独立委托，为佛罗伦萨西纽利亚（Signoria）宫的圣伯纳德礼拜堂绘制祭坛画。尽管收取了第一笔报酬，但是最终的作品却由于某种原因未能交付，并且在1483年这一委托又被交给了基尔兰达约。而《加迪亚诺匿名者书》则认为这一作品最终是由菲利皮诺·利比（Filippino Lippi）根据列奥纳多的画稿完成的。[1] 但是乌菲兹美术馆中菲利皮诺所作的祭坛画[2]被认为在精神和表现方式上与列奥纳多毫无关联。同样被认为在1478年完成的，还有一幅画有两个头像的素描作品，上面所带的不

1. 《马格里亚贝奇亚诺手抄本》(*Il Codice Magliabecchiano*)，卡尔·弗莱编辑，柏林，1892年，第116页。
2. 完成于1485年。

完整的文字中既提到了小镇皮斯托亚（Pistoia），同时声称列奥纳多在 1478 年秋天开始了两幅圣母主题绘画的创作。[1] 几乎可以肯定，其中一幅就是我们所说的《柏诺瓦圣母》（见图 14），现藏于圣彼得堡的艾尔米塔什博物馆。《柏诺瓦圣母》作为列奥纳多在 15 世纪 70 年代所绘四件作品中最迟完成的一件，同时也是其中最为学术界认可的一件。并且它无可置疑的真实性，也让其他三件作品得到学术界较为普遍的承认。《柏诺瓦圣母》之所以获得如此地位并非在于其内在价值，而是因为数张毫无疑问出自列奥纳多之手的相关素描草图的存在。借此我们得以首次在列奥纳多的艺术研究中，使用一种具有启发性的手段，将最终作品与其素描习作进行对比。随即我们便发现了他创作的内在矛盾：同时具有随机性和无可挑剔性。根据他为《柏诺瓦圣母》所作的素描草图，我们可以推测曾经还存在着为数不少的类似习作，其中包括了孩童与猫玩耍或者驯服鼬鼠的场景（见图 15）。如果将这些关于圣母的习作视为一个整体，我们便能在概括此类题材时找到更广泛的理论基础。[2] 这些习作所呈现的鲜明、自然的风格，使其成为目前列奥纳多最广为人知的素描作品。其中包含的对生命直接并乐观的表现手法，为列奥纳多的所有作品所仅见。而他所具备的无与伦比的视觉敏锐性，也使其在表现任何动态及姿势时，显得如此果断和优雅，如同一位伟大的舞蹈家在表演熟悉的舞步。但在某种意义上，“果断”一词却并不适合他的这些早期素描，因为它们在技巧上仍然具有实验性。自由奔放的线条，有时画面上充满了随意的涂改以及墨水的污渍，让其看上去像是 17 世纪时伦勃朗或格雷西诺 (Guercino) 的素描。但是这些作品在总体效果上还是具备优美的律动感和猎人般果断精确的洞察力。其中尺寸最大也是最动人的一幅，要属藏于卢浮宫的表现圣母将一盘水果递向婴儿基督的习作，它的姿态与《柏诺瓦圣母》类似。数条急促且粗略的线条，尽管达到了构图上的完美，但列奥纳多似乎只想捕捉住这一瞬间的动态。二者头部之间达成的看似自发却又具有必然性的韵律关系，就像是莫扎特作品中两个相连的音符。

但是在作为正式作品的《柏诺瓦圣母》里，这种效果上的统一性是缺失的。在习作和完成后的作品之间，到底发生了什么？要回答这个问题，我们就必须

1. 原文有“bre 1478 inchominciai le 2 Vergine Marie”。——编者注
2. 也有可能这幅《圣母子与猫》的习作完成于 1480 年，但是这并不影响我们的问题。

图 14 《柏诺瓦圣母》，1478—1480 年，艾尔米塔什博物馆，圣彼得堡

图 15 《圣母子与猫》习作，1478—1480 年，大英博物馆，伦敦

对 15 世纪佛罗伦萨画派中产生分歧的两个绘画传统加以审视。其中一个传统是追求线条的优雅华丽，其代表人物是洛伦佐·莫纳克（Lorenzo Monaco）、弗拉·菲利波（Fra Filippo）以及波提切利（Botticelli）。另一个则是严谨的写实主义传统，其开创者是马萨乔·马索利诺（Masaccio Masolino），并被列奥纳多的老师韦罗基奥所传承。这两个传统之间也无可避免地有着交集。波提切利的作品也曾有过写实主义的阶段，而波拉约洛则二者兼具。从素描作品上看，列奥纳多在本质上属于前者，但从师承关系上说，他却属于后者，并且其非凡的才智也让他更倾向于写实主义。因此在习作和正式作品之间，他需要将注意力放在绘画状态的整体转换上，从而将他转瞬间的洞察与佛罗伦萨画派严格的艺术标准相结合。对于这种结合的发生，我们可以找到相当多的证据。首先是关于动态的

习作，这些习作仅仅为了记录，所记录形态最后会被用于正式的绘画。其次是我称为草图的习作，此类习作往往尺寸很小，凭借记忆完成。然后，列奥纳多将他最满意的素材在草图中加以融合。下图即为保存下来的为《柏诺瓦圣母》所作的草图（见图16），体现了这类习作典型的简洁性，并且成为列奥纳多随后创作的基本参照。到目前为止，我能假设他的能力是完全不受限制的，无论他在创作时选择像伦勃朗一样满足于依靠意象而非完整的呈现，或是像拉斐尔一样接受其所处时代的常规，他都有可能变成一个多产的画家。但他既没有即兴发挥，也没有循规蹈矩，而是选择根据自己对完美的要求，将每一个细节做到极致，其中包含了科学的精确性、画面的逻辑性以及完整性。在追求这一完美目标的过程中，习作或草图与最终作品之间的过程便要求他投入巨大的精神付出，每一个细节都经过反复揣摩，才能最终汇成令他满意的艺术风格。

对于这一过程，我们也能通过研究那些完成度极高的细节进行了解，而这些习作往往会比完成后的作品向我们透露他更多的意图，因为在他开始正式绘画前，持续的工作和焦虑已经使他失去了对创作的欲望，以至其最终作品不是被搁置待续，就是像《柏诺瓦圣母》一样失去了活力和自发性的表现力，而这些也正是他整个创作的出发点。

但试图在《柏诺瓦圣母》的画面中寻找属于15世纪的魅力及新鲜感却是不可取的，我们更应该将这幅画视为一个身处文艺复兴鼎盛时期的异类，一次朝着《最后的晚餐》中那种经典理智风格转变的不成熟的尝试。在1480年时，他离这样的风格还有多少距离，我们可以将柏诺瓦圣母右腿上的衣纹与他30年后为卢浮宫《圣母子与圣安妮》（见图96）所画的衣纹习作进行比较。由此可以发现两者的衣纹造型体系几乎是一样的。列奥纳多无疑在其最为成熟完整的作品中，将他年轻时作为起点而发展的绘画形式沿用了下来。《柏诺瓦圣母》具有独特原创性的构图中带着完美的自然简朴的气息，而在列奥纳多之前的画作中，使用对角线衰退构图是不多见的。由于列奥纳多对仅具有点缀作用的绘画装饰语言的轻视，使得画面中装饰物的缺失逐渐成为一种朴素和高雅的风格，并成了40年后的时尚。

由于以上的原因，《柏诺瓦圣母》与慕尼黑的花瓶旁边的圣母相比，呈现出巨大的进步，但是两者同时也具有许多相似的不足。虽然不那么明显，《柏诺瓦圣母》的保存状况也是同样的糟糕。画面中失色表漆上分布的细小斑痕让它失去

图 16 《柏诺瓦圣母》习作，1478—1480 年，卢浮宫，巴黎

了全部的透明度。圣母的所有牙齿都被污物所覆盖，以至一位著名的评论家在仅看过照片后，认为她原本就是没有牙齿的。但当我们把目光逐渐穿过那些阻挡视线的覆盖物后，圣母的头像还是拥有了一些草图中所呈现的活力。也有可能我之前提到的画面了无生气，要部分归结于这样的保存状况。不过，这件作品中还是存在部分硬伤，例如婴儿的形象显得过于丑陋，袖子上的衣纹不够自然。而慕尼黑花瓶圣母中唯一值得称道的特征，就是透过窗户所看见的风景。可《柏诺瓦圣母》的背景里不但缺少了风景，而且画中的窗户也因为中间缺少立柱而显得格

外丑陋。也许窗户中曾经存在过风景但又被覆盖掉了，结果导致了大块的明亮天空，使圣母脸上的色调变暗，并破坏了画面焦点的统一。同样的错误在《吉内薇拉·德·班琪》中则被巧妙地避免了。[1]

我们至少还能重现另外两幅同属于这一时期的圣母子主题绘画。其中一幅是藏于艾尔米塔什博物馆的《哺乳圣母》（*Madonna Litta*），表现了近乎侧脸的圣母。对于它究竟是复制品还是一件被损坏的原作，我将在下一章中加以论述。另一幅则因为温莎城堡中的一件著名的素描而为我们所知，其中还包含了一些带有列奥纳多早期风格特点的：漂亮的男孩以及没牙的罗马武士。这些形象总是很早就出现在列奥纳多的笔下。图 17 中的圣母左膝半跪，将圣子抱于身体右侧，紧挨着她站着的是婴孩模样的圣约翰。尽管这幅草图极为简练，但我们知道它展示了列奥纳多对这一主题的最终构思。因为这组几乎一模一样的人物，同时也出现在安德里亚·达·萨莱诺（Andrea da Salerno）于那不勒斯所画的一件复制品中。这也证明了列奥纳多曾对这一构思进行了比草图更为深入的创作，即使不是正式的作品，也至少绘制了底稿。同时，这一构图也产生了巨大的影响力。贝伦森先生认为，这或许是最早关于圣母子与幼年圣约翰的场景。即便还存在更早的例子，这也绝对是列奥纳多在这一圣像学主题中最具原创性的构图。他在其中发现的金字塔形构图的奥秘，也成了文艺复兴鼎盛时期的一个理论信条。站在圣母身边的婴孩圣约翰，为这一金字塔形构图的底部增加了重量与平衡感，弥补了单独的圣母子造型在这方面的缺陷。列奥纳多发明了这一构图，但仅使用过一次便将其抛弃，之后与这一构图相关的排列组合被拉斐尔继承并发扬光大。《美丽的女园丁》《金翅雀圣母》《草地上的圣母》《埃斯特哈齐圣母》，皆为列奥纳多这一构图的变奏。如许多音乐家所认为的，这并没有降低类似作品在美学和个人风格上的价值。

同属这一时期的另一幅作品还有待我们讨论，即藏于卢浮宫的小幅《圣母领报》（见图 18）。这是一件不同寻常的完美作品。不同于乌菲兹美术馆的《圣母领报》，这件作品在构图上展现了极为高超的空间安排手法。在处理手法上精确但又不失敏感性。画面中的一些过渡部分，如天使的翅膀，体现了画家理性且极

1. 1939 年之前，我曾请求艾尔米塔什博物馆的管理员对该画进行 X 光检测，以确定是否存在被覆盖的风景，但是由于缺乏相关仪器而未能实现。

图 17 《圣母子与圣约翰》习作，约 1476 年，英国皇家图书馆，温莎城堡

富洞察力的目光。相对于列奥纳多这一时期的其他作品，我们可以给予它更多毫无保留的赞扬。但与此同时，对其真实性的质疑却也显得自相矛盾。尽管现在已有定论，但无论如何，还是必须说明这幅现藏于卢浮宫的作品原属于皮斯托亚教堂祭坛画附饰板的一部分，根据记载是出自韦罗基奥工作室，并由洛伦

图 18　洛伦佐 · 迪 · 克雷迪（？），《圣母领报》，皮斯托亚教堂祭坛作品，约 1478—1485 年，卢浮宫，巴黎

佐 · 迪 · 克雷迪完成。此外，在底特律还发现了另一块不甚高明的描绘阿雷佐的圣多纳托和收税人的饰板，也被确定是同一组祭坛画的一部分。于是卢浮宫的这幅《圣母领报》犹如一个漂亮的孤儿，突然发现自己还有一个不讨人喜欢的亲戚。事实上，同一组祭坛画由不同的艺术家在不同的时间完成并非罕见。而且，列奥纳多也有可能在韦罗基奥工作室逗留的十年时间被这项工作所吸引。但是对风格进行严谨的分析后，还是证明了资料记载的准确性。画中的花卉缺少了列奥纳多风格所具有的生命力，并且人物的手部和衣纹也与克雷迪所作的德莱弗斯圣母像极为相似。因此，该作品体现了克雷迪早熟的天赋这一结论似乎是无可辩驳的。[1]

回顾列奥纳多在韦罗基奥工作室期间的作品，我们可以发现它们形成了一个便于辨识的系列，在风格上明显与《岩间圣母》出自同一画家之手。但是早期的评论家无法接受其出处，也并不让人感到意外。因为这些早期画作与其晚期作品之间有很大不同，尤其不同于那些被误认为是列奥纳多风格的夸张的学徒作品。而且，这些早期作品中极少运用如明暗对照法和对立平衡法之类科学的绘画手段；其中也几乎找不到提及列奥纳多时，人们首先想到的那种神秘感和令人不安的表现力。因此我们必须承认，他的早期作品并不如我们所期待的

1. 克雷迪有争议的出生日期也使情况变得更加复杂，我个人接受其母亲的说法，他出生于 1459—1460 年。

那样优秀。其中只有那幅列支敦士登肖像可以说是十分成功的艺术佳作。对于另外的作品，我们只好欣赏一下其中的细节，或者将它们与其后期作品进行比较时作为参照。

但是仅凭其流传下来的作品，去评价年轻的列奥纳多显然是不公平的。一生中不知疲倦地工作，使他的大部分画作得以保存，在数量上超过了文艺复兴时期的任何一位画家。这也让我们得以追踪他作为艺术家的成长历程。在这些早期作品中我们看到了列奥纳多超越其年龄的天赋，而他的后期作品中也没有一件能够在自发性上胜过他早期的《圣母子与猫》草图（见图 15），或是比他的哺乳圣母银笔画具备更多不加修饰的精致感（见图 32）。25 岁的他，已经具备了惊人的洞察力，还有像安东尼·华多（Antoine Watteau）及埃德加·德加（Edgar Degas）一般的手部韵律感。但是要了解那个创作了《最后的晚餐》的成熟画家，这些早期作品却无法向我们透露太多的信息。在这些早期画作中，列奥纳多更像是急速地漂浮于自己天赋的河流之上却对其深度缺乏认识，直到后来他才开始专注地探究这种不可预知的深度。在创造自己特有的庞大而且神秘的艺术构架时，列奥纳多所做的并非是对自己的天赋进行改进和提炼，而是将其与他的早期作品中所罕见的思考力结合起来。但是在这一过程逐渐浇灭他观念中的文艺复兴热情之前，他还将尝试另一个伟大构思；而在那里，列奥纳多敏锐的写实天赋第一次受到其思维能力的左右，这便是《三博士朝圣》。

LEONARDO DA VINCI

成为达·芬奇：列奥纳多的艺术传记

第二章

1481—1490 年

乌菲兹美术馆的《三博士朝圣》；列奥纳多前往米兰；他的战争机械；他的作品清单；梵蒂冈的《圣杰罗姆》；巴黎的《岩间圣母》；一些肖像画；列奥纳多的学生；以及，列奥纳多和沙莱

在上一章中，由于对列奥纳多的早期圣母子题材的作品进行了统一类比，以至于我在叙述中偏离了严格的年代顺序。因此，我现在必须再回到15世纪70年代晚期，去寻找列奥纳多第一件杰作的根源，即现藏于乌菲兹美术馆的《三博士朝圣》。与几乎所有伟大的艺术家一样，列奥纳多也将其毕生精力投入到对有限的若干题材的探索中。从开始起草到不断尝试，中途被暂时搁置，到重新考虑，直至穷尽每一种表现方式的可能性后，这一题材才会得到其最终的形态。正是通过对这样的转变，或者更确切地说，是探索的审视，我们才得以领悟他的大部分艺术。因为他艺术题材的每一次变化，都会将他更深一层的精神世界呈现出来。

在一些有着截然不同风格的作品中，我们可以找到乌菲兹美术馆的《三博士朝圣》的灵感源泉。其中最为关键的是三张墨水笔素描，现分别藏于博纳博物馆（见图19）、威尼斯学院美术馆和汉堡艺术馆。根据画面中短促紧密的阴影部分的表现手法，这些素描的创作时间可以被定在1478年左右。而与这些素描相关的习作的数量，说明了它们是为一件重要的委托作品服务的。据我推测，很有可能就是西纽利亚（Signoria）圣伯纳德礼拜堂的祭坛画，这件作品的创作始于1478年，但从未得以完成。这些素描的主题均为耶稣的诞生。在博纳博物馆中的这件素描中，前来拜望的牧羊人立于画面的两侧，在他们中间是跪在圣婴身后的圣母。列奥纳多应该是在韦罗基奥的工作室中掌握了这类庄重的构图，因为该构图也是他的师兄弟们最为擅长的。[1]彼得罗·佩鲁吉诺（Pietro Perugino）就曾在其作品中尝试了多种相关的变形，比如阿尔巴尼别墅中的三联画。克雷迪也在藏于柏林的一件作品中，使用了这种中心人物式的构图。与这些构图完整的素描在风格上有着紧密联系的，是一组藏于温莎城堡的表现瘦马的习作（见图20），其中一些马匹正在伸长脖子吃草。还有一幅表现牛和驴的素

1. 比如在阿尔巴尼别墅的三联画以及佩鲁贾银行家会馆（Collegio del Cambio）中的《基督崇拜》湿壁画。

图 19 《牧羊人的崇拜》习作，1478—1480 年，博纳博物馆，巴约讷

图 20 《牧羊人的崇拜》中马的习作，1478—1480 年，英国皇家图书馆，温莎城堡

描。所有这些习作表明，画中的这一场景是通过一种传统的写实手法来表现的，画面带有朴素的田园气息。从习作《牧羊人的崇拜》中一些牧羊人的形象上，我们可以找到在《三博士朝圣》中再次出现的一些画面元素，如一位青年惊叹的手势，以及一位正在沉思的老者。我们也会看到，画面中的圣母子造型为后来《岩间圣母》的构图提供了第一丝线索。但是，作为整体，这幅终未完成的《牧羊人的崇拜》相较于乌菲兹美术馆的《三博士朝圣》，明显是来源于列奥纳多的想象。

从表面来看，两件作品的题材不同，牧羊人崇拜的情节被三位国王的到来所取代。鉴于这一时期画家在委托题材上所拥有的极大自由度，我并不认为这一改变是根据雇主的意愿做出的，更有可能体现了列奥纳多自己的变化。在学徒期内，他已经掌握了当时佛罗伦萨画派流行的表现形式，而他的本能反应，就是在不明显背离这一传统的情况下，借助罕见的精细手法和某些诗意的表达来重现该主题。但是，当列奥纳多在掌握并洞悉绘画技巧的基础之后，他已经发现了一个

图 21 《三博士朝圣》习作，1481—1482 年，卢浮宫，巴黎

奇异的想象世界，为此，他需要一种不同以往的表现形式。现在看来，他的这一逐渐产生的思想变化，似乎要早于韦罗基奥工作室受委托绘制圣多纳托祭坛画。对此，我们可以在与牧羊人画作相关的某些习作中找到一点和谐氛围的线索，而这种和谐氛围支配了他的后期作品。除了那些伸直脖子吃草的、较为乏味的马匹（见图 20），他还画过另外一些野性、俊美、仰着脖子的马匹。我们可以将后者视为从列奥纳多丰富的想象力中闯入传统佛罗伦萨画派中的间谍和开路者。紧随其后的，就是《三博士朝圣》画面上那些不可思议的人物群像。

图 22　《三博士朝圣》习作，1481 年，乌菲兹美术馆，佛罗伦萨

对《三博士朝圣》进行研究时，我们通常会将原属于克利希收藏馆（Galichon Collection）、现存于卢浮宫的这幅草图（见图 21）作为起点。草图展示了列奥纳多对该画作整体构图的早期尝试。相比而言，这幅草图显得有些优柔寡断。其笔触较为无力且画面重心涣散，仿佛是列奥纳多仍在组织其思绪。但是，他显然已经借此找到了最终作品中的表达方式之一，即通过下跪和身体前倾的人物形象，来传达崇敬的气氛，从而与冷漠伫立一旁的哲学家形象形成对比。草图中，他对背景中的建筑形式也进行了表述，一处带有两部楼梯及走廊、只残留一侧的宫殿遗迹中的庭院。与画面的其他部分一样，背景中建筑物的笔触也带有奇特的不确定性，并且缺乏透视关系。为了纠正这一点，列奥纳多又为整个构图创作了另一幅草图，这也是我们已知存世的唯一一幅（见图 22）。而这幅现藏于乌菲兹美术馆的作品，是列奥纳多最具启示性的草图之一。表面上看，这是一幅自菲利普·布鲁内莱斯基（Filippo Brunelleschi）以来，佛罗伦萨画派常见的透视关系草图。庭院中，墙上的两部楼梯和精美拱廊的表现，对于这样的习作来说已经足够准确。同时，草图还展现了高超的绘画技巧。事实上，这也是关于列奥纳多科学素养的最早证据。在此，这一严谨的建筑构造也成了他想象力的脚手架。庭院中出现了一群不同寻常的幽灵，跳起的野马将头后仰，在拱廊和楼梯上出现了

许多焦躁的人物，而唯一一头出现在列奥纳多画中的骆驼，为这一令人困惑的梦境般场景增添了异域色彩。

草图中，由于列奥纳多决定将楼梯置于画面左侧，以便增加前景人物安排的确定性，所以这一草图应该完成于该作品演变的最后阶段。但是，这幅精美草图的场景在最终的作品中却并未被使用，由此也可以看出列奥纳多为其作品所花费的心血。完成后的作品中虽然保留了破损的楼梯，但是被放置在了不同的角度。

除以上提到的草图，还存有多幅与《三博士朝圣》相关的作品。其中最迷人的是一幅马匹的银笔画习作（见图 23）。使用银笔这一精致材料，为画面中的马匹添加了一种神奇的微亮光感。马背上的人物，则是借助墨笔用类似波拉约洛的轻快笔触表现的。这些习作是列奥纳多对动态的记录，而其中一些只留在他这一时期的草图本中，以便他随后做更为妥善的修改，这符合他后来在《绘画论》（*Trattato della Pittura*）中所述的素材收集整理方法。漫长的冬夜是完成这项工作的最佳时间，而裸体的习作则可以在这之前的夏季进行。还有一些草图是专门为《三博士朝圣》创作的，显示了他对两个人物形象的特别关注，一个是屈身向前表达崇敬的青年，一个是冷漠站立沉思的老人。这两个人最终都以完美的姿态出现在《三博士朝圣》中。但是画中的其他人物却没有留下创作阶段的草图。虽然与这一作品相关的习作数量相对较多，但我认为被保留下来的，也只是其中的一小部分。

这件作品的最终状态，已经成为众多精妙分析的对象；其中一些的详尽程度，甚至超过了该作品的最终状态所能涵盖的范围（见图 24）。但在此，我还是要说明一下其早先简单的平行构图是如何被最终构图所完全取代的。画面中一条弧线衬托了其三角形构图的组成线。构成三角形右边的，是一条相对较直的线，分别连接跪姿国王的脚和圣约瑟，其延伸部分是背景中楼梯的轮廓线。而三角形的左边由数条在建筑遗迹走廊上重复出现的短弧线构成，并以人物指示性的手势和目光作为补充。围绕这一三角形构图的，是一组由神秘的人物形象组成的弧线，他们就像托勒密时代地图上的洋流一般，漂浮在主要人物的周围。为了将这一躁动的画面稳定下来，列奥纳多在画面中又设置了四条垂直线，即接近画面中心的两棵树和三角形底部的两个人物。

对于这一构图，进行单纯的几何学分析，也能为其戏剧性的内涵提供一些线索。利用智慧和科学的符号，对一个新诞生的信仰表达的敬意，已经通过主要人

图 23 《三博士朝圣》习作，1481 年，克拉克藏品，剑桥

物得到了明确的展现，而像卢修斯·阿普列尤斯（Lucius Apuleius）笔下异教幽灵般笼罩在其周围的，则是被列奥纳多的研究者们称为天使的模糊形象。在画面背景中，智力的断壁残垣被心灵的悸动所占据。画面下方两侧伫立的两个人物，似乎与整个场景格格不入，就像希腊合唱团中的领唱。[1] 左边的这位哲学家，我们看到其高贵形象的变化。在精神和形体层面，他有着马萨乔笔下圣徒的庄严感。与马萨乔相对的则是乔尔乔内（Giorgione），因为没有比这个名字更适合那个站在画面右侧、身披盔甲的青年的浪漫形象了（见图 25）。他完全漠不关心

1. 在雨果·凡·德·古斯（Hugo van der Goes）藏于柏林的《牧羊人的崇拜》中有对这一绘画手法更为明显及有意识的使用，而其灵感明显来源于中世纪的神迹剧。

图 24 《三博士朝圣》，1481—1482 年，乌菲兹美术馆，佛罗伦萨

地看着画外，通常对于这类孤立的人物形象，人们逐渐习惯于认为这是列奥纳多的自画像。对于这种说法的真实性，我们不得而知，但是列奥纳多研究者会觉得在描绘这样两个年轻和年迈、分别有着道德和身体美感，以及主动和被动智慧的人物形象时，他的确将自己的精神融入其中，就如同他借助对比强烈的形象对其潜意识的那些熟悉的表达，象征着其天性中的对立面（详见第 94 ～ 96 页）。

图 25 《三博士朝圣》中站立少年的细节，1481—1482 年，乌菲兹美术馆，佛罗伦萨

《三博士朝圣》可以说是列奥纳多所有伟大作品的序曲，其中充满了此后会一再出现的元素。如约瑟脸上明显带有《最后的晚餐》中圣安德烈的痛苦表情；那位将手举到头上的蓄须国王则是圣彼得的前身；如我们从温莎城堡的素描中所见，画面最右侧青年俊美的侧脸与圣菲利普极为相似（见图 59）。而青年左侧那位视线低垂的老人有着和收藏于梵蒂冈的《圣杰罗姆》类似的外貌；其中一个天使举起手并将手指向上指着，这个让列奥纳多着迷不已的动作被他的研究者们视为他的一个标志性姿势（见图 26）。最引人注目的，是背景中骑士间的争斗，这一幕源自他早先一件骑士斗恶龙的作品，在 25 年后又被作为《安吉亚里之战》中的主要场景。这种对相对有限的几个画面形式反复使用的情况，可以在所有伟大画家的作品中被发现，原因肯定不在于缺乏新的创作灵感，而是为了服务于艺术，更确切地说，将艺术与模仿区别开来。对艺术家来说，自然万物中可能只

有少数的形制能够符合其内心想法而成为再创作的素材。像列奥纳多这样的艺术家，他的成就并不是根据其不断发现全新艺术形式的能力来衡量的，而是在于他对固有形式最终的表达。

作为艺术史上具有讽刺意义的事件之一，《三博士朝圣》这幅15世纪最具革命性和反经典意义的画作，却促成了梵蒂冈堪称学院派正统殿堂之作的拉斐尔署名的湿壁画的完成。当拉斐尔于1509年开始着手构思他的第一件伟大作品时，列奥纳多的《三博士朝圣》已经存在了28年，但它仍然是此类作品中最具戏剧性、构思最完美的一件。瓦萨里向我们描述了拉斐尔如何在《三博士朝圣》面前哑口无言，感叹画中人物头像的表现力、人物动态的优雅。于是，他试图通过模仿其中的人物的姿势和表情，来获取《三博士朝圣》这种鲜活优雅的特质。拉斐尔成功地将这一特质与自己的风格相结合，创作了他自己的圣母人物群像，以至我们一开始很难发现《圣礼的争辩》（*Disputà*）中左侧那些屈身及跪姿的形象，与列奥纳多风格之间有什么联系。但是，《雅典学院》向我们揭示了这种风格上的同化是逐步发生的。现藏于安布罗西亚纳的这一作品的优美草稿中，借鉴列奥纳多风格却非常明显。而且在其中两个人物上表现得尤为突出：一个是较为年长

图26 《三博士朝圣》局部，1481—1482年，乌菲兹美术馆，佛罗伦萨

的毕达哥拉斯派学者，一个是东方人，他们不但具有典型的列奥纳多风格，而且还具备了一些他所独有的奇特紧张感，从而为这一总体上平和的作品添加了一丝不安的基调。拉斐尔始终无法摆脱威廉·布莱克（William Blake）所说的“列奥纳多的荒唐魔鬼”，在最终完成的湿壁画中，他通过对重点的微妙修改重建了画面的次序，于是列奥纳多风格中令人不安的阴影转化成了拉斐尔画中高贵自信的人性色彩。

根据他与斯克佩托（Scopeto）圣多纳托修道院于1481年3月签订的合同，列奥纳多必须在24～30个月内完成这幅祭坛装饰画的绘制。在7月、8月他都按时收到了报酬，但是在9月28号之后便没有了任何付款的记录。由此我们可以推断，这件画作此时已经达到了它目前的完成度，也就是说，乌菲兹美术馆的《三博士朝圣》是在7个月中完成的。这一事实迫使我们对“完成”这个词的重要性进行思考。毫无疑问，这是一件未完成的作品，部分画面还隐藏在黑暗中，许多人物只有头部和手，却没有躯干，其中一些仅有几根轮廓线，以至看起来像是与光线融为了一体（见图27）。对中心人物圣母子的刻画也只比草图阶段略微深入了一点而已。此外，作品中全部的通透感，都来自圣母和领队的国王与周围黑暗人物形象的对比。一个学院派的评论家可能会说列奥纳多犯了年轻画家在尝试巨幅作品时通常会犯的错误，将大部分画面画得太暗。这样的说法或许有其意义，如果伟大艺术作品的创作是一场障碍赛跑，能克服最多障碍的那位画家就是胜者。但是只有当作品成为真正的表达媒介时，终点才有价值。我认为要在不削弱其魅力的情况下，将《三博士朝圣》继续深入下去，甚至会对列奥纳多的创造力形成重负，有可能让他为此花费7年而不是7个月的时间。因为这件作品中蕴藏着巨大的野心。传统绘画的规范告诫画家，首先要避免在画面中表现人群。但《三博士朝圣》中人物形象的数量似乎是不确定的，他们像是浑浊水塘里的鱼群一样，在我们清点中时而消失时而重现。[1] 在不破坏其整体和谐性的前提

1. 延斯·蒂伊斯（Jens Thiis）博士所著的《列奥纳多·达·芬奇的佛罗伦萨时期》（*Florentine Years of Leonardo da Vinci*，伦敦，1914）中包含了对乌菲兹美术馆的《国王的崇拜》最为全面的分析。他认为画面中有66个人物及11个动物，比拉斐尔的《雅典学院》中的更多。这一人物众多却毫不凌乱的作品的模本便是洛伦佐·吉尔贝蒂（Lorenzo Ghiberti）为佛罗伦萨大教堂洗礼堂第二道门制作的所罗门和示巴的浮雕。其对列奥纳多的《国王的崇拜》产生了不可否认的影响。

图 27 《三博士朝圣》局部，1481—1482 年，乌菲兹美术馆，佛罗伦萨

下将他们一一完成至常规认可的程度，要求画家付出数年的劳动并拥有极成熟的技巧。此外，列奥纳多在酝酿这一主题时，所秉持的态度也与完美的呈现相对立。这一作品更像是一种象征，有着象征特有的含糊其词；也像是一个梦境，梦中的主人公面目模糊。画中的圣母子、约瑟及主要的国王形象可以被进一步详细刻画，但在周围的崇拜者中所呈现的凝视、摇摆和各种手势则代表了许多尚未成形的想法，除非借助一种暗示或韵律，否则将无法表达。也许除了乔尔乔内的作品《暴风雨》（*Tempesta*）之外，没有任何意大利艺术作品能够以可视的形象表达如此缥缈、脆弱的直觉。而问题是，它们能否从佛罗伦萨画派的完美主义中幸存下来呢？

这样的疑问必定会出现在一位当代评论家的脑子里，特别是当他认识到如雅各布·丁托列托（Jocopo Tintoretto）、埃尔·格列柯（El Greco）、德加和塞尚这些最伟大的艺术家如何凭借着和《三博士朝圣》不相上下的画面精确性创造出自己完整统一的艺术风格。但是对于列奥纳多及其同时代的人来说，这样的思考应该是既荒诞又不可思议的。事实上，他的《绘画论》中的大部分内容，都是关于如何将作品从《三博士朝圣》中所呈现的状态变成《最后的晚餐》的状态。尽管《绘画论》中最优美的篇幅是列奥纳多对画家灵感源泉的描述，但是其中的绝大部分内容还是关于画面表现的技法和对自然现象全面的洞悉，以及画家借此在画面上重塑可见世界时赋予自己的造物主角色。在列奥纳多看来，对自然进行全面的表现，并尽可能多地掌握其内在机制，以满足自己的好奇心，似乎都与作品的完整性息息相关。而且他所具备的超常的敏锐洞察力，也将他的艺术引向了这一方向。但是，照相术对19世纪美学理论所产生的影响，导致我们相信他是错误的。列奥纳多借以丰富其艺术的那些解剖学、植物学和地质学知识，与其说是描述性的，倒不如说是暗示性的，相对于众多谨慎的刻画，反倒可以在一些自发性的暗示中，找到更为生动的表达。

我们基本可以肯定，圣多纳托的修道士之所以停止为《三博士朝圣》支付报酬，是因为列奥纳多去了米兰。很显然，他们仍然希望他会回来完成这一委托，因为直到15年之后，他们才又委托菲利皮诺·利比创作了另一幅《三博士朝圣》以取而代之，这幅作品现在也藏于乌菲兹美术馆[1]。我们并不知道列奥纳多前往米兰的确切日期，但是据《加迪亚诺匿名者书》讲述，他当时30岁，也就是1482年。而他在米兰有记载的第一个委托出现于1483年的事实，也验证了这一说法。至于他去米兰的目的，《匿名者书》和瓦萨里先后说过，列奥纳多是受“伟大的洛伦佐”（Lorenzo the Magnificent）的委托，前去为卢多维科·斯福尔扎公爵敬献一把马头造型的里拉琴，同时列奥纳多也能精湛地演奏这种乐器。由于今天我们已无法聆听列奥纳多演奏，只能假设他的音乐技巧不如其绘画来得重要，但是他同时代的人对此可能会有相反的意见。因为在当时的社会，一个年轻的音乐演奏家肯定会比优秀的画家受到更为热情的欢迎。所以，也很容易理解为何卢多维科会将列奥纳多视为一个音乐家而非画家。尽管洛伦佐·德·美第奇是一个开明的文学资助者，但对艺术兴趣不大，所以会允许列奥纳多离开佛罗伦萨。所以，即使受美第奇委托创作出那么多伟大画作，我们也不能给予他过多的赞扬。

---

1. 这幅作品完成于1496年。

当列奥纳多在后期展现出他真正的伟大之处时，洛伦佐也没有做出将他召回佛罗伦萨的举动。我认为，这只能归结于列奥纳多与美第奇家族之间缺乏相互间的好感。而且列奥纳多在本质上是一个科学家和数学家，但美第奇家族却几乎都是有着宗教热情的柏拉图主义者。“若非数学家请勿阅读我。”[1] 列奥纳多的这句话恰当地出现在里希特（Richter）作品集的首页。而“数学并非真正的科学”[2] 这一乔瓦尼·皮科·德拉·米兰多拉（Giovanni Pico della Mirandola）的著名观点，则受到佛罗伦萨的柏拉图主义者的普遍认可。除了柏拉图主义，列奥纳多同样也对季罗拉莫·萨沃纳罗拉（Girolamo Savonarola）从其神秘主义倾向中发展出来的学说不屑一顾，并且曾明确表达过对他的蔑视。[3] 相对于佛罗伦萨，米兰却是亚里士多德主义者的聚集地，在这一时期也是各种知识的汇聚之所。在卢多维科·斯福尔扎公爵的宫廷中能者云集，包括医生、科学家、谋略家、数学家以及军事工程师等等。这些追求事实和经验的人，满足了列奥纳多对信息无穷的渴望。所以可以理解的是，当列奥纳多将对科学的偏爱融入其艺术创作后，洛伦佐也就失去了将他召回身边的兴趣。同时，他自己也不愿再回到佛罗伦萨，除非列奥纳多能够确保其与美第奇家族之间的雇佣关系。对于一个年轻艺术家来说，更存在着许多让他急于离开佛罗伦萨的理由。首先，艺术家间的竞争在当时是非常激烈的，而他们的生存状态也受到了战争和瘟疫的持续影响，糟糕的税收情况也让作为主要艺术资助人的统治阶层无力支付其委托的报酬。事实上，大部分佛罗伦萨艺术家更乐于为国王和教皇服务，一有机会便准备离开佛罗伦萨。对于列奥纳多来说，斯福尔扎宫廷中奢华精致的生活必然有着特殊的吸引力。如同我们从所有材料中了解到的，列奥纳多衣着精致得体，并且举止含蓄神秘。这样的角色并不适合他，因为佛罗伦萨的公共生活伴随着开放的工作间、尖酸的批评和在当地艺术家的交往中扮演着重要角色的出格恶作剧。[4] 此外，作为令人敬仰的艺术资助人，斯福尔扎对美第奇家族所推崇的文学领域并无太大兴趣，这一点也获得了列奥纳多的好感，如同他根本没兴趣绘制诗人波利齐亚诺（Politian，本名安

---

1. 此处原文有“Non mi legga chi non e matematico”。——编者注
2. 此处原文有“Mathematicae non sunt verea scientiae”。——编者注
3. 参见列奥纳多·达·芬奇：《绘画论》，波尔泽利（Borzelli）编辑，那不勒斯，1914 年，第 74 页。
4. 参见 A. 马内蒂（A. Manetti）：《布鲁内列斯基的一生》，H. 萨尔曼编，C. 恩加斯译，伦敦和宾夕法尼亚，1970 年。

杰洛·安布罗吉尼）的高贵肖像一样。而作为斯福尔扎宫廷中的能人，列奥纳多可以获得各种委托，像大炮的铸造、组织盛装游行，以及安装中央供暖系统等可以满足其好奇心和科技实验热情的工作。这些让列奥纳多从未想过要离开米兰。直到卢多维科·斯福尔扎垮台，他才被迫离开。然而，我们或许会为列奥纳多远离家乡那么多年所取得的“成绩”感到遗憾。就连多纳泰罗（Donatello）也承认，自己的灵魂会因为远离佛罗伦萨激烈挑剔刻薄的氛围而变得迟钝。米兰的宫廷生活或许为列奥纳多的艺术添加了些许柔弱的气质，而这对他的十二门徒的作品则是具有破坏性的。

列奥纳多留在米兰最为明显的理由，可以在《大西洋古抄本》中收录的一封他写给卢多维科的自荐信中找到。[1] 尽管这封信上显示的并非是列奥纳多的笔迹，但大多数学者还是相信其真实性。他在信中几乎完全是以军事工程师的身份来自荐的。“最杰出的大人，”他写道，“经过对所有那些自称是战争机械大师和巧匠之人的作品的研究……我将在您面前展示我的一些秘密发明，并承诺根据您的意愿将之运用到实战中。”

他随后在信中列举了九类他准备付诸实施的战争机械：一种极其轻盈坚固的桥梁、数种不同形制的攻城槌、一种摧毁建于岩石上的堡垒的方法、一种投射雨点般小石块的投石机（其所产生的烟雾同时会让敌人陷于恐惧之中）、一种在修造时没有噪声的秘密通道、一种可供装载士兵进攻的装甲战车。在第十条中他写道：

> 在和平时期，我相信自己同样能够胜任各类公共或私人建筑的设计，以及供水系统的设计。此外我可以完成大理石、青铜及陶土雕塑的制作，在绘画方面我也不比任何人逊色。我可以创作一匹青铜骏马的雕塑作为纪念像，以纪念您父亲永恒的荣耀，以及杰出的斯福尔扎家族。

在后世的人眼中，列奥纳多在这封共34行的信中，仅用了6行来表述自己的艺术家身份这一事实未免有些矛盾，并且看上去似乎带有讽刺意味，但是我们可以肯定他自己并不这么认为。因为在文艺复兴时期，战争具有比任何艺术都更为重要的意义，并且吸引了最具天赋的艺术家们来为战争服务。乔

---

1. 见第79-80页。

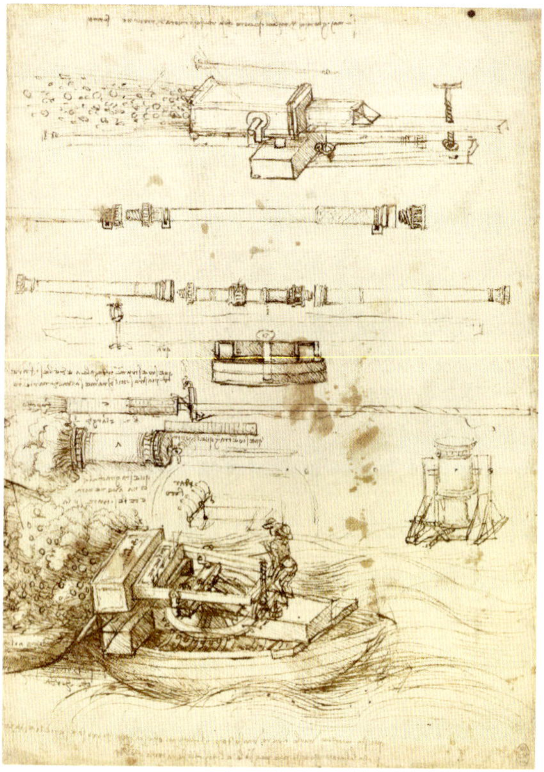

图 28　枪炮和战争机械习作，约 1485 年，
英国皇家图书馆，温莎城堡

图 29　攻城梯及防御设备习作，约 1475—1480 年，
安布罗西亚纳（Ambrosiana），米兰

托·迪·邦多内（Giotto di Bondone）早在 14 世纪时就设计了佛罗伦萨的防御工事。而米开朗琪罗则在 1529 年的围城战中，对其进行了重新设计。在这种热衷于战争的氛围中，大炮铸造所要求的对金属材料处理的技巧和经验，只能由最娴熟的手艺人所掌握。因此像韦罗基奥这样的雕塑家才会受雇于洛伦佐·德·美第奇，自然，列奥纳多作为他的学生，也会凭借着对精巧机械的热爱，很早就开始枪炮的设计。《大西洋古抄本》中大约有 25 页此类内容，似乎是列奥纳多在佛罗伦萨期间完成的。而其中带着稍晚期风格的超过 40 页内容，与他在给卢多维科信中所表述的战争机械相符，这说明列奥纳多对于此事是严肃且准备充分的（见图 28）。

在 5 年的时间里，列奥纳多的战争机械设计发生了显著的变化。那些在佛罗伦萨期间完成的图纸，具有 15 世纪工程机械图所共有的枯燥风格，类似于弗朗西斯科·迪·乔尔吉奥（Francesco di Giorgio）的作品，只展示了简单的原理及功能（见图 29）。而后期，他的设计变得极为宏大复杂，以至于让人怀疑其实际操作性。尤其是一系列巨型投石机和弩弓，似乎已经超越了当时制造技术所能达到的程度。虽然继续探究列奥纳多的战争机械是否助长了米兰的军事优势会相当有趣，但不是我当前的目标。

对于列奥纳多作为艺术家在米兰第一年的活动，我们有一份让人感兴趣的、可作为证据的清单，清单由他亲手书写并且确定属于这一时期，其中包括了他的绘画、素描以及雕塑作品，这份清单被收录在《大西洋古抄本》中。由于清单里还包括了一些明显与佛罗伦萨相关的作品，因此这份清单的作品可能是他从佛罗伦萨带去米兰的，其中还包括了一位公爵的头像，这位公爵极有可能就是卢多维科。出于这份清单对列奥纳多绘画研究的重要性，我不得不花费一些篇幅来对其进行分析。[1]

首先，这份清单主要揭示了他对人体的兴趣。其中包括了对手指的测量图，大量的裸体，许多关于手臂、腿、脚及姿势的习作。清单所涉及的人物形象中，包括了佛罗伦萨画派里的人体画家如卡斯塔尼奥（Andrea del Castagno）和

---

1. 清单内容摘录：

头像，正面，长着茂盛头发的青年
许多鲜花，写生
头像，正面，卷发
一定数量的圣杰罗姆像
对手指的测量
若干熔炉的习作
一位公爵的头像
若干绳结的习作
四幅天使画作的习作
吉罗拉莫·达·费格林的小幅作品
铅笔画耶稣头像
八幅圣塞巴斯蒂安像
若干天使作品
玉髓
有着优美头发的侧面头像
一些桶或罐子的透视图
一些船上的机械
一些水利机械
女神阿塔兰塔抬头的肖像
杰罗尼莫·达·费格林的头像
吉安·佛兰西斯科·波索的头像
许多老妇人的颈部
许多老年男性的头像
许多全裸人体
许多手臂、大腿、脚和姿势
完成的圣母像
接近完成的圣母侧面像
圣母升天的头像
有着很长脖子的老年男性头像
吉卜赛人头像
戴帽者的头像
耶稣受难场景浮雕
有着编织发型的女孩头像
有着精致卷发的头像

波拉约洛最热衷表现的人物：八幅圣塞巴斯蒂安和一幅圣杰罗姆的肖像画。对于八幅圣塞巴斯蒂安肖像，我们只能找到与其中两件相关的少许线索。[1] 而与清单中的圣杰罗姆有关的，是现藏于梵蒂冈的一幅未完成的单色作品，单凭风格方面的证据，可以将梵蒂冈那幅画作的创作时间归于这一时期，因为在人物姿态和绘画技法上，这件作品与乌菲兹美术馆的《三博士朝圣》很接近。如同《三博士朝圣》，这件作品可能也因为列奥纳多离开佛罗伦萨而未完成。如果这一推测属实，清单中所列的作品，可能正是为《三博士朝圣》而作的习作。

梵蒂冈的《圣杰罗姆》属于少数在真实性上从未受到过质疑的列奥纳多画作之一（见图 30），但是该作品却从未给人留下过太深刻的印象。究其原因，可能是因为画作遭受过严重的损坏。据说该作品被分成两半的嵌板是由红衣主教费胥（Fesch）分别在两个地方发现的，而且其中一块已经被当成桌板使用。所以，这件充满紧张感的作品表面所覆盖的污垢让列奥纳多画作的部分魔力受到了破坏，但是我们仍然可以欣赏到它的整体效果。圣徒夸张的姿态主导着画面的氛围，作为激情的载体和罗杰·弗莱所说的可塑性的片段，这一人物形象堪称伟大。它在卢卡·西诺雷利（Luca signorelli）和米开朗琪罗之间起到了承前启后的作用，既有着前者对人物躯干的准确刻画，又具备后者在动态中的节奏连续性。虽然对单一题材的集中表现在列奥纳多的作品中并不多见，但是这件作品里最具特色的却是画面中的附属元素：咆哮的狮子、风景，以及为《岩间圣母》场景埋下伏笔的幽暗山洞。

最后，我们要谈谈清单中两件相互间有着联系的作品：已完成的圣母像和近乎完成的圣母侧面像。关于第一件作品我们一无所知，但是我始终相信第二件作品就是藏于艾尔米塔什博物馆的《哺乳圣母》（见图 31）。[2] 因为这是列奥纳多唯一一件圣母的侧面像，我们从其他素描中推断这一画面构思应该完成于 1480 年前后。不幸的是，这幅《哺乳圣母》在历史上经过了至少两次重新润色。一次是在 1495 年前后，由一位米兰当地画家完成。而另一次则发生在 19 世纪该作品

1. 一幅属于博纳收藏（Bonnat Collection）的银笔画和一幅藏于汉堡的墨水笔素描。二者似乎都完成于清单上所列的时期。一幅藏于柏林艾尔玛斯国立博物馆的马可·德奥吉奥诺（Marco d' Oggiono）所作的圣塞巴斯蒂安像与汉堡的那件作品十分相似，其灵感显然源自列奥纳多的作品。

2. 见克拉克《圣母侧面像》，刊登于《伯灵顿杂志》，第 12 期，1933 年，第 136~140 页。

图 30 《圣杰罗姆》，约 1483 年，梵蒂冈美术馆

图 31　列奥纳多（？），《哺乳圣母》，约 1480—1481 年，艾尔米塔什博物馆，圣彼得堡

被从木板上转移至画布的过程中。以至于它现在的状态看上去像是一幅石印油画。但是尽管状况堪忧，这件作品所呈现的质感，却不是一般工作室作品能够企及的。圣母的头部刻画，仍然非常接近列奥纳多藏于卢浮宫的那幅精致素描（见图 32）。而圣婴身体部分的判断依据，则是另一幅温莎城堡中的婴儿习作。不过，在另一方面，圣婴的头部却与列奥纳多的风格相去甚远，在绘制时也没有参照他的构思。对此，我们能从一幅并非出自列奥纳多之手的婴儿头像素描稿中得到证实，这幅素描可能是乔万尼·安东尼奥·博尔特拉菲奥（Giovanni Antonio Boltraffio）的早期作品。[1] 至此，我们便能对“近乎完成”（quasi finita）这一说法有了一定的认识，画中的人物姿态、圣母的头部以及圣婴的部分身体是由列奥纳多完成的，而圣婴的头部、人物服装的细节以及画中风景则停留在尚未完成的阶段，其程度类似于乌菲兹美术馆的《三博士朝圣》。

直到现在，我依然没有谈到那幅列奥纳多的早期杰作：藏于卢浮宫的《岩间圣母》（见图 33）。对此，我的理由是，迄今为止，大部分学者都认为这件作品是由圣灵感孕兄弟会（Confraternity of the Immaculate Conception）于 1483 年 4 月 23 日委托列奥纳多绘制的；而我在本书的首版中，也没有对这一结论产生质疑。但是现在，我觉得自己犯了一个错误。[2] 我认为那件在 1483 年委托的作品，其实应该是现藏于伦敦国立美术馆的另一幅《岩间圣母》（见图 86）。因为我们知道，这件作品最初是从圣灵感孕兄弟会处购得的，至于存在两幅为该兄弟会所画的《岩间圣母》这一说法，是依据了若干被发现的法律文件，而列奥纳多和普雷达兄弟（Evangelista and Ambrogio Preda）在这些文件中提出这一说法的目的，似乎是为了从兄弟会处得到更高的报酬。在这些法律文件中，最后签订于 1506 年的和解协议指出，那件最初委托的作品在此时尚未完成，并且给列奥纳多两年时间将其完成。以现在的标准来看，卢浮宫的《岩间圣母》是一件完美收官的列奥纳多早期风格作品，而伦敦的《岩间圣母》则带有他的晚期风格，并且部分画面还有待他继续完善。因此，我无法再同意自己在本书首版中所

---

1. 现藏于巴黎的鲁格特收藏（Lugt Collection），与藏于波尔迪·佩佐利博物馆（Poldi Pezzoli）的《圣母》出自同一画家之手，这位画家通常被认为是博尔特拉菲奥。
2. 我的这一转变要归功于马丁·戴维斯先生，他对相关材料细致认真的分析收录于 1947 年由伦敦国立美术馆出版的关于伦敦《岩间圣母》的文章中。（英文版编者按：戴维斯随后修改了他 1947 年的结论，只将其作为一种替代性理论。）

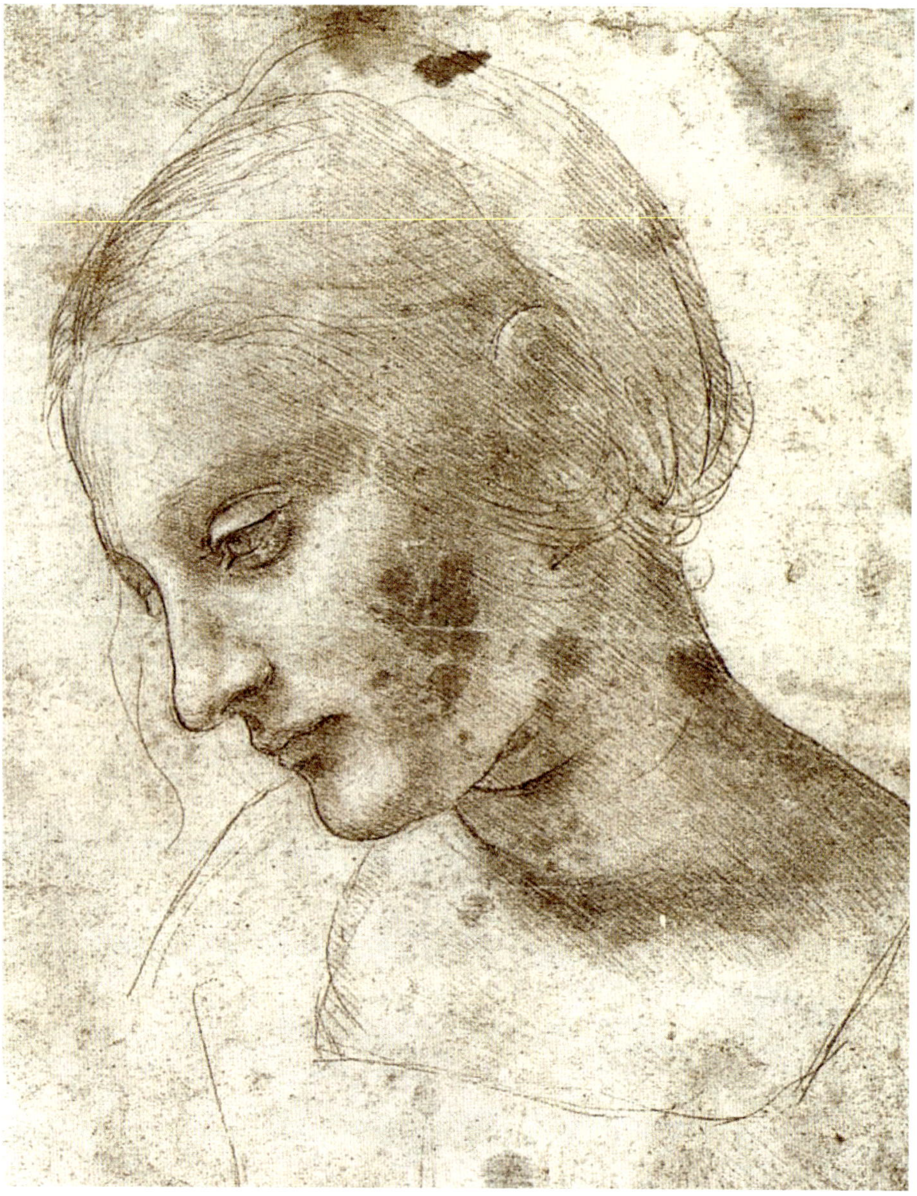

图 32 《哺乳圣母》习作，约 1480 年，卢浮宫，巴黎

图 33 《岩间圣母》，1482—1483 年，卢浮宫，巴黎

持有的结论，即那件早期作品在1506年之后替代了晚期作品。因为没有任何关于卢浮宫《岩间圣母》的资料，我们只能推测它是列奥纳多在佛罗伦萨期间完成的，并且作为其绘画技巧的证明被带到了米兰。

即便我相信这件作品就是1483年被委托的画作，我还是会将卢浮宫的《岩间圣母》归入列奥纳多的第一个佛罗伦萨创作时期。画面中昏暗的色调以及精致的写实主义表现手法，将这一作品与自《三博士朝圣》开始的系列风格联系起来。同样在创作理念方面，列奥纳多在这一作品中，也对可追溯至早期崇拜题材画作的一系列主题和表现方法进行了总结。圣母跪于圣婴面前的这一造型，可以追溯至收藏于博纳博物馆和威尼斯学院博物馆的一些素描作品中。但是在那些作品里，圣母被牧羊人围绕并且上方还有一系列飞舞的天使形象。几年后，列奥纳多在作品中又重新回顾了跪姿圣母子的主题，但这次却没有将牧羊人和天使纳入画面。大都会博物馆中的一件素描作品，展示了他寻找一种能赋予人物场景统一性的构图尝试，即圣母以一种保护性的姿态将手臂展开于圣子的上方，这是一种类似于圣像学传统中的慈悲圣母（Madonna della Misericordia）的造型（见图34）。而这件作品通常被看作为《岩间圣母》所做的习作，但是在形成最终作品前，列奥纳多将画面左下角的那组造型发展成了一件独立的作品，这件作品已知的一些复制品中，最优秀的是藏于牛津大学阿什莫尔博物馆的一件，它为我们提供了列奥纳多原作的一些清晰的概念：跪着的圣母将手臂伸展于两个正在其脚边玩耍的孩子的上方，年幼的圣约翰抓着他的羔羊，而圣子耶稣则躲在母亲袍子的衣袖后面偷看着他。这一类似快板（allegro grazioso）的场景，可以视为《岩间圣母》中慢板（adagio）的前奏，因为《岩间圣母》的画面中带着极为庄严的意味。画中的两个幼童已不再是平等的存在，圣约翰因崇敬而呈现跪姿，并被置于圣母斗篷的保护之下，象征着凡人的脆弱与虔诚。而圣子则坐于母亲身前，以天使形象出现的圣灵在一旁。圣子的显赫身份通过两只像光环般位于其头顶之上的手来表现，在画面的金字塔构图中，这一人物形象被赋予一种垂直方向上的孤立感。他保佑着人类。画面中的天使，是最为神秘的形象，以他的光辉邀请我们加入这一神秘场景。为何他明确地指着圣约翰？而他的目光又在看着谁？我们只知道，在更为正式的伦敦《岩间圣母》中，由于手部和朝向画外的目光被忽略，使画面损失了一些魔力。如同为一个庄严主题所谱写的伴奏中的重音，《岩间圣母》背景中的岩石为整个画面注入了活力，并形成了有如大教堂般的强

图 34 《圣母与圣子们》习作，1492—1493 年，大都会美术馆，纽约

力视觉冲击。尽管这在美学上的意义是明显的，但是否还具有更深的含义呢？在创作时，列奥纳多的头脑中是否想到了真假难辨的福音书中，圣母子一家在逃亡埃及的避难途中，遇到了年轻的施洗者的故事？虽然在文艺复兴时期的艺术作品中，大部分此类题材背后的传说和象征早已被遗忘，但是其重要性也有可能在对艺术家痴迷的发掘中被高估。在创作过程中，对图像的象征含义深入了解，更多的是一种手段而非其最终目的，所以，不论我们对画中岩石的意义有着何种虚妄的阐释，其可能只是源自列奥纳多儿时对赛瑟里山洞穴探险经历的记忆。[1]

《岩间圣母》作为列奥纳多15世纪的最后一件杰作，依旧散发着那个时代令人着迷的优雅。画家精湛的技法并没有掩盖画中形象鲜活的生命力。真实与理想的美感在画面上达到了完美的平衡。在将画作与藏于都灵的天使头像银笔画习作（见图35）进行比较时，便能看出列奥纳多追求理想化表现的过程为作品注入了新的生命。我大胆地认为，作为世界上最美的画作之一，那幅银笔画习作追求的是全面的形体表达。而《岩间圣母》则更为柔美轻盈，更加超脱。这依然是理想化在哥特式层面的表现。画中圣母的头像也是一样。为此，我们必须将之与后期伦敦的那幅《岩间圣母》进行对比，尽管后者并不一定是全部由列奥纳多完成的，但肯定是依照了他的构思。通过对比，我们看见早期的圣母有着精美且富于想象力的美，而后期圣母的面容则显得苍白且明暗对比强烈。由此我们不禁要想，列奥纳多在其绘画理论的指引下，究竟与我们的情感喜好偏离了多远？两件作品中，圣约翰的对比呈现了同样的结果。只有在后期天使的头像中，我们才能体会到列奥纳多是如何因为规则而牺牲人物形象的生命力，使画面获得了一种新的经典的完整性。但是在我们看来，这种牺牲的代价大于收获。

作为这种哥特式理想化表现手法补充的，是细节精致的写实主义（见图36）。他对手、脚和头发带着无限好奇的观察，是在其他画作中前所未有的。尽管列奥纳多精通于它们的内在结构，但他真正的兴趣则在于对其表面的呈现，在于表现皮肤伸展时的紧绷及放松时的皱褶和凹陷，利用线条和光影的变化来超越常规的观察。同样，画中的花草也是通过其独特的哥特式理解来表现的，这让人

1. 此类岩石同样出现在柏林艾尔玛斯国立博物馆所藏的菲利皮诺·利比的《耶稣诞生》中，画中同样包括了年轻的施洗者。同样的岩石也出现在其他的十五世纪绘画中。它们似乎是被广为接受代表荒野的圣像学符号。

图 35 《岩间圣母》中天使头部习作，1483 年，皇家图书馆，都灵

图 36 《岩间圣母》中的圣约翰，1482—1483 年，卢浮宫，巴黎

联想到 13 世纪雕工精美的柱头。那些热衷于将花草铺满画面前景的佛兰德斯画家们，从未掌握这种赋予植物生长感和内在生命力的技法。就算是列奥纳多自己的学生，在模仿老师对植物的铺张手法时，也无法做到与画面整体的完美结合。

尽管《岩间圣母》的整体画面形象和部分细节还是清晰可辨的，但是我们必须清楚，其中有许多列奥纳多的良苦用心已经不得而知了。对于色彩及其明暗关系以及原作总体的色调，我们都无法形成真正的认识。因为这些都被画作表面一层层厚实稠密的黄色上光剂所覆盖。[1] 在一些暗部，某种沥青的混合物使表面变得如泥土般干裂结块，还有无数块旧时修补的痕迹布满画面。因此，当我们如今评价列奥纳多是位惯用暗色调的画家或是并不出众的色彩画家时，首先要牢记这些事实。即使从《岩间圣母》今天的状况中，我们也能看出它曾经拥有极其明亮的色彩以及一种柔和的光照效果。而正是这种对明亮光线的运用，将列奥纳多与其米兰的模仿者区别开来。

也许列奥纳多正是带着这样的一幅作品去了米兰，借此证明他已经掌握甚至超越了利比、韦罗基奥以及其他擅长宗教绘画的佛罗伦萨大师的传统技法。他在到达米兰后不久，便被介绍给了圣灵感孕兄弟会。当时，他们正在寻找画家，为兄弟会手中由雕塑家德尔·曼诺（del Maino）制作的精美三联画框绘制中间部分。充当其介绍人的，是两位当地画家：埃方格里斯塔·普雷达和安布罗吉奥·普雷达兄弟［现在通常被称为达·普雷迪斯（da Predis）］。以后，兄弟二人的名字和列奥纳多一起，出现在委托文件中；并且安布罗吉奥在之后发生的合同纠纷中，始终充当着主要角色。作为艺术家，兄弟俩并无过人之处，列奥纳多之所以会与他们合作，只是因为他们工作室的人脉。随后事情的发展，证明了两人并不是合作的最佳人选。

受委托作品的题材在合同中被注明："圣母子及若干天使，以油画形式辅以最大限度的精致。加上以下两位先知。"但事实上，列奥纳多却选择了绘制另一版本的《岩间圣母》（见图 86）。由于兄弟会在后续的文件中，从未提到绘画内容的变更，因此我认为有可能列奥纳多为他们展示了从佛罗伦萨带去的《岩间圣母》，并说服他们接受了这一画作的复制品。或许他觉得对方提供的酬劳不足以让他重新构思一件新的作品，并希望他的雇主会满足于接受一件大部分由安布罗吉奥完成的复制品。但是兄弟会却坚持要求一件由他亲手完成的画作，以至于这件三联画中间的作品被拖延了 23 年。在此期间，普雷达兄弟和列奥纳多曾两次要求增加酬劳。一次是由两兄弟于 1503 年单独提出的，第二次则由三人共同提出。他们认为与兄弟会为画框支付的酬劳相比，其绘画所得过于微薄，并把报价

1. 这一作品曾被从木板转移到画布上，因此很难在清洁画面时不暴露太多的损坏之处。画面的缺陷在照片中不是特别明显，部分原因是相机可以拍摄到上光剂以下的部分，另一部分原因我们必须记住，是因为已知的作品照片大部分经过了调整修复。

提高到 1 200 里拉，其中 400 里拉给列奥纳多，而不是原本说好的 100 里拉。这样的要求显然被拒绝了。在这件事情上，他们显得有些不够诚实，完全没有顾及列奥纳多的作品始终没有完成，甚至可能仅仅还处于草图阶段。因为当双方最终在 1506 年达成协议后，列奥纳多被要求在两年内完成画作。而那件引发普雷达兄弟不满的昂贵画框早已不知去向。所以兄弟二人的作品也只有左侧画框中的天使，和列奥纳多的中间部分一起进入了伦敦国立美术馆。左侧的天使以老派的伦巴第技法绘制，除了衣纹部分外并没有受到列奥纳多风格的影响。右侧的天使同样收藏于伦敦国立美术馆，由不知名的画家所绘，有可能是协助列奥纳多完成中间部分作品的学徒，但在完成时间上，要明显晚于其他两件。

除了绘制《岩间圣母》外，列奥纳多似乎将时间全部用在为卢多维科的宫廷服务上。根据诸多当时的记载，他基本上充当了宫廷画师的角色，并为卢多维科的两位情妇切奇利娅·加莱拉尼和卢克雷齐娅·克里维利绘制了肖像。他这一时期的一些肖像得以幸存并且很早就被认为是列奥纳多的作品，但是对于其真实性，人们一直以来都从未停止过争论，主要是因为外行很难将这些资质平庸的画作与列奥纳多联系起来。但事实上，列奥纳多的作品证明他完全可以根据情况需求，画出平凡，或者更确切地说客观的作品。因此，这些肖像画需要得到更为宽容耐心的审视。

多数当代评论家相信，这幅藏于克拉科夫（Cracow）的抱银貂的女子肖像表现的正是切奇利娅·加莱拉尼，并且出自列奥纳多之手（见图 37）。卢多维科的宫廷诗人贝尔林乔尼（Bellincioni，死于 1492 年）在他的一首十四行诗中赞颂过这幅作品，他在诗中形容这位坐着的女子似乎是在仔细地倾听。同时，在切齐利娅于 1498 年 4 月 29 日写给伊莎贝拉·艾斯特夫人的信中，也提及了这一肖像。伊莎贝拉请她将列奥纳多的这幅画像送去欣赏，但是切齐利娅回信说她并不想这样做，理由是该肖像已经不再能体现她现在的容貌。并非因为列奥纳多在写实水平上的欠缺，只因这幅肖像完成于她的少女时期，而她的容貌与那时相比，已经发生了很大的改变。切齐利娅在 1481 年成为卢多维科的情妇，根据其与伊莎贝拉的通信判断，这幅肖像应该完成于此后不久。所有这些证据都为克拉科夫肖像的身份提供了很好的证明。我们知道，文艺复兴时期的女性在其 20 岁左右，看上去就已经像是中年妇女，因此可以推断，肖像中的女子还是一位少女。她专注的表情与贝尔林乔尼诗中描写的几乎一模一样，并且她怀中抱着的小

图 37 《切奇利娅·加莱拉尼肖像》，约 1483—1488 年，恰尔托雷斯基美术馆（Czartoryski Gallery），克拉科夫

兽有着暗示其身份的双重象征含义。首先，银貂图案曾频繁地出现在卢多维科的家族徽章上；其次，银貂的希腊文加兰（Galen，γαελη 或 γαλη）也与她自己的姓氏谐音。最后，这幅肖像的完成时间，应该是在列奥纳多到达米兰的第一年，因为从画面上保存完好的部分来看，其清晰的色彩明显带有佛罗伦萨画派的文艺复兴早期传统。但画面的另一些区域却是情况堪忧，整个背景及人物的左边都被重新画过。但是其中一些部分还是保持了原貌：银貂，女子的脸部与手，除了最后的两个指尖。单凭这些部位就足以证明该画是列奥纳多的真迹。由于后人在为背景重新上色时，将脸部的外轮廓线描得过于清晰，导致人物的面部轮廓失去了一些柔和感。但是，我们仍然可以在人物的五官中看到和列奥纳多早期银笔素描一样的简单纯粹的美感。肩部的轮廓尽管显得有些生硬，也依然显示了列奥纳多对造型的感觉。同样的感觉我们还能在他 25 年后的一幅红色粉笔素描《圣母子与卷线轴》（见图 65）中再次找到。人物的手部，体现了列奥纳多对人体结构的深刻认识，他的学生没有一个能够掌握如此精确的表现力。画面中最让人佩服的要属银貂的形象，其头部的造型堪称奇迹，我们似乎能够触摸到皮肤下的头骨以及皮毛的质感。除了列奥纳多，无人能将鼬科动物的特征表现得如此传神：柔然光滑，带有攻击性，警觉，同时还有些作为徽章动物的尊贵。而银貂如同蛇立的姿势赋予整件作品一种具有警世意味的主题，正是这一不同于画面其他细节的姿态，将这幅肖像与列奥纳多同时期的其他肖像区别开来，比如那幅藏于卢浮宫的《女士肖像》。

在其他同时期的肖像作品中，我认为有一幅是完全出自列奥纳多之手、未经他人修改的，这便是藏于米兰安布罗西亚纳的《音乐家肖像》（见图 38）。画中人物头部（其身体部分并未完成）的造型手法与《岩间圣母》中天使的造型非常接近，甚至更接近于都灵那幅为《岩间圣母》中天使所作的习作。这件肖像的完成时间，应该是在 1485—1490 年之间。如果将其与带有列奥纳多风格的其他男性肖像做比较，比如收藏于布雷拉美术馆（Pinacoteca di Brera）的那张写有拉丁文短语“*Vita si scias uti longa est*”（如果知道如何使用，生命就会很长）的肖像，可以看出，其他肖像通过冷峻的明暗对比反映了他的后期风格，但这种对比的结果可能是误导性的。就算抛开完成时间上的差异，后期肖像人物所具有的苍白色调也可能是出自他的学生之手，而《音乐家肖像》中明亮柔和的用色才是列奥纳多的手笔。列奥纳多对光线在物体起伏表面所进行的细致观察，也反映在

图 38 《音乐家肖像》，约 1485 年，安布罗西亚纳，米兰

图 39 《女士肖像》，约 1495 年，卢浮宫，巴黎

这一时期的一些素描作品中，比如斯福尔扎纪念像中马匹的习作、法兰西学院收藏的列奥纳多的手抄本 B 卷解剖图中的头骨，这些都向我们展示了列奥纳多对写实主义探索达到的深度，直至他后来选择几乎完全抛弃这种表现手法。《音乐家肖像》的另一个特别之处，在于它也许是保存得最完好的列奥纳多画作。不同于其他被污浊的上光剂覆盖的作品，我们得以从中了解到一些列奥纳多对颜料的使用技法，进而发现画面上的色彩笔触其实并不如他的追随者所表现的那么平滑均匀。

接下来，我们将谈到两件被普遍认为是列奥纳多学生作品的著名肖像，它们的完成时间在 1490 年前后。也是在这一时期，我们第一次发现了关于这两位学生的记录，乔万尼·安东尼奥·博尔特拉菲奥和马可·德奥吉奥诺。而对这二人独立的作品，我们也已经有所了解。博尔特拉菲奥是列奥纳多所教授过的学生中最为出色的，尽管他有明确记载的作品来自较晚的时期，但是我们仍然可以根据其一贯稳定的风格，将两件完成于1490年前后的《圣母子》画作归于他的名下。其中一幅藏于布达佩斯，另一幅在米兰的波尔迪·佩索利博物馆（Poldi Pezzoli Museum）。我认为，还有一些颇受欢迎的米兰画派风格的银笔画头像也出自他的手笔。列奥纳多也在其笔记中，多次提到了这位学生的银笔画作品。因此我们甚至可以合理地假设，被斯福尔扎家族各种委托缠身的列奥纳多会允许这个天资不俗的学生根据他的构思来代为完成一些作品。这似乎也可以解释，为何博尔特拉菲奥在其后期的独立作品中没有展现出他在列奥纳多的指导下所达到的那种精致程度。

诸如此类的假设，也曾被用来推断那幅藏于卢浮宫的《女士肖像》（*La Belle Ferronniére*，见图 39）的作者。之所以该作品的法语命名会取自亨利二世一位情妇的昵称，是因为早期藏品目录制作过程中的某次混淆，而我们对于肖像人物的真实身份却从未有过定论。卢克雷齐娅·克里维利就是其中被频繁提及的人选之一，她在 1495 年取代切奇利娅·加莱拉尼成为卢多维科的情妇。列奥纳多无疑曾为她画过肖像，并有三首短诗提及此事。所以尽管没有丝毫的证据，但如果卢浮宫的这幅肖像画的就是卢克雷齐娅·克里维利的话，那这件作品必是列奥纳多的真迹无疑。此事长期以来都存在着争议，贝伦森先生曾在他的《北部意大利画家》（*North Italian Painters*）1907 年的版本中代表所有列奥纳多研究者发表了对该作品的看法："人们终会后悔接受此画为列奥纳多的真迹。"[1] 我们不禁要问，列奥纳多是否会满足于让画中人物摆出如此平庸的姿势？因为不但人物的头颈关系略显无趣，而且其头部转向光源的方式也使这一人物姿态丧失了许多可塑性。与都灵的那幅天使素描头像相比，这幅肖像乏味得几乎像一件洛伦佐·科斯塔（Lorenzo Costa）的作品。画面中另一个明显的不足之处，便是人物的束发带和项链，几乎没有表现出画家丝毫的造型能力。可是我们也应该了解，在米兰画派人物肖像画传统中，对服装和首饰的处理往往有着几乎类似于平涂的生硬效果。但在其他方面，这位女士的衣服上的一些细节，尤其是肩部的丝带又与列奥纳多的风格出奇地接近。人物面部塑造极具美感，通过将这件原作与若干复制品进行比较，并经过放大的照片研究，都展现出画家对人物面部结构的深刻认识。因此对于喜欢追求事实而非最终结论的人来说，不能教条式地看待这件作品。我现在也更倾向于认为这幅肖像确实出自列奥纳多之手，并且它体现了列奥纳多在这段时期将自身的天赋置于宫廷需求之后的创作态度。

另一件值得一提的肖像作品，是藏于安布罗西亚纳的那幅著名的女士侧面画像（见图 40）。这件显然不属于列奥纳多的作品，长久以来被认为出自安布罗吉奥·普雷达之手，主要原因在于这是一幅侧面坐姿肖像。尽管这件作品所呈现的水准要比任何已知的普雷达画作高出许多，但是其所拥有的拘谨、冷漠及寡淡的基本风格，让人将这件作品与普雷达联系在了一起。另外，这种联系还通过若干与普雷达已知作品存在相似之处的侧面肖像画得到印证。如果这幅女士侧面像确实由安布罗吉奥·普雷达所画，其在创作过程中必定受到了来自列奥纳多的直接启发。画像中头饰、珍珠和丝带的某些细节，甚至有可能经过了列奥纳多高超技巧的润色。借此我们可以想象一种有趣的人物关系，尽管根据当时的文件，可以认为安布罗吉奥·普雷达之于列奥纳多的关系更像是年长的合作伙伴甚至雇主，可是作品风格上的证据却暗示了他其实是列奥纳多的学生之一。艺术家之间存在这样的双重关系也并非绝无可能。普雷达兄弟尽管在列奥纳多到达米兰前就确立了他们的地位，并且可能在此之后仍继续受到较为保守的顾客的偏爱。但随着列奥纳多在米兰宫廷的声望因其无与伦比的成就而水涨船高，普雷达极有可能会尽其所能向列奥纳多求教。并且在这样一种互惠互利的氛围中，他成功地创作出了

1. 但是在此书 1932 年的版本中这件作品却被归于列奥纳多名下。

图 40　安布罗吉奥 · 达 · 普雷迪斯（Ambrogio da Predis？），《女士侧脸肖像》，约 1495—1500 年，安布罗西亚纳，米兰

现藏于伦敦国立美术馆的那幅巴托洛米奥·阿奇托（Bartolommeo Archinto）肖像。这幅标注有字母缩写 AMPRE、完成于 1494 年的肖像，连同上述的那幅女士侧面像可以说是安布罗吉奥·普雷达最为杰出的作品。我们还可以推测，在失去了列奥纳多的帮助后，他的技巧出现了下滑，以至于在 1502 年绘制了那幅平淡无奇的马克西米利安皇帝肖像后，出于对自己曾经有过杰出的肖像作品所残留的自豪感，他还是决定在这幅现藏于维也纳美术馆的画像上属了名。尽管我们能对安布罗吉奥·普雷达的艺术生涯做出诸如此类的推测，但是在列奥纳多逗留期间，整个米兰画派的脉络却始终停留在不为人知的状态。或许通过确定布雷拉美术馆中那幅著名的斯福尔扎祭坛画（Pala Sforzesca）的作者，有助于增加我们对这一时期米兰画派的认识。画中斯福尔扎及其妻儿跪拜于圣母子的两侧，从这件作品中，我们初次感受到列奥纳多风格对伦巴第绘画传统的影响。但可惜的是，这件作品以及几乎所有与之相关的画作都没能留下出处。另外，在列奥纳多的笔记中也出现过一些学生的名字，但我们至今无法将他们与任何一件已知的作品联系起来。而其中需要被提及的只有一位学生，并非因为他的作品为人所知或是有任何过人之处，而是因为他曾在列奥纳多的生命中扮演了重要的角色，他就是贾可蒙·沙莱（Giacomo Salai）。瓦萨里曾写道："在米兰期间，他将当地人沙莱收为仆人，一个极其优雅俊美的少年，有着一头让列奥纳多陶醉的美丽茂盛的卷发。"包括列奥纳多自己也在法兰西学院收藏的手抄本 C 卷中记录了这一事件发生的确切日期：

> 贾可蒙于 1490 年抹大拉的玛利亚日（7 月 22 日）来到我家，当时 10 岁。次日，我请人为他缝制两件衬衣、一条裤子和一件短上衣，当我预先准备了一些钱来支付这些衣物时，他却从钱包里偷走了这 4 里拉。虽然我对此非常肯定，却无法让他承认此事。次日，我和他一起吃晚餐，这个贾可蒙不但吃下了两人份的食物，还非常淘气，打碎了三个调味瓶并弄洒了酒。

除此之外，他对沙莱的评价还有小偷小摸、爱撒谎、倔脾气和贪吃。并且笔记中还有他的许多其他罪状：他如何偷走了博尔特拉菲奥和德奥吉奥诺的银笔，从梅瑟·加勒阿佐（Messer Galleazzo）的仆人那里偷钱，私自将列奥纳多的一块皮料卖给了一个鞋匠，并用换来的钱买了茴香糖。沙莱一如既往地偷窃、贪嘴和撒谎行为，让列奥纳多一度苦恼于如何使其免受牢狱之灾。并且从他的一幅素描中，我们可以看出此类行为在沙莱脸上留下的痕迹，曾经的俊美卷发少年变得粗俗臃肿且扬扬自得（见图 41）。尽管如此，列奥纳多依旧没有对他心灰意冷。相反还为沙莱的妹妹置办了嫁妆，并将他写入了自己的遗嘱。

上述这些事实以及列奥纳多描绘沙莱的那些画作所呈现的特征，无疑暗示着沙莱与他主人的关系属于在古希腊罗马时期受到推崇的那种年长男性与少年之间的关系。此类关系在文艺复兴时期尽管受到教会的谴责，但在一定程度上还是能被大众所接受的。事实上，有确凿的证据表明，列奥纳多同时代的人相信他是一个同性恋者。1476 年，佛罗伦萨的地方行政官曾收到两封检举信，反映列奥纳多和数位年轻艺术家与一位叫雅各布·沙塔雷利（Jacopo Saltarelli）的人有着不检点的关系。虽然这一指控似乎从未被证实，但也不能完全将其视为一种恶意的谣言。[1] 我个人认为列奥纳多的同性恋倾向并不需要用确凿的历史资料来证明，因为其迹象隐藏于他很大的一部分作品当中，任何敏感的观众都能从他笔下那些同时具有两性特征的人物形象和某种慵懒的造型中，感受并解读出这一倾向。同时这也解释了关于他的另一些细节，比如他浮华的穿着、疏远隐秘的处世方式，还有他在其堪称浩瀚的写作中几乎从未提及任何女性的事实。我们或许可以说，这也解释了为何那些对其伟大之处最为认同的人会感到一丝失望。作为艺术评论者，我并不想在这一心理学领域涉足太深，但我也不愿在对作为艺术家的列奥纳多实事求是的论述中，将这一因素排除在外，只因为这会让他的形象受到某种不同于其他历史人物的损害。我们显然无法从列奥纳多的作品中得出他对女性有着和普通男性一样的情感的结论。而那些出于道德原因希望将带给列奥纳多无穷创造力的性取向说成中性甚至无性存在的人，无疑对维护他的声誉一事有着奇特的理解。

---

1. 相关资料可见赫伯特·霍恩（Herbert Horne）：《乔尔乔·瓦萨里笔下的列奥纳多·达·芬奇的一生》（*The Life of Leonardo da Vinci by Giorgio Vasari*），伦敦，1903 年，第 12 页。

图 41　推测为《沙莱肖像》，约 1504 年，英国皇家图书馆，温莎城堡

LEONARDO DA VINCI

成为达·芬奇：列奥纳多的艺术传记

第三章

笔记

笔记的范围和内容；列奥纳多思维的基本特征；早期笔记的内容，建筑，场景，寓言，寓言类绘画，讽刺画

列奥纳多的笔记手稿中，最早的部分完成于他最初在米兰生活的那些年。作为其生活的痕迹，手稿为我们提供了关于他艺术和科学活动的全面记录。有意思的是，列奥纳多直到 30 岁才开始对他的各项活动进行记录，而一般被诸事缠身的人在这个年纪可能已经放弃了这种习惯。从他流传下来为数不多的更早手稿来看，他之前似乎并没有记录自己各项兴趣的习惯，或者说，他之前的兴趣并没有如此广泛。这些更早的手稿，主要包含了一些机械和军事工程草图，其简单的示意图风格以及对动力学粗浅的理解，说明列奥纳多在军事工程方面的知识，并非如他在写给斯福尔扎的那封夸夸其谈的自荐信中所暗示的那样超越其所处的时代。但是作为斯福尔扎宫廷的御用工匠，列奥纳多所面对的是各种需要具备科学知识的任务，如建筑、机械工程甚至假面游行的组织。为了提高和展示自己胜任此类工作的能力，他开始用笔记的方式记录所见或发明的各类机械和精巧装置。而在列奥纳多之前，其他文艺复兴时期的艺术家习惯将自己在机械、建筑及筑城学等方面的研究结果以论文的形式发表。例如藏于洛伦佐图书馆的一份弗朗西斯科·迪·乔治·马提尼（Francesco di Giorgio Martini）的手抄本（Codex Ash burnham 361），这一手抄本曾一度属于列奥纳多，并有他亲笔所做的注释。其内容包括一系列教堂的蓝图及一些武器和机械的设计稿，这与我们在列奥纳多早期手稿中发现的内容大同小异。尽管马提尼手抄本的画风相对粗糙，但其中所呈现的科技水平却并不逊色。受到此类文献的启发，列奥纳多开始尝试将其笔记编撰成系统性的论文，而这一尝试的成果，就是法兰西学院图书馆收藏的列奥纳多手抄本 B 卷（Manuscript B，约 1485—1487）。

作为列奥纳多在这一时期研究方向的证据，我们在对这些早期笔记进行分析前，可能更应该对他的手稿做一整体性的论述。现在看来，列奥纳多似乎保存了几乎所有的笔记，并且在死前将其赠送给了他的追随者弗朗西斯科·梅尔兹（Francesco Melzi）[1]。幸存下来的大部分笔记为研究列奥纳多的思想提供了宝贵

1. 肯尼斯·克拉克：《成为达·芬奇：列奥纳多的艺术传记》，第 220 页。

的资料，其中最重要的收藏，便是安布罗西亚纳图书馆中那份由笔记和草图组成的著名的《大西洋古抄本》。它由近 4000 张不同时期和尺寸的内页组成，内容涉及各个方面，里面充满了列奥纳多详细的记录。它的编订者与温莎城堡图书馆中所藏素描集的编订者同属一人，很有可能是从梅尔兹后人手中买下列奥纳多手稿的雕塑家蓬佩奥·莱奥尼（Pompeo Leoni）。但是这位编订者并没有在材料的编排上花太多的心思，仅仅对其中一些机械草图进行了归类。其他的内页在编订中则没有明确的次序。但无论如何，这些资料都是我们深入了解列奥纳多的行为、朋友、学生、知识构成和思维习惯时最重要的信息来源。

此外，在法兰西学院图书馆中还藏有 13 册封面上依次标注着字母 A 到 K 的列奥纳多的手抄本。它们分别完成于不同时期且尺寸各有不同，其中大部分是在一到两年间成稿的。其中一些是经过潦草编订的论文集，另一些尺寸较小的或许只能被称为笔记本，该图书馆中还藏有一本关于鸟类飞行原理的笔记。维多利亚和阿尔伯特博物馆的佛斯特收藏（Forster Collection）中，也包含了三册这类小尺寸的笔记本。另外，在阿曼德·哈默收藏（Armand Hammer Collection）、特里武齐奥收藏（Trivulzio Collection），以及都灵的博物馆中，均藏有一些列奥纳多的手稿。大英博物馆中也藏有一份原属于阿伦德尔伯爵（Earl of Arundel）的列奥纳多手稿，这位伯爵也是温莎城堡图书馆列奥纳多画作收藏的原主人。大英博物馆的列奥纳多手稿中三分之二的内容是关于动力学的研究，且完成于同一时间段，其余部分则像《大西洋古抄本》一样由后加入的内页组成。

由于现存的大量列奥纳多手稿之间缺乏连贯性，更激发了研究者的兴趣。任何一页内容中，哪怕最微不足道的论述，都有可能为我们研究列奥纳多的行踪或想法提供某些重要的证据。列奥纳多研究者面对的是如同巨幅拼图一样的材料，以及像穆勒－瓦尔德、卡尔维和索尔密这些学者所付出的大量劳动，而且还有太多东西需要被发现，例如至今还很少有人研究过，列奥纳多在他一生中到底积累了多少知识，完善了哪些科学方法。要形成对列奥纳多真实全面的认识，我们必须集思广益，并且将他科学方面的成就与其艺术发展过程相比较。但这就要求巨大的知识储备，研究者不但要在时间顺序上对列奥纳多的所有笔记内容了如指掌，而且还需要熟悉文艺复兴时期的整体知识构成，从而在同一个时代背景下对列奥纳多的知识结构进行评判。由于缺乏这一条件，我不会强求自己能够对他的笔记进行全面的研究，而只是对其特点进行简单的陈述。我已经提到列奥纳多最早期的笔记主要涉及技术方面的内容，其中一些也只是对精巧装置的记录。但是从一开始，列奥纳多对结构的透彻领悟，以及他无穷的好奇心，还是赋予了这些笔记更高的整体价值。他并没有满足于单纯记录事物的运行方式，而是希望探究其背后的原理，而正是这样的求知欲使他从匠人升华为科学家。我们可以从他的笔记中看到这样的发展规律。起初，他的研究局限于某些机械构造，随后在阿基米德的影响下，他开始对力学的第一定律产生了兴趣，最终他心中充满了对风、云、地球的年龄、繁殖行为和人类的心脏这类事物的疑问。单纯的求知欲从先前对技术的兴趣中独立出来，转化为深入的科学探索。列奥纳多具备种非凡的自学能力，能够根据不同的研究对象改变自己的认知态度。作为一个穷人的孩子，他在佛罗伦萨接受了相应的教育，包括出于实用目的的读写训练，以及典型的佛罗伦萨教学仪器算盘训练，之后，他成了韦罗基奥的学徒。上述没有一项使他具备阅读那些记录着古典科学知识的晦涩庞杂的百科全书的能力。然而他的笔记却为我们提供了广泛阅读的证据，里面记满了其借阅或参考过的书籍注释。经后人比较研究，发现其中存在着大量被作为原始资料而逐句摘抄下来的其他作者所写的段落。列奥纳多终身学习过程中的关键时刻大约出现在 1494 年，在这一年他通过自学掌握了拉丁语。对此，我们可以从法兰西学院手抄本 H 卷以及特里武齐奥收藏的笔记中找到证据。在笔记中，他几乎整本抄写了当时由尼克罗·帕罗蒂（Niccolo Perotti）所著的拉丁语语法以及路易吉·普尔奇（Luigi Pulci）编写的拉丁语词汇表中的大部分内容。当时科学类书籍极少是用平民的语言写成，特别是像阿基米德的作品。正如西耶尔斯准确指出的那样，列奥纳多思想发展所受到的最重要影响，似乎只存在于拉丁语中。因此我们可以想见，掌握这一通向自然奥秘的钥匙，会对列奥纳多产生怎样的改变。正像他同时代人所描述的，列奥纳多从此失去了对绘画的兴趣。

但是仅仅热爱学习这一点，还不足以解释列奥纳多笔记的内容，更不用说形式了。伴随他研究热情的，还有一种将其书写下来的执念。他的笔记看上去就像是一份中国科举考试的答卷，据我们所知，考生在这样的考试中会被关在一间小屋里，写下他毕生所学的内容。某种程度上，列奥纳多这些笔记，就像是他阅读过书籍的摘录，而阅读范围往往出乎人们的意料。而且，他似乎还极热衷于阐述，尽力将观点以绝对清晰无误的方式表达出来。为此，他会从各个角度重复自己的论据，以消除任何纰漏。不但如此，他还会在手稿的不同章节中，对自己的观点进行反复的证明。这种细致入微的研究态度，正是列奥纳多思维方式的主要特点。而他在下面这段话中对这一态度的阐述，可能会让列奥纳多的研究者自叹不如。

> 对细节的忽略，于求知和喜好都没有益处。因为对任何事物的喜好，均源自对该事物的了解。这种喜好相对于确凿的认知来说更为主观。……如果一个人对他所专注事物的细节漠不关心，并对事物全貌熟视无睹，那他又如何能够得到所需的全部信息呢？事实上，缺乏耐心正是导致愚昧的罪魁祸首。仅仅满足于一知半解，就好像一个人的生命长度不足以让他去探究一个对象的全部知识，比如人类的身体，更别提要了解包括宇宙在内的上帝的意志了。要做到这点，只有通过仔细的衡量并将其分解成无数的细节，就像人体解剖一样。[1]

这一观点导致了他对普遍规律的不信任。相对于提炼出其中的共性规律，他宁愿对每一次单独的现象进行反复的验证。也正是这种对普遍规律的不信任，使其无法预测到后来科学家的许多发现，其中便包括了血液的循环。他唯一接受的一类抽象规律就是数学，更准确地说，他并没有将数学视为一种普遍规律。“那些对数学无比的确定性存在非议的人心中充满了困惑，并永远无法排除那些导致无休止冲突的诡辩式科学存在的矛盾。”“缺少数学的验证，科学将不存在确定性。”类似这样的断言在他的手稿中随处可见，显示了数学对于列奥纳多来说，并非只是一种衡量其研究成果的便利工具，更是一种信仰的载体。值得注意的是，在其手稿中，数学的确定性多次被置于与神学论述的不确定性的对比之中。[2] 生活在宗教改革运动前夜的列奥纳多似乎已经预感到了这种宗教矛盾徒劳的本质，转而将其信仰投射到数学原理之中。这也是 17 世纪时，那些最开明的头脑用数学取代在宗教中遗失的确定性的途径，但这并不意味着列奥纳多是一

---

1. 温莎城堡，英国皇家图书馆，让·保罗·里希特（Jean Paul Richter）：《列奥纳多的文学作品集》（*The Literary Works of Leonardo da Vinci*），伦敦，1919年，第1210节，法兰西学院手稿C卷，约1513年。
2. 参见里希特《列奥纳多的文学作品集》第1210节，及《绘画论》第29节。

个伟大的数学家。在他看来，数字是一种不容置疑的存在，而其存在本身就是真理，不应被用来创造任何假说。因此他更多地将数学作为一种证明的手段，而非推理的技巧。当然必须承认的是，他也曾和许多早期数学家一样，在那些数学游戏和拼图上浪费过精力。

就笔记的整体性来说，条理性的完全缺失，应该部分归因于列奥纳多缺乏的整合能力。也许在当时，为如此庞杂的信息汇总提供一种合理的结构是几乎不可能的。当时，最终目的是服务上帝的经院哲学的逻辑体系已经被其浩瀚学说的自身重量所压垮，而 17 世纪以自然法则为信仰的哲学体系还未见端倪。不过，列奥纳多对世界的观察，并非简单地缺乏一种可控的条理，而是以一种无常甚至任性的非条理性被投射在随机的事物上。对此许多学者觉得难以解释，他们中的一些人声称列奥纳多对自然规律的感知能力是如此伟大，以至他的所有观察结果都无差别地服务于一个中心体系。“他有着对对称性的超凡感知能力，因此对任何事物都会产生疑问。”[1] 瓦雷里这样说道。而我认为这种对列奥纳多理想化的看法，是将他的不足之处置于后期精神感受的光芒之下，并赋予其一种象征性的价值，如同后人看待《圣经 · 旧约》中那些声名狼藉的故事。与此相对的近期观点，则认为列奥纳多是某种心理学层面挫败感的受害者，导致他无法专注于某个特定的主题。虽然这是一种用来解读列奥纳多的简陋理论，但或许比前一种说法更接近于事实。因为从他不加选择地吞下所有信息的状态，可以看出他在这方面的胃口确实有反常之处。 或许他自己在大英博物馆所藏手稿中类似序言的部分给出的理由，才是造成其笔记无序状态的主要原因，即他根本没有时间来整理这些笔记。任何人在其一生中要完成如此大量的观察、阅读和写作都可以被视为奇迹。所以，我们也无法抱怨列奥纳多在这样的情况下，没能考虑到笔记的顺序及其最终的目的。

在对列奥纳多笔记的整体特点进行概述后，我就可以对他在米兰第一次逗留期间的那部分笔记展开分析。其中完成时间最早的，便是法兰西学院手抄本的 B 卷，我之前提到其中包含了一些他为赢得卢多维科的赏识所画的战争机械草图。除此之外，还有一系列草图证明列奥纳多在 1487 年左右对建筑学产生了

---

1. 此处原文有“Il a un sens extraordinaire de la symétrie, qui lui fait Problème de tout”。——编者注

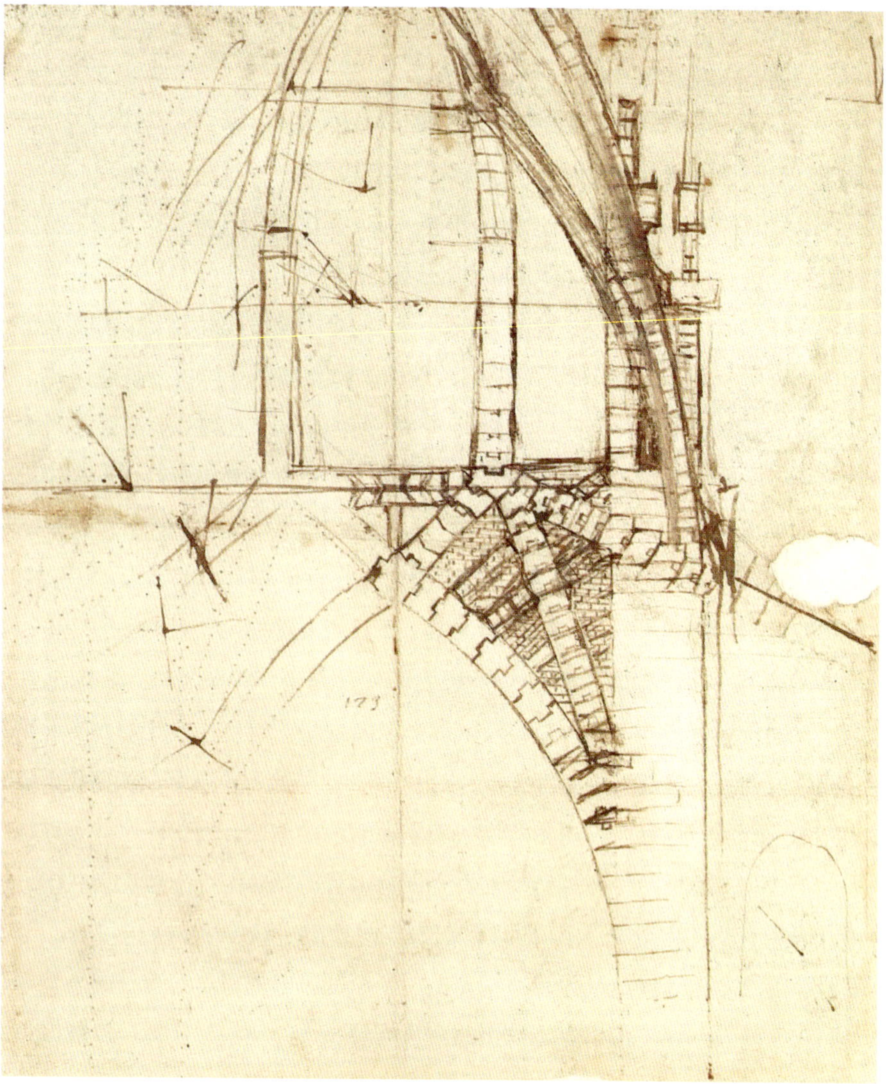

图 42　米兰大教堂穹顶习作，1488 年，《大西洋古抄本》，安布罗西亚纳，米兰

浓厚的兴趣。可惜的是，他的建筑草图从未得到充分的研究。我在此也只能对其进行浅显的说明。我们大致能将他在这一阶段的建筑设计分为两个类别：实用型和理想型。前者要归功于他在米兰宫廷中的职位，主要包括翻新或建造斯福尔扎指派的建筑。例如他曾尝试为米兰大教堂设计一个中心塔楼或穹顶（见图 42），并于 1488 年提交了一座其设计的模型。同时提交设计的还有多纳托·布拉曼特（Donato Bramante）、卢卡·芬塞利（Luca Fancelli），以及彼得罗·达·戈

尔贡佐拉（Pietro da Gorgonzola）。1490 年，他与阿马德奥（Amadeo）及弗朗西斯科·迪·乔尔吉奥一同被召至帕维亚（Pavia）。在那里，他为当地大教堂的完工提供了意见。一些学者认为手抄本 B 卷中的一些教堂草图就与这一工作相关，这些草图确实是在这一时期完成的。[1] 但是，我们迄今还未找到确凿的证据，证明列奥纳多的任何设计最终被付诸实施。同时，我们还可以对列奥纳多与弗朗西斯科·迪·乔尔吉奥的关系进行一些推测，作为年长一些的同时代艺术家，后者在兴趣点上与列奥纳多有着众多的交集。除了知道列奥纳多拥有过一本弗朗西斯科的手稿，我们至今也没能找到两人间交流的证据。法兰西学院的手抄本 B 卷中，还显示列奥纳多曾在很长一段时间内，为斯福尔扎家族设计其在米兰的大城堡，这一家族的权力在很大程度上依靠了这座堡垒。在一些草图中，我们能够看到城堡中拥有史无前例高度的塔楼，足以鸟瞰四周的平原。另一些草图则展现了新型的堡垒、内壕、护城河和战壕，但我们无法确定这些设计在多大程度上被最终采用，因为此类工程设计在建造完成后，大都不会署名。由于列奥纳多的名字没有与任何米兰城内的建筑联系在一起，所以我们只能推测他大部分时候只是提供了草图或口头的建议，而非具体的建筑图。但我们从其笔记中了解到他为斯福尔扎亲自监督过一些新颖的建筑项目，比如公爵夫人花园中的凉亭，以及夫人浴室中的供暖系统。

在这一时期，我们还能找到列奥纳多对城市规划感兴趣的首份证据。新型城市的建造在文艺复兴时期并非新鲜事物，并且已经在费拉拉（Ferrara）和皮恩扎（Pienza）两地付诸实施。新型城市的修筑不仅有其美学方面的考虑，更有着实际意义，即希望能够借此避免至少每十年便会袭击意大利各地一次的大瘟疫。列奥纳多为米兰设计城市规划的时间，正是在 1484—1485 年那次可怕的瘟疫之后，而他的设计意图，就是要建造一座功能性大于美观度的城市（见图 43）。这一设计其实更符合他理想的建筑类型，因为其中展现了列奥纳多的一种个性特点，即赋予实用型的设计以浪漫色彩，对此我将在后文中会时常提及。在其所有的工程设计中，他都希望达到某种宏大且不切实际的效果，为此不惜开山填河。在他为米兰的重新规划中，出现了一座双层城市。他提出："车马不能在上层的街道上行驶，那里只属于绅士所用。下层街道才是马车和独轮车这类平民

1. E. 索尔密：《达·芬奇的写作》（*Scritti Vinciani*），1924 年，第 17 页起。

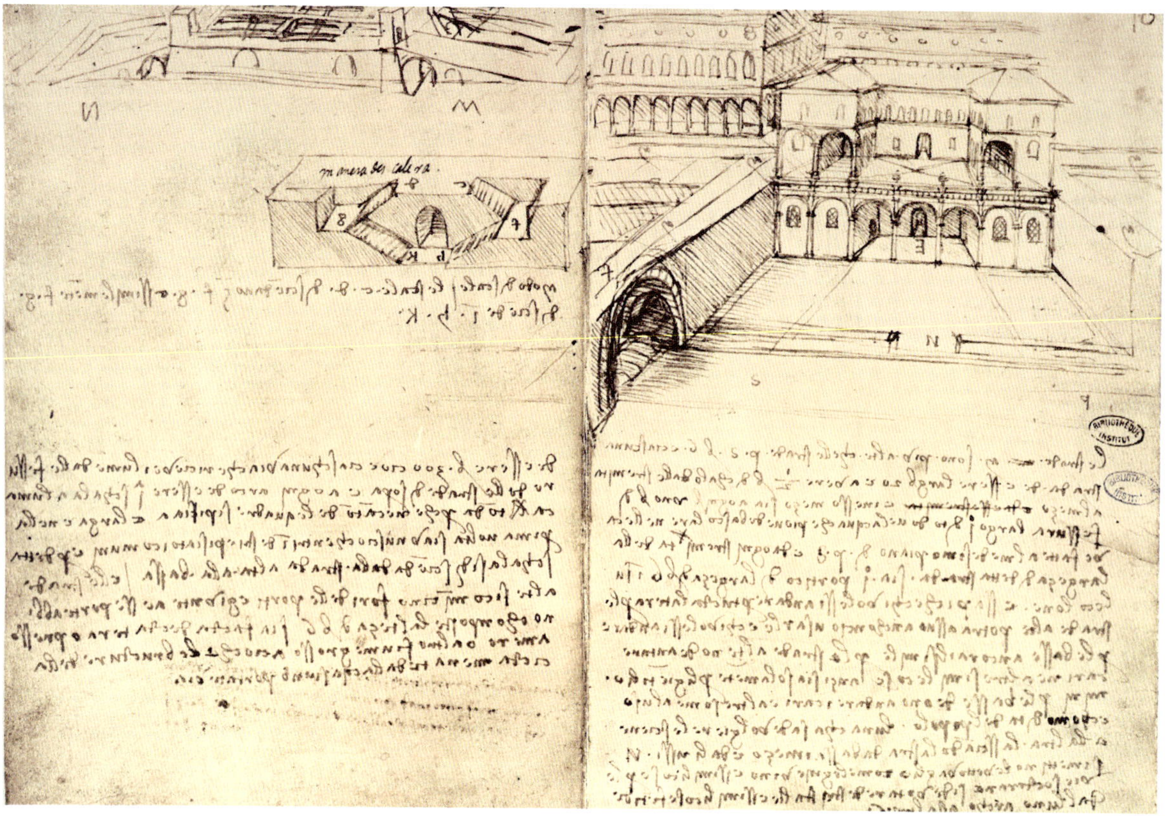

图 43 不同程度的宫殿及道路规划，约 1488 年，法兰西学院图书馆，巴黎

交通工具的行驶范围。”这一规划还设计了地下运河。城市规划设计也是他在法国生活期间被最后记录下来的活动。但是我们并不知道他的那些设计最终是否被付诸实施。

最后，也是手稿中最重要的一组草图，展示了一系列圆顶教堂的平面和立视图（见图 44）。我们可以看出这些草图的目的并非实际建造，而只是对一个建筑学课题的研究。即如何在教堂建造中，通过正方形和圆形这两种最完美的几何形状的结合赋予其神性的特质。这个问题一直以来就是从莱昂·巴蒂斯塔·阿尔伯蒂（Leon Battista Alberti）到布拉曼特这些当时最伟大的建筑师们的思考对象。列奥纳多不但读过阿尔伯蒂写于 1450 年的《论建筑》（*De re aedificatoria*），而且是布拉曼特的密友。这些手抄本 B 卷中的草图，可能反映了布拉曼特的某些不为我们所知的建筑理念，又或者转变为被布拉曼特信徒们

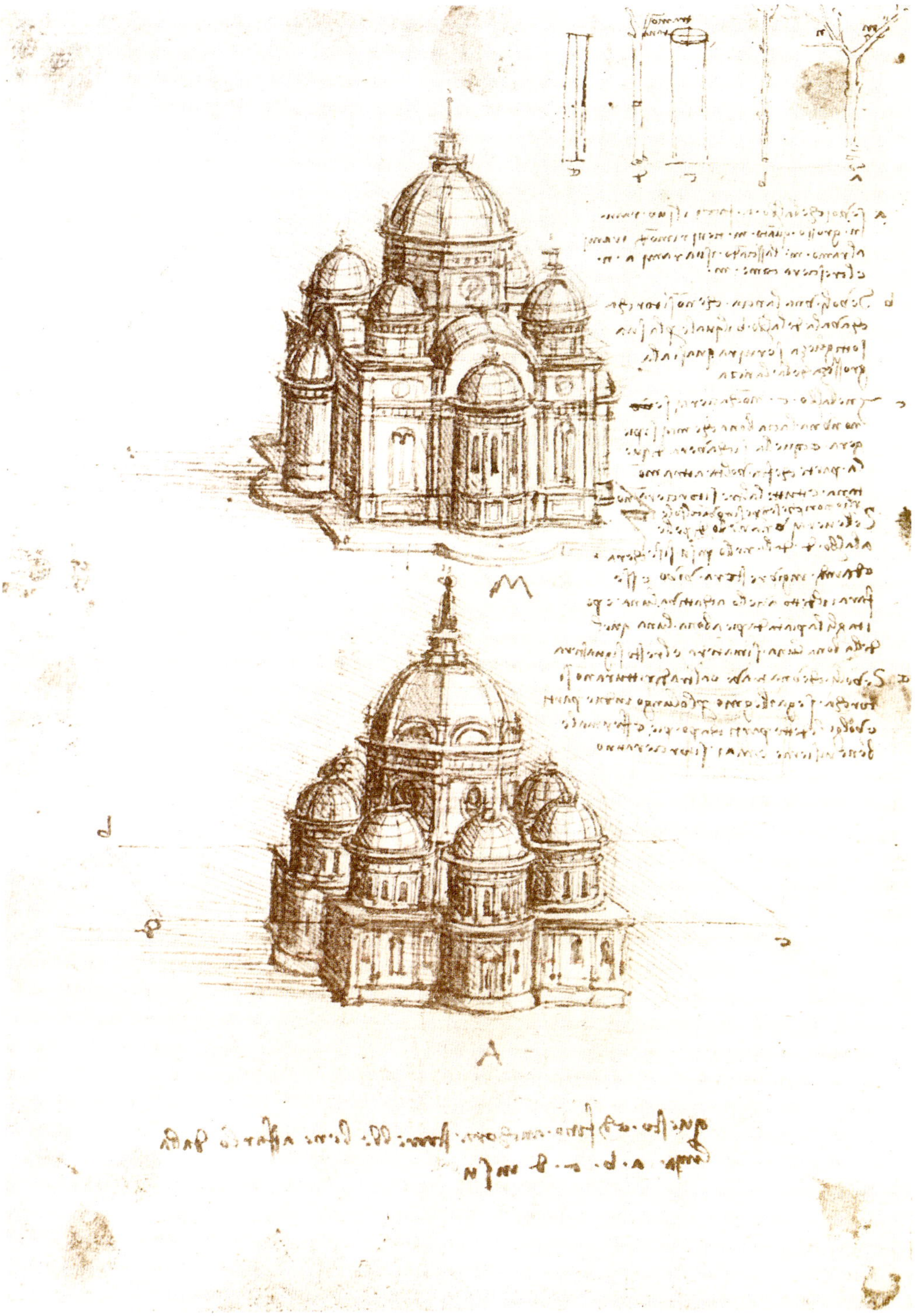

图 44 《带穹顶的教堂》习作，1485—1490 年，法兰西学院图书馆，巴黎

在晚些时候所实现的某座建筑，例如位于托迪（Todi）的圣母慰藉教堂（Santa Maria della Consolazione）。[1] 列奥纳多所做的立视图并非无懈可击，他的某些奇思妙想破坏了他对建筑比例的把握。而意大利北部建筑传统中特有的连续圆顶和塔楼，在此被过度演绎成了他独创的恐怖真空（horror vacui），其中一些设计让人联想到佩里格（Périgueux）的圣富隆特（S.Front）教堂或是帕多瓦（Padua）的圣多（Santo）教堂。有的甚至还给人一种每寸表面上都覆盖着装饰物的俄罗斯教堂的印象，整个建筑的尺度感完全丧失，以至于一座宏伟的建筑看上去像是只有胡椒瓶大小。我们会觉得列奥纳多的设计缺少了体量间的空隙，并且各个空间无法形成相互的对话。而这一点作为古典主义建筑中主要的特征，就连托斯卡纳最朴实的泥瓦匠在建造农舍时也会有所体现。但正如我会在本书中不断重复的那样，列奥纳多的真正审美并不是古典主义的。或许只有百年后的巴洛克风格才能允许他在保持建筑整体性的同时，将自己对曲线的热爱发挥到极致，而建筑的平面图由于融入了列奥纳多为之着迷的复杂几何纹样，就显得更具说服力。直到晚年，列奥纳多都还在不断地画着由各种方形、圆形及弧线组成的图案，像一个用尽所有配方以期找出长生不老秘方的炼金术士那样，试图找到最完美的几何图案间的组合。而这样的热情被他投入建筑中，最终呈现的便是一系列极具原创性的设计。他为其中一些教堂设计了被他称为布道剧场（teatro da predicare）的圆形大厅（见图 45），而这一想法过了很久，才真正被后人付诸实施，例如德累斯顿的圣母教堂。此外，他所设计的围绕着中央大厅而建的数个小礼拜堂，也让我们想到了巴洛克晚期的建筑设计，如波洛米尼（Francesco Borromini）早期的圣艾格尼丝（Sant’Agnese）教堂。

在对文艺复兴时期的建筑及绘画进行研究时，我们必须知道这两个艺术门类中，各有一个分支已经几乎从我们的视野中完全消失，即为盛装游行和化装舞会所做的布景和装饰设计。从瓦萨里口中我们知道，有许多他记录过的伟大艺术家似乎都为这一转瞬即逝的艺术形式付出过相当多的精力。在这些基于木板和石膏的设计中，艺术家可以不受成本和漫长建造过程的限制，尽情地表达其创意和幻想，我们也知道列奥纳多乐于完成这项工作。虽然已知他为假面舞会设计的一系

---

1. 圣母慰藉教堂由建筑师克拉·达·卡普拉罗拉（Cola da Caprarola）始建于 1508 年。列奥纳多与其十分接近的建筑草图藏于巴黎国立图书馆，编号 2037。

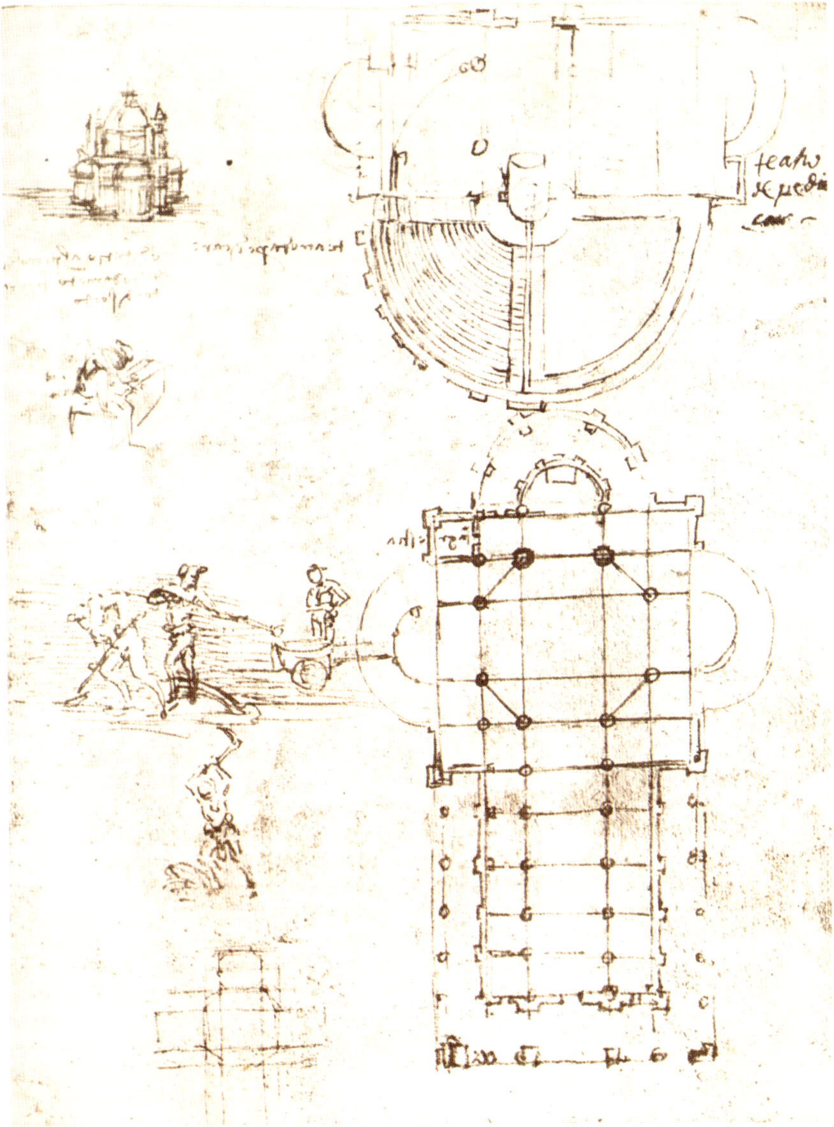

图 45　以“宗教的剧院”为主题的教堂规划及其他习作，约 1488 年，法兰西学院图书馆，巴黎

列服装属于较晚的时期，但是根据书面记录，我们知道了他组织的几场极具创意的盛装游行活动，比如 1490 年的天堂主题的假面舞会，以及 1496 年的朱庇特和丹纳艾的演出。列奥纳多的舞台设计手稿中，包括了旋转舞台和一个升降机，但是我们依然无从得知这些设计是否曾被用于实处或只是停留于纸面。

这类活动的目的，通常是为了赞颂当时的统治阶层，即卢多维科以及他的妻子和情妇。如同所有文艺复兴时期名门望族的典范，卢多维科一众会亲自参与这些精美绝伦的表演，并在几个小时中尽情地享受着艺术为其带来的不朽体验。列奥纳多花费了大量精力来创作类似寓言的故事，以象征卢多维科家族的伟大。这项工作似乎对他具有很大的吸引力，因为他的笔记中存留着许多关于神话和寓言类的文字。在手抄本 H 卷中他编撰了一则动物寓言，[1] 作为他最长的连贯散文体写作之一，其部分内容来自当时流行的中世纪故事集《美德之花》（*Fiore di Virtù*），以及切科·达斯科利（Cecco d'Ascoli）所写的另一部类似的故事集《酸》（*Acerba*）。同时，列奥纳多在文中还引用了普林尼（Pliny）。值得注意的是，尽管列奥纳多掌握了关于动物生活习性较为科学的信息，但他所写的动物寓言中的大部分内容，还是参考了那些充满想象力的中世纪作家的作品。对那些作家来说，真实的自然常识不过是其寓言中道德成分的点缀。

除此之外，列奥纳多还写过一些其他的寓言故事，这些分散于《大西洋古抄本》中的故事，与上述的动物寓言密切相关且有着相似的来源。虽然它们只能说是某种文学的衍生物，但是这些作品作为整体却在一定程度上表达了列奥纳多的世界观。它们通常都带有悲观主义的情绪，那些在故事中充当英雄角色的动植物和无生命的物体，不论其取得怎样的成功或处于如何安全的处境，最终都会被某种更高级、通常是无意识的存在彻底摧毁。就算它们能逃过最初的劫难，也会马上因其先前的狡诈而成为某种强大力量的牺牲品。从这里，我们可以感受到列奥纳多对当时政治，甚至是对生命整体的看法，如同自然只会允许人类获得某种程度的尊严，以便随后给予其更沉重的打击。这些具有象征性的作品中，最具个人色彩的要属《大西洋古抄本》中的一系列被列奥纳多称为“预言”的故事。[2] 故事以当时米兰的聪明人之间所流行的文体写成，并且列奥纳多的“预言故事”与布拉曼特所写的类似故事间还存在着某种竞争关系。[3] 其

---

1. 里希特，《列奥纳多的文学作品集》，第二版第二卷，第 1220 ～ 1264 节。这一动物寓言的来源见卡尔维：《伦巴第历史档案》（*Archivo Storico Lombardo*），1898 年，第 3 部，第 10 卷，第 25 年，第 73 页；以及肯尼斯·麦肯锡（Kenneth McKenzie）：《意大利文学历史报》（*Giornale storico della letteratura italiana*），1914 年，第 64 期，第 358 页。
2. 里希特，《列奥纳多的文学作品集》，第 1293 ～ 1313 节。
3. 索尔密，《列奥纳多·达·芬奇的手稿资料》（*Le fonti manoscritti di Leonardo da Vinci*），见《意大利文学历史报》，1908 年，第 10 期，第 109 页。

内容由对日常生活琐事的描写组成，但是在表述上，却像是令人震惊的灾难。例如“许多人在呼吸时吐气太急，会导致其失明并最终失去意识”。对此列奥纳多的解释是：“因为他们睡前把灯吹灭了。”这段文字的目的显然只是为了逗乐，所以这些“预言故事”实际上可以被看作某种类型的谜语。但是在其他一些例子中，我相信他是利用这一形式表达了自己的观点。譬如一些段落是对某种难以置信的残忍且不公正行为的描述，直到关键词的出现告诉读者，这些行为是与动物相关的。“无数的孩子被从父母身边带走，随后被开膛破肚剥皮并被残忍地切成小块”（绵羊、牛、山羊及其他）。“最繁重的劳动以饥渴、拳打脚踢、咒骂及严重的虐待为回报”（驴）。我们可以根据当时的记载了解到列奥纳多对动物的情感，由此也可以肯定这样的“预言”已超出了笑话的范畴，进而表达了他对人类的优越性导致动物的痛苦一事的抵触态度。

列奥纳多笔记中表现出的对寓言故事的喜好，同时也可以在一些非常优美的草图中找到。这些作品的完成时间，大致与手抄本 H 卷中动物寓言的写作时间（1494）相同。其中一些表现的是关于貂和蜥蜴的自然状态（见图 46），另外一些内容我还无法解读。这些草图与列奥纳多其他大多数草图的区别，在于它们较高的完成度。特别是那幅蜥蜴草图的画面中，所暗示的空气感和光线所形成的颤动感，当他在创作中选择运用这种表现手法时，我们发现这可以说是列奥纳多最宝贵的天赋之一。与这些迷人的寓言作品形成对比的，是牛津基督教堂中一系列令人毛骨悚然的寓言题材草图，这些草图貌似具有某种我们已无从得知的政治含义，对列奥纳多来说其吸引力可能在于充当了他荒诞幻想的释放口。从中我们可以见到两个女巫坐在一只巨大的青蛙上面，而第三个女巫则带着一捆箭骑着一具骷髅；此外还有双头的怪物，人物间疯狂的追赶以及驱逐。这些噩梦中的形象被列奥纳多用急促跳跃的笔触画成，这种技法他只在创作真正感兴趣的对象时才会使用。

与这些恐怖的形象有着密切关联的，便是列奥纳多画作中一度曝光率很高的那些丑陋头像或者说漫画头像（见图 47）。三个世纪以来，这些头像被认为是列奥纳多的典型作品，出现在众多的雕版印刷品中。而如今，我们却觉得他们令人厌恶或至少是乏味的。但是我们的前人意识到这些漫画头像是列奥纳多天才的表现，却是没有错的，其中汇集了其精神世界的多种元素。首先，这些头像表达了他对异常现象的热情。同样的热情也促使丢勒制作了那幅 8 条腿的猪的版画。

图 46 《象征真理的蜥蜴的寓言》习作，约 1496 年，大都会美术馆，纽约

瓦萨里描述过列奥纳多会用一整天的时间跟随容貌奇特的人，以便将其特征记在脑子里。我们还知道他甚至会记下他所感兴趣的人的地址，例如他笔记中的“乔万尼娜，奇异的面相，住在圣卡特琳医院”。[1] 这也是列奥纳多笔记中为数不多的提及女性的一处。鉴于他对怪人的兴趣，我们可以想见这些所谓漫画的写实性其

1. 里希特，《列奥纳多的文学作品集》，第 1401 节，来自南肯辛顿博物馆《福斯特手抄本》第 2 章第 78 页。

图 47 《丑陋的头像》，1485—1490 年，英国皇家图书馆，温莎城堡

实要大大高于我们第一眼见到它们时的认识。在人道主义当道的年代，我们在面对这样的恐怖面容时，会本能地选择视而不见。并且，疯人院、高明的医生以及假牙的出现也减少了这类人的数量。“德加先生，为什么你总是画些丑陋的女人？”“夫人，因为女人总的来说就是丑陋的。”[1] 与列奥纳多的猎奇心理混杂在一起的，是一种更为深层的动机，这一动机也是人们在哥特式教堂上雕刻滴水兽的原因。因为滴水兽是圣徒的补充，因此列奥纳多的漫画像也可被看作他对理想美的不懈追求的补充。同时，滴水兽也是激情与动物原始本能的象征。当人性中的神圣无存时，卡利班（Caliban）[2] 的咆哮呻吟便会出现。与他的哥特时期的前辈相比，列奥纳多较少关注我们天性中神性的部分，因此他的漫画在表达热情活力的同时，不知不觉融入了英雄主义。这些人像中最具典型性的，便是一个光头且不蓄须的男人，令人生畏地皱着眉，有着胡桃夹子般的鼻子和下巴。这一形象有时会出现在漫画中，但更多的时候则被列奥纳多作为一种典范（见图 48）。他轮廓分明的五官被列奥纳多视为活力和坚定的象征，于是他变成了列奥纳多笔下另一个固定形象的对立面，即带有女性特征的青年形象。事实上这两个形象就像植根于列奥纳多潜意识中的象形符号，当他的思绪游走于别处时，它们便会自动跃然纸上。因此其重要性不应该被它们时而潦草的呈现状态所掩盖。这两个形象所具有的阳刚和阴柔象征了列奥纳多天性中的两个方面，对此我在谈及他于佛罗伦萨和米兰的生活时已经指出了这种二元性。这也解释了为何这一阳刚英勇的形象会带着类似漫画的鲜明风格，出现在他佛罗伦萨时期的杰作《安吉亚里之战》中；以及当沙莱于 1490 年来到他米兰的工作室后，他便开始将深厚的情感倾注到阴柔青年形象的创作中。但是这两个形象的源头，均可以一如既往地追溯至他在佛罗伦萨的学徒时期，优雅的青年借鉴自韦罗基奥的大卫（见图 2），而阳刚的战士则来自那件已经遗失的大流士浮雕。作为对比的这两个形象，首次共同出现在温莎城堡中一张完成于 1478 年左右的著名草图上。这一作品仍然带有文艺复兴早期的佛罗伦萨画派特征，但这些特征随后便被更具表现力的细节所代替。虽然战士的形象依然经典，少年也依然年轻，但是到了后期，战士的侧面容貌已

---

1. 此处原文有“‘Monsieur degas, pour-quoi faîtes-vous toujours les femmes si laides?’‘Madame, parceque la femme en Générale est laide.’”——编者注
2. 卡利班是莎士比亚剧作《暴风雨》中的半人半兽形怪物。——译者注

图 48 《瘪嘴男人和英俊少年》习作，约 1500 年，乌菲兹美术馆，佛罗伦萨

经被他的决心带来的狂热所扭曲，而少年也变得邋遢而自满。然而这种变化的程度依然是轻微且不易察觉的，更多地体现在表情而非形态上。说明这两个形象反映的是列奥纳多性格中那些深层且固执的需求。即使在他最具主观性的作品，如《最后的晚餐》中，这样的需求也一如既往地充当着他笔下人物的骨架。

最后，在这一时期还有两类列奥纳多的研究对象值得一提，即解剖学和光线。他对这两个对象加以研究，是因为他把绘画视为一门科学。通过这两个对象，或许能够从纯粹自然现象的不确定性中提炼出一些可测量的确定性。因此我们最好将这两个对象置于列奥纳多的绘画理论中进行探讨，但鉴于其绘画理论的重要性和复杂性，我将在单独的章节中继续这一话题。

LEONARDO DA VINCI

成为达·芬奇：列奥纳多的艺术传记

第四章

《绘画论》

关于艺术的写作；《绘画论》；他的美学理论；关于绘画原理的笔记与明暗对比法，解剖学，戏剧化的分寸；《绘画论》中揭示他作为艺术家的特点

能够为后世留下大量有关艺术的文字的伟大画家不多，列奥纳多是其中之一。有些人称这些文字为艺术专著，而我只把它们视为“有关艺术的文字”，原因在于他关于绘画的笔记内容并不比他对其他对象的论述更具系统性。然而，我们还是有理由相信，列奥纳多曾试图完成一部这方面的完整专著，甚至他有可能已经就人体这一主题整理出了专著的雏形。因为在写于1498年的《神圣比例》的序言中，卢卡·帕乔利谈到列奥纳多花费大量的心血，完成了一部出色的关于人体形象和动态的书稿。虽然这部书稿已经不知去向，但是在温莎城堡中收藏的列奥纳多的解剖学草图中包含的一些完成于这一时期的人体动态习作应该和这部专著有关。与其相关的，还有另一部被称为《惠更斯手稿》（*The Codex Huygens*）的绘画论著，里面的许多内容被认为明显来自列奥纳多。[1] 除此之外，列奥纳多还有许多关于绘画原理的笔记幸存了下来，且其中一些几乎是专门针对某一主题的。法兰西学院手抄本C卷关注的是光影的理论，E卷则是对植物的认识。而藏于意大利国立图书馆的《阿什伯纳姆手抄本》（*Ashburnham Codex*）第二卷中包含了如此之多的绘画理论，以至于在其面世之初还曾被误认为是前面提到的那部失传的专著。但是此类笔记中的绝大部分散落在《大西洋古抄本》以及一些单独的草图中。经里希特收集整理，这些关于绘画的笔记，连同一些与这一主题有着松散关联的文字，于1883年以一个并不怎么恰当的书名出版——《列奥纳多的文学作品集》。还有一些列奥纳多关于艺术的写作内容，并没有以原稿的形式幸存下来。瓦萨里告诉我们，在他的时代，除了手稿主要部分保存于弗朗西斯科·梅尔兹手中之外，一位被称为N. N.的米兰画家也拥有一部分手稿。这些手稿有着与列奥纳多相同的左手反向写作的特征，其内容则是关于绘画以及素描和用色技巧。这位画家到佛罗伦萨拜访瓦萨里后不久，就为了将这些手稿印刷出版而前往罗马，不过瓦萨里并不清楚这些手稿的后续情况。[2] 我们似乎有理由相信，N. N.持有的这部分手稿组成了于16世纪中期被挑选出来的一系

1. 现藏于纽约摩根图书馆，参见潘诺夫斯基《惠更斯手稿》，伦敦，1940年。
2. 这段描述在瓦萨里1550年出版的书中并不存在，因此他是在1550年与1568年之间见到这批手稿的。

列列奥纳多艺术理论笔记中的第一部分，这些笔记如今以若干卷抄本的形式为我们所知。[1] 其中最具价值的一部分笔记来自乌尔比诺图书馆（Urbino Library），现藏于梵蒂冈图书馆，它们便是被称为《绘画论》的列奥纳多笔记的抄本，所以我接下来也会使用这一名称。《绘画论》中部分内容也可以在列奥纳多的原稿中找到，由此我们可以看出当时的抄写者对列奥纳多的原文进行了极为忠实的复制，尽管《绘画论》在贯穿16世纪的一再复制中，其真实性受到了一定损失。本韦努托·切利尼（Benvenuto Cellini）[2] 和阿尼巴尔·卡拉奇（Annibale Carracci）都抄写过《绘画论》，卡拉奇曾说过，如果他早读到这部抄本，就可以省下20年的心血。而另一部藏于巴尔贝里尼图书馆（Barberini Library）的抄本则出自卡西亚诺·德尔·波佐（Cassiano del Pozzo）之手，他还曾劝说普桑（Nicolas Poussin）为其抄本绘制插图，[3] 这一抄本还是拉斐尔·杜弗伦（Raphael du Fresne）于1651年出版的《绘画论》首版的母本。但在随后的其他印刷翻译版本中，由于受到当时艺术理论家的影响，《绘画论》的内容开始与列奥纳多的原文渐行渐远，最终几乎变成了学院派古典主义的案例手册。这样的情况一直持续到更早期的抄本被发现，这些早期抄本与列奥纳多原稿的关联，显示了真实版本与后来杜弗伦、罗兰·弗雷特（Roland Freart）及弗朗西斯科·丰塔尼（Francesco Fontani）等人的抄本之间的巨大差异。

《绘画论》不是一部通俗易懂的作品。梵蒂冈手抄本由8卷共935个章节组成，[4] 这些章节的篇幅从几行到几页不等。虽然编撰者试图根据文字的主题来对其进行编排，但是这些内容之间几乎没有明显的顺序关系，而且许多章节都存在

---

1. 这一部分还包括了被称为《比较论》（*Paragone*）的大量篇幅，由G. 保罗·洛马佐（G. Paolo Lomazzo）在他所著的《绘画艺术论》（*Trattato dell'arte della pittura*）中提及（米兰，1584年，第158页）。
2. 切利尼的抄本中可能还包括了列奥纳多已遗失的关于透视的专著。摘自约翰·怀特（John White）的《瓦尔堡和科塔尔德笔记》（*Warburg and Coutauld Journal*），1979年，第70页。
3. 卡西亚诺的手抄本现藏于巴黎贝阿格伯爵夫人图书馆。
4. 《梵蒂冈·乌尔比纳泰手抄本》（*Cod. Vaticano Urbinate*），1270年。作者使用了安杰罗·波尔泽利（Angelo Borzelli）较为便利的版本（兰恰诺，1914年）。标准的评论版本则是来自H. 路德维希的《艺术史的原始文献》（*Quellenschriften für Kunstgeschichte*），维也纳，1882年，第15～18卷。现在同样可见，《绘画论》（*Treatise on Painting*），P. 麦克马洪（P. McMahon）编辑，第2卷，普林斯顿，1956年，包含摹本和翻译。

着形式略有不同的重复内容。简单地说，该书内容在四个方面有着重要的价值：（1）它们阐述了列奥纳多对艺术本质的总体观点；（2）里面包含了他对绘画原理的笔记；（3）包含了关于当时艺术工作室日常运作的笔记；（4）散布于全书各处的一些文字里，表达了列奥纳多作为艺术家的个人品味和情感，还可以看出这些表达有时是他在不经意间流露的。

列奥纳多对绘画艺术的总体观点，可以在《绘画论》第一卷的大部分章节中找到，在此他将绘画与诗歌、音乐及雕塑艺术做了比较。[1] 这类比较，或意大利语中所谓的“paragoni”，是这一时期评论文学中的标准形式，而其内容则在很大程度上依附于这种形式。但是，文中论据的呈现方式以及最为重要的阐释性例证的引用，均带有明显的列奥纳多风格，并表现了他极为广泛的兴趣。因为他从未在别处就自己最感兴趣的事物进行过如此概括性或者说个人化的阐述。

自古希腊、古罗马时期起，绘画始终被定义为一项手工艺。[2] 如同乔舒亚·雷诺兹爵士（Sir Joshua Reynolds）在其所著的《论文》（*Discourses*）中所希望的，列奥纳多也试图通过证明绘画是一种智力及科学活动来提升其地位。他试图打破某种人为的前提，但他自己也难免会受某种人为因素的局限。但是抛开书中以当时的文学标准来看无关痛痒的诡辩成分，他试图描述的是一种宏伟且令人激动的关于绘画本质的概念。他认为，首先，绘画是关于重塑可见世界的过程，画家必须为其想象力赋予一种类似上帝的特性。只有当画家将其意识升华至上帝高度，他才能通过绘画的科学对其所创造的事物进行表现。这种将艺术等同于创世的观点，使他坚持认为画家必须具有全局观，不能忽视任何层面的自然存在。基于同样的原因，画家必须成为一名科学家，也就是说他必须掌握所画对象的内在机制，如同他就是其创造者一般。“绘画是对已知自然中所有存在进行重塑的唯一方式，如果你鄙视它，”他说，“那么，你鄙视的就是一种关乎形态所有特性的微妙且带有哲学性的思考。海洋、植物、动物、花草，所有这些都被光影包围

---

1. G. 保罗·洛马佐：《绘画艺术论》，1584 年，第 158 页。其中提到这是列奥纳多应卢多维科·斯福尔扎的要求，回答其提出的问题：“绘画和雕塑哪个更高贵？”列奥纳多的《比较论》英文译本被分册出版，并由伊尔玛·A. 里希特（Irma A. Richter）作序（牛津，1949 年）。
2. 绘画甚至都算不上 7 个传统手工艺之一，且其地位通常被认为要低于他们。参见森尼诺·森尼尼（Cennino Cennini）的观点。

着。”[1] 但是画家要做的，并不仅仅是重现可见事物的外观，他必须带着调和的目的对其进行挑选和安排。他提到，绘画依靠的是“组成整体的各个部分之间和谐的比例关系，而这样的整体则赋予事物以意义”。[2] 从中我们可以看出，列奥纳多受到了当时占主导地位的柏拉图主义的影响，因为许多文艺复兴时期的艺术理论家都对将视觉艺术看作凝固的音乐这一说法耳熟能详，而列奥纳多的观点在很大程度上受益于阿尔伯蒂写于 1435 年的艺术专著，阿尔伯蒂对此说法有过卓越的表述。不过，凭借自己对绘画的激情，列奥纳多在这一理论上走得更远，他声称绘画作为静止的艺术，要优于音乐，因为其表现形式并非是由线性流动的音符和意象组成的，反而能够被受众直接地领悟并引起无限的思考。[3] 这一对于不同艺术的相对直观且持久的阐述，不仅在一定程度上影响了后来戈特霍尔德·埃夫莱姆·莱辛（Gotthold Ephraim Lessing）的艺术理论，并且从论述的视角可以被看作《绘画论》中最具价值的部分。但是严格的逻辑却不是列奥纳多的强项，因此当他对绘画和雕塑进行比较时，其个人的偏见也就参与了进来。这一点虽然混淆了他的美学理论，但是却让我们对其性格特点有了更深的认识。

对于绘画中由互为和谐的对应元素构成的部分，列奥纳多并没有设置任何规则。不过，他在另一段晦涩的文字中暗示了如何建立某种类似音乐间隔的画面语言的方法。[4]《绘画论》中的大部分内容都是关于如何将绘画作为科学对待的理论性的建议和说明，画家借此能够在对可见事物的再创造中赋予其永恒的形态。鉴于精确的科学必须通过数学语言来阐述，所以列奥纳多坚持认为习画者应该将数学作为基础。这种绘画与数学的结合，虽然与我们今天的观点相去甚远，却是文艺复兴思想的根本原则，同时也是透视法的理论基础。15 世纪的画家将透视法视为一种信仰体系，甚至希望借此帮助自己超越古典时期的伟大画家。他们有时候将透视法理解为整体性的视觉原理，即视网膜接收光线后成像的过程。更多的时候，他们把“透视”一词的含义限制于对空间中渐远物体的科学表现。但即使在这种狭义的理解层面，对透视法的研究依然会涉及高超的数学技巧。所以那

1. 《绘画论》，第 8 节。
2. 《绘画论》，第 19 节。此处原文有“l’ armonica proporzionalita delle parti che compongono il tutto, che contenta il senso”。——编者注
3. 《绘画论》，第 25、26 节。
4. 《绘画论》，第 27 节。

些文艺复兴早期的伟大艺术家如布鲁内莱斯基、马萨乔、保罗·乌切洛（Paolo Uccello）、安德烈·曼特尼亚（Andrea Mantegna）、布拉曼特，以及皮耶罗·德拉·弗朗切斯卡（Piero della Fancesca），显然都掌握了这一技巧。所以当我们对列奥纳多的艺术笔记中大量的图标和计算进行研究时，应该对以上的情况有所了解。虽然他关于透视法的主要著作似乎已无处可寻，但从阿尔伯蒂及弗朗切斯卡的著作中，我们还是能读到其笔记中的相关内容。而他关于色彩透视以及他所谓的消散透视的笔记中所包含的众多敏锐观察，甚至对印象派的学说产生了影响。但是在他自己的画作中，他却远没能将这些对色彩及空气的细致观察融入实际运用，因此在当时并没有产生任何影响。而他对光影的观察却与此相反，如同其他优秀的佛罗伦萨画派画家，列奥纳多也意识到了形体塑造的重要性，但是相较于被文艺复兴早期画家们发挥到极致的结合轮廓与表面造型的传统方法，他更希望通过科学利用光影效果来表现物体的体积。“光影的表现和优秀的线条，哪样更难做到？”《绘画论》中他在这一标题后写道，“虽然阴影在某些决定性方面有其局限性，但是，如果对它一无所知，画家的作品将缺乏造型感，而造型体现了绘画的高度和灵魂。”[1]

为了科学地确定光影在曲面上所形成的可供观测的效果，列奥纳多画了大量显示光线落在球体及圆柱体表面的示意图。这些表现不同类型的相交、贯穿、反射等光照效果的图纸，我们可以在完成于 1490 年左右的手抄本 C 卷中找到。其中所包含计算方法的复杂与深奥程度使我们似乎第一次感觉到，列奥纳多对研究本身的热衷已经超越了服务其艺术的目的。事实上，我们也并不确定这些研究到底在多大程度上影响了他的艺术创作。因为他的那些从写实主义角度展现其最高超的明暗对比技巧的画作，都完成于这一时期之前，在这方面，他也从未超越完成于 1489 年那幅表现曲面光影效果的骷髅习作。但就列奥纳多思想发展的特点来说，他必然会不再满足于这种经验主义层面的技巧，而试图对此进行规律性的总结。评论界曾抱怨列奥纳多对光影的科学研究为其后期作品添加了一种学术主义色彩，并最终导致了卢浮宫《施洗者圣约翰》画面中的矫揉造作。但这一说法显然是不正确的，因为列奥纳多在许多画作中都对明暗对比法进行了巧妙且非学术主义的运用，这些作品的完成时间要远远迟于他对光影的研究阶段。对于那些

1. 《绘画论》，第 121、133 节。

认为他将无数精力投入创作光影效果示意图中是浪费时间的人，列奥纳多可能做出的回答就是《吉内薇拉·德·班琪》与《蒙娜丽莎》之间的区别。无论如何，两件作品在造型的完整度和连贯性方面的差距，只有对光线投射于球体表面的效果进行了深入的科学研究后才能达到。

在后文中，我会继续探讨列奥纳多对明暗对比法的热情对其个人和后来者的艺术创作产生的影响。但是在谈及《绘画论》时，我必须引用一段关系到他对于这一主题的整体感觉的文字。他写道：

> 我们可以从坐在一间黑暗房间门口的人的脸上发现光影的魅力。观察者的眼睛既能看到脸上隐于屋中黑暗阴影里的那部分，又能看到被屋外的光线照亮的那部分。于是整张脸在这种光影的激烈对比中获得了极强的立体感……及其美感。[1]

这段文字描述了意大利 17 世纪的艺术风格，这种属于卡拉瓦乔或伦勃朗的风格与列奥纳多时代的艺术理论及实践有着天壤之别，我们接下去还能看到，这种差距还存在于列奥纳多自己的学术理论与他所处时代的认识之间。

除了透视法，解剖学也同样在佛罗伦萨画派传统理论中扮演着重要角色。解剖学为安德烈·德尔·卡斯塔尼奥（Andrea del Castagno）提供了他画作中理性现实的基础，也让波拉约洛掌握了动态的奥秘。文艺复兴美学植根于人体解剖和比例，因为如果将人体视为衡量万物的标准，那形态完美的人体显然就是一切美的标准体现，人体的比例也能够以某种方式用数学公式表现，并且与诸如正方形、圆形及黄金分割这样抽象的完美概念等同起来。因此毫不意外地，列奥纳多始终对解剖学研究保持着热情。他不但将自己在这方面的所学运用到《安吉亚里之战》这样的杰作中，还写过一部帕乔利提到过的、已经失传的人体著作。但是，在早期学术求知欲的驱使下，他对解剖学所做的一些研究，却并非完全服务于他的绘画创作。比如温莎城堡手抄本 B 卷中包含的、时间标示为 1489 年的一系列关于骷髅的解剖学草图（见图 49），虽然就精美程度而言它们足以称为艺术品，但是创作意图则完全是科学性的。这一意图，在他一到两年后完成的一些草

1. 《绘画论》，第 90 节。

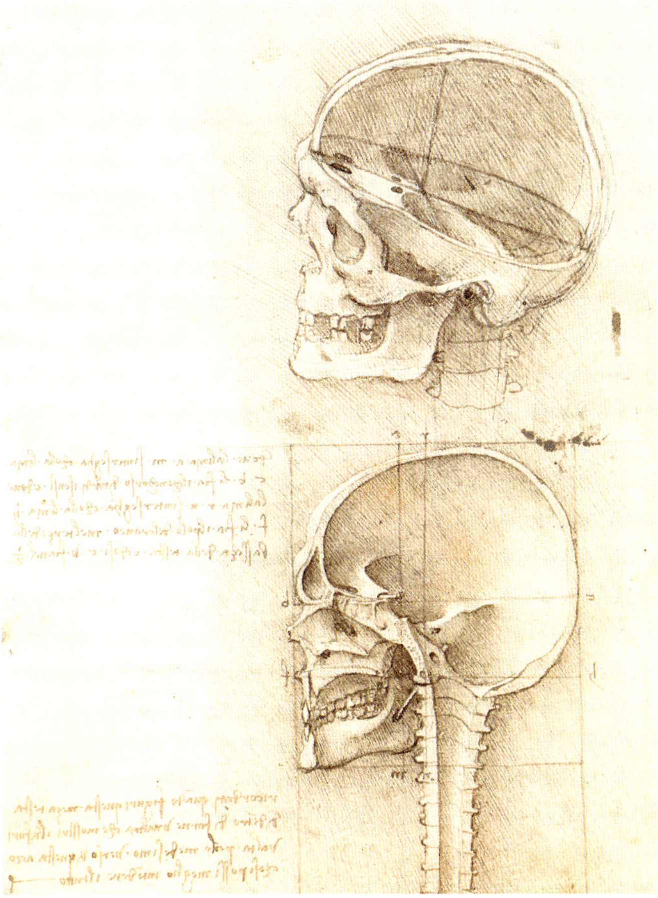

图 49　头骨解剖习作，1489 年，英国皇家图书馆，温莎城堡

图中显得更为明显，这些草图画了一只熊掌的结构。在最近被发现的三张草图中，列奥纳多对一只熊进行了写生，他在熊还活着的时候画下了它的脚掌，并在熊死后对熊掌进行了解剖，并将其与人类的足部进行了比较。类似比较性的解剖学研究多次出现在他的草图中，包括人类手臂和猴子手臂的比较，[1] 以及人类腿部和马的腿部的比较。[2] 这种研究体现了列奥纳多思维模式的特点。这一思维模式，植根于他将人类视为大自然组成部分的观念，受制于同样的生长规律及化学刺激

1. 丢勒在其德累斯顿速写本的第 130 页和第 133 页中临摹了本书的图 49。他的临摹作品是反向的，并在页面上采用了不同的分布方式。
2. 手抄本 K 卷，第 109 页（约 1505 年，存在争议）。

过程。这一观念使列奥纳多的科学研究得到升华，是他艺术创作的根基之一。

在绘画艺术中，列奥纳多所坚持的第三个重要方面，是对象的恰当表现。这体现在画面的自然、详尽及戏剧性上。他始终建议年轻画家应对恰当的姿态及表情进行揣摩，并提醒学生避免在画作中呈现单调的姿势，特别是要避免将画家自己的身体特征再现于画中。[1] 因为这一情况比人们预计的要更容易发生。对于画面戏剧性元素的使用不当，他也给出了一个有趣的例子：“我最近见过一幅表现圣母领报的画作，画中的天使看上去像是要将圣母赶出她的房间，其动作之夸张仿佛是面对一名仇敌。而圣母则似乎被绝望逼得马上要跳出窗外。切记不要犯这样的错误。”[2] 我们或许可以饶有兴趣地猜测列奥纳多说的这件作品出自波提切利之手，波提切利的后期作品在其宗教热情的影响下，已经超越了传统的得体程度。对列奥纳多的这一观点，人们可以在《最后的晚餐》面前轻易地理解，对此我们会在后文中再次提到。不过，当我们对列奥纳多那些在对象表现上不同寻常的画作进行观察时，仍然需要记住他在这方面的观点，如《圣母子与圣安妮》《勒达与天鹅》，尤其是《施洗者圣约翰》中对这类题材的表现尽管显得奇特且反常，但根据《绘画论》的内容，我们不能单纯将其看作他的任性而为。

为了明确地阐述绘画的主要目的，列奥纳多在《绘画论》里给出了达成这些目的的具体方法。对我们来说，可以将这些视作了解他日常工作方式的线索。比如，他告诉学生，在绘画时，首先要避免所有可以在画面上形成阴影的直射光线。因此即便是在室外作画，画家也必须在阳光和画布之间营造出有类似雾气或云层阻隔的效果。[3] 阳光强烈的时候，最佳的绘画场所是在一个有着刷成黑色的高墙的院子里，此外还要用麻布帘子绷在墙与墙之间搭成遮阳棚，理想的光线要以 45 度角照在画面上。这些最能体现列奥纳多在绘画时的学术态度，与伦勃朗作品中人物从黑暗内景中向外观看的方式形成了对比。最使人受益的，要数他指导学生如何捕捉人物的动态，这也是他极为看重的技巧（见图 50）。

> 当你出去散步时，一定要关注他人在谈话、争论、说笑或扭打时的姿势和动作。将这些人以及他们的支持者和旁观者的行为，以简洁的线条记录在

---

1. 《绘画论》，第 105 节。
2. 《绘画论》，第 35 节。
3. 《绘画论》，第 87 节。

图 50 挖土和搬运等的人体习作，约 1503 年，英国皇家图书馆，温莎城堡

你必须随身携带的小本子里。这个本子必须要用染色纸做成，这样你才无法将它们擦去，每次都必须在新的一页上作画。[1]

此外，他还非常合理地建议学生在对细节进行描绘前，要先将人物的整体外形勾勒出来，以便更好地体会细节在整体中的价值和意义，温莎城堡中的裸体习作为此提供了非常好的例子。这些极具实用价值的建议，传达了他对 15 世纪早期装饰性风格的抵触程度。他教导学生不要在人物外形周围添加深色的轮廓线。[2]而作为意大利艺术中经久不衰的叙事方式，上下相连的壁画组图形式也被他认为

1. 《绘画论》，第 169、175 节。
2. 《绘画论》，第 113 节。

有不合理之处。为此，他建议将数个场景集中在一幅作品中，用大树（如果符合故事内容的话），也可以用天使、鸟、云及其他类似的事物作为场景之间的隔断。[1]他还鄙视画面中的纯粹装饰性元素，为此他说道："画家中存在着一种竞争，那些缺乏技巧的就只能靠蓝色和金色的装饰而活。[2]这些人无比愚蠢地宣称他们只有在花费高昂的情况下才能画出好的作品。"毫无疑问，我认为列奥纳多在这里指的是平托里其奥（Pintoricchio）这位以奢华风格著称的画家。当时教皇的秘书对平托里其奥的评价是：喝掉太多的葡萄酒，用掉太多的蓝色和金色颜料。[3]当梵蒂冈的参观者们从平托里其奥的博尔吉亚寓所爬楼梯进入拉斐尔的署名室（Raphael's Stanze）时，就能领略到列奥纳多《绘画论》中所预示的艺术史上的这次伟大跨越。

除了包含一些引人入胜的理论、规范，以及它们与列奥纳多绘画艺术之间的重要联系，《绘画论》里的部分内容还具有更为深远的意义。在这些段落里，列奥纳多袒露了自己的偏好、偏见及其想象力的本色。在他的存世量巨大的手稿中极少出现的对他个人感受的表达，被《绘画论》不知名的编撰者收集整理起来，值得我们认真地审视。首先，列奥纳多提到了一些他作为画家希望表现的对象，例如《绘画论》第六十五章"画家的乐趣"中写道：

> 画家能够在画面中重塑世间万物的精髓，不论是各种动植物、水果、风景、广阔的平原、巍峨的山脉，还是让观者产生恐惧或者愉悦的场景，如微风拂过开满各色鲜花的美丽草地，夹杂着岩石、泥沙、树根和连根拔起的植物的泛着泡沫的洪水将沿途的一切变成废墟，或是汹涌的海面在狂风中卷起惊涛骇浪。

这段文字的其余部分还描绘了风和水之间的斗争，海水以大雨的形式侵扰着平静的海面，最终又化身成乌云回到天空被风吹散，列奥纳多显然在这些描述中倾注了他的情感。相对于当时的雇主和其他艺术家所钟情的表现对象，如经

---

1. 《绘画论》，第 116 节。
2. 此处原文有"vivano sotto la bellezza dell' oro e dell' azzuro"。——编者注
3. 此处原文有"Consuma troppo vino, troppo oro e troppo azzuro"。——编者注

典的宗教故事、优美的脸庞和头发，列奥纳多则将他所向往的一系列相互作用的自然元素作为自己绘画的乐趣一一地列举出来。而这些对象后来成为威廉·透纳（William Turner）的画作、赫尔曼·梅尔维尔（Herman Melville）的文字中的主题。他用生动丰富的语言所描述的并非孤立的现象，不论是风暴还是洪水，都是自然力量之间的伟大较量。[1] 如我们所见，列奥纳多对风暴和洪水这两个对象的表现是其所有作品中最具个人色彩的。遗憾的是，对于他以同样的热情所描述的另一些对象，我们并不清楚他是如何表现的，比如黑夜中的火堆。[2] 当我们试图想象这一画面时，眼中不禁浮现出一位与列奥纳多风格迥然不同的画家的作品，这就是伦勃朗的夜景画作。

> 站在火堆前的人在火光的映照下形成了一个黑影，而火堆旁边站着的人则显得一半黑一半红。那些透过火光可见的人影，在身后黑暗的映衬下泛着微弱的红光。至于这些人的举止，离火堆较近的，纷纷用手和斗篷来阻挡火焰的炙热。还有一些将脸撇开去，像是有人在扯他们的头发。离得较远的人，也用手挡住自己被无情的火光刺痛的眼睛。

这段描写不仅表现了列奥纳多想象力中浓重的浪漫主义色彩，并且也意味着他对表现形式的感觉与其同时代画家之间的截然不同。他所描述的这类题材，既无法用文艺复兴早期的僵硬固化的表现形式，也无法用文艺复兴盛期的独立封闭的绘画语言来呈现，而只能以浪漫主义绘画中被细化且具有暗示性的形式来表现。下面这段《绘画论》中的著名论述，证明了列奥纳多对这种表现形式的强大感染力有着清晰的认识。[3]

> 在这些规则中，我不禁要加上一个全新且有待进一步思考的想法，尽管它看起来微不足道甚至有点可笑，但在激发创造力方面却有着巨大的价值。

1. 《绘画论》，第144、145节。来自《阿什伯纳姆手抄本》，以及里希特《列奥纳多的文学作品集》，第601、606节。
2. 《绘画论》，第143节，来自《阿什伯纳姆手抄本》，以及里希特《列奥纳多的文学作品集》，第604节。
3. 《绘画论》，第63节。

这就是，你们应该尝试观察那些布满霉斑的墙壁或色泽不一的石头，如果你需要想象一些画面场景，便会发现这类事物和那些由山脉、遗迹、岩石、树林、平原、峡谷等组成的壮丽风景之间有着异曲同工之处。随后，你将从暴力场景中的战斗和不同寻常的人物、脸部的表情、服装，以及无数其他事物中，看到你能最终提炼出来的完整、恰当的表现形式。观察这样的墙壁所产生的效果，就像是聆听不同的钟声，最终你可以在敲击中听到能够想象出来的任何字句。

后来，他又对这一建议进行了稍有不同的重申，主张画家不仅要观察墙壁，更要对“火焰的余烬、云、泥土以及所有那些他们认为能够获得最佳灵感的对象进行观察，因为对象无常的形态可以激发新的创造力”。“但是，”他补充道，“首先要确保你了解所描绘对象的所有组成部分，不论是动物还是风景的构成，即岩石、植物等等。”

尽管读者对此可能已经耳熟能详，我还是引用了列奥纳多整段的文字，因为这些文字能够深刻传达他的独特观点。没有什么比将墙上的污渍作为想象力的刺激物，与学院派古典主义规范更背道而驰的了。这一实践，后来被史上最反古典主义的画家戈雅所沿用。还有，当我们读到列奥纳多对大洪水的描述时，第一个出现在脑海的名字，是维克多·雨果（Victor Hugo），他许多通过随意涂抹滴落的咖啡渍创作的画作让人感到莫名的激动。尽管列奥纳多允许自己以这样的方式来刺激想象力，但是他将艺术视为科学的理念还是促使他为此加了一个前提，即画家首先必须掌握其所表现事物对象的详细构成。

在结束对《绘画论》的研究之前，我希望借机引用一段为数不多的揭示列奥纳多绘画理论之外的特点的文字。首先，我们所掌握的一些来自早期艺术史作者的第一手文字，证明称列奥纳多是一个优雅孤傲的人，并且从容自然地意识到自己高于普通人的天赋。这一点，可以从他对雕塑的无端贬低中看出。他曾说过，雕塑算不上科学，只是一种机械艺术（arte meccanicissima）。因为：

雕塑家在完成作品时，是在用他手臂的力量来消耗大理石或是别的包裹着其对象的坚硬材料。这一过程主要由机械运动完成，其间更是伴随着大量汗液和大理石粉末，两者混合而成的泥状物沾满雕塑家的脸和全身，使其看

> 上去像个面点师。他的背上覆盖着雪片般的碎石，房子里也被石头的碎片和粉末弄得肮脏不堪。这与画家的工作环境截然相反（以当时最好的画家和雕塑家为例做比较）。画家坐在他的作品前，处于完全放松的状态且穿着体面，轻巧地运用沾着精美颜料的画笔。他可以任意选择自己想穿的服饰，家中整洁干净，挂满迷人的画作。伴随他的通常是音乐或是各色优美书籍的朗读声，因为他无须担心会有榔头敲击或其他噪声来打扰他的听觉乐趣。[1]

在此我们想到了朱塞佩·马丁内斯（Jusepe Martinez）对埃尔·格列柯生活的描述，他住在一座有着24个房间的大宅中，进餐时会有一组乐师为其演奏。但是对于列奥纳多或是格列柯来说，这种优雅的生活方式同时也伴随着最艰巨的苦修。

> 为了不使这种物质上的丰裕损害画家丰富的精神世界，他必须保持独处，特别是当他打算对某事进行沉思的时候，心无旁骛可以让他控制自己的思绪。因为只有在独处时，你才可以成为完全的自己，而只要有一个人在你身边，你就只能是一半的自己。[2]

我们也知道列奥纳多对财富表示了十足的轻视，他在《绘画论》第六十二章中的那些极具说服力的忠告证明了这一态度。

列奥纳多对雕塑家的描写对我们来说有着更为深远的意义，因为这无疑是对其劲敌米开朗琪罗的影射。列奥纳多对雕塑家之艰辛带着嘲讽的描述，同时也被米开朗琪罗在他所写的信件和十四行诗中以一种自嘲式的骄傲态度记录了下来。我们认为两者间的这种互不相容或瓦萨里口中的“极度愤慨”，是一种比职业性嫉妒更深层次的矛盾，其根源或许来自两人各自内心深处的信仰。因为列奥纳多在任何意义上都不能被称为一名基督徒，他甚至不是一个具有宗教思想的人，虽然他偶尔也会允许自己遵循某些迷信的习俗。他曾写过：“在崇拜圣徒的画像时，人们会对一个听不见的人述说……他们祈求这些有耳朵却听不见的人为盲人

---

1. 《绘画论》，第32节。
2. 《绘画论》，第48节。

带来光明。”在其他的一些文字中，他似乎还将自己与宗教改革运动的先驱联系在一起。但是他的这种异见与其说是来自对某种特定宗教信仰的反感，不如说是他对胡言乱语和非理性思考的总体厌恶。相反，米开朗琪罗却是一个有着执着宗教信仰的人，他对罗马教廷的改革异常关注。主宰米开朗琪罗思想的，是善恶、受难、涤罪、与神合一及心灵的平静。而这些在列奥纳多看来，是毫无意义的抽象概念，但米开朗琪罗却将其视为终极真理。毫无疑问，米开朗琪罗这样道德感极强的人所代表的这些观念，以及他的认知与审美能力，会使列奥纳多产生一种充满轻蔑的不安。当然，列奥纳多也不能说全无信仰，在他的文字中，他有时还带着崇高的情感，明确表达了对经验的信仰，这样的表述可以在《绘画论》第二十九章中找到。列奥纳多充满激情地否定了一种陈旧的学术信仰，即认为只有源于抽象的学术思维的学科才能脱离机械论的范畴。

> 在我看来，一种不是源于经验的学科是自负且漏洞百出的。经验是所有确定性的基础，而第一手经验从产生到结束，至少经过了五种感官中的一种。如果我们对通过感官得到的确定性产生怀疑，那么我们对那些有悖于感官的事物[1]又该采取何种态度呢？例如上帝或灵魂的存在这类一直以来都有争议的事情。而事实上，那些使人叫嚣着互相指责的事物背后都不存在确定性。因此我们可以说，哪里存在着争议的声音，哪里就不存在真正的科学。因为真相的唯一终点就是公布于世，一旦公布，所有的争论就永远消失。真正的科学是那些被希望激励、经过感官验证并以此让争议消失的学说。它们并不以探索者的梦想为养分，而是通过严格的程序，从最初的真相和确定的原则经过一系列连续的阶段直至取得最终结果。就像是数学的组成部分，即被称为算术和几何的数字与测量，它们以完全的真理来处理连续和不连续的量。在这方面，人们不会对3乘以2是否等于6，或者三角形的三个角相加是否等于两个直角之和有任何争议。所有的争议都化为了永恒的沉默。而投身其中的人在这些科学中所享受的平静，是那些与思想有关的伪科学永远无法提供的。[2]

---

1. 此处原文有“ribelli ad essi sensi”。——编者注
2. 此处原文有“con eterno silenzio resta distrutto ogni arguizione, e con pace sono fruited ai loro devote il che far non possono le bugiarde scienze mentali”。——编者注

第五章

1485—1496 年

《斯福尔扎纪念像》《最后的晚餐》

我们已经了解了列奥纳多作为艺术家在15世纪宫廷的主要职责：绘制肖像、监督盛装游行，以及一些要求具备非同寻常的思路及处理各种材料的技巧的设计建造工作。此外，列奥纳多还为公爵完成了两件将其天赋体现得淋漓尽致的作品：《马》和《最后的晚餐》。

被我们称作《马》的作品，指的是列奥纳多为卢多维科公爵的父亲、伟大的雇佣兵队长弗朗切斯科·斯福尔扎所做的骑马纪念像。在1473年时，加雷亚佐·玛利亚公爵（Duke Galeazzo Maria）就曾打算建造这样的纪念像，在他死后继位的卢多维科于1476年饶有兴趣地将这一计划提上了日程。当列奥纳多到达米兰时，这一纪念像的建造已经成了一个关乎家族影响力的形象工程，类似于我们如今建造的巨型邮轮。列奥纳多可能曾希望在到达米兰后，立即被委任完成这项工作。在他以军事工程师的身份写给卢多维科的自荐信中，他提到："我可以创作一匹青铜骏马的雕塑作为纪念像，以纪念您父亲永恒的荣耀，以及杰出的斯福尔扎家族。"现在没有证据表明当时他就被赋予了这一重任，也没有证据说创作雕像是列奥纳多前往米兰的主要动机。不过，当他通过各种其他工作证明了自己的能力后，终于接到了试手纪念像的指令。如果萨巴·卡斯蒂戈隆（Sabba Castiglione）关于列奥纳多在这项工作上花费了6年的说法属实，那么他应该于1483年开始这项工作。[1] 我们可以从一幅版画、两幅曾因风格而在1490年前存在争议的草图中了解到他的最初设计（见图51）。它们显示了列奥纳多在早期曾将马匹设计为前足腾跃而起的姿势，与他在《三博士朝圣》背景中所画马匹的造型类似，不过更为简洁，而且形体上少了一些扭曲。由此我们可以看出这组造型对列奥纳多来说，有着何其强烈的吸引力以及将其转化为雕像的渴望，从而使其在造型上的可能性得到充分的体现。由于此前的骑姿雕像中从未出现过马匹前足腾跃的造型，如果实现这一构思，对列奥纳多来说，不但意味着他在技术层面超越了加塔梅拉塔（Gattamelata）及科雷奥尼（Colleoni）这两

1. 萨巴·卡斯蒂戈隆，《回忆》（*Ricordi*），威尼斯，1560年，第57页。

图 51 《斯福尔扎纪念像》习作，约 1488 年，英国皇家图书馆，温莎城堡

座骑姿纪念像，甚至还超越了古希腊、古罗马时期的伟大雕塑作品。但是，列奥纳多的雄心壮志却远远超过了他在这方面的经验。上述的两幅草图中，并没有涉及实现这一雕像时所面临的问题。其中一幅草图马匹腾空的前足由一截突兀且缺乏说服力的树桩所支撑，而另一幅马的前足则踏在一个俯卧的敌人身上。虽然这一造型常见于古典时期的浮雕作品，但是对于立体的大型雕像来说，却显得过于复杂且不够真实。即便列奥纳多的构思符合雕塑制作的要求，如此复杂的造型在当时也很难用青铜铸造出来，奇怪的是，拥有丰富大炮铸造经验的列奥纳多居然没有意识到这一点。但是这类在创作过程中对材料的忽视，已成为列奥纳多所有

重要作品的特点。《最后的晚餐》《安吉亚里之战》，以及连接阿诺河的运河工程，均因为这一特点而被全盘否定。其中的根源不仅在于缺乏耐心和实验主义，更因为列奥纳多某种浪漫化的不切实际。直到1489年，卢多维科才意识到这个问题，当然也可能是有人提醒了他。卢多维科通过驻米兰的佛罗伦萨大使写信，请求洛伦佐·德·美第奇再给他推荐一到两位能够胜任这项工作的能工巧匠。同一时期，列奥纳多也已经将纪念像的设计工作抛在一边。而洛伦佐显然没有推荐出令人满意的其他人选。在1490年4月23日的笔记里，列奥纳多写道："我要再次开始马的设计。"这时的他似乎已经意识到了腾跃姿势的马匹这一设计过于理想化，于是便让马回到了踱步这一传统姿态。关于修改后构思的外观，我们能够找到一些明确的证明。温莎城堡中的一幅不大的草图右下角展示了它的全貌，马德里国立图书馆收藏的一张草图（见图52）以及《大西洋古抄本》中的一张红色粉笔草图中，也都示意了雕像被装箱运输前的状态，它们一如既往地显示了列奥纳多对相关机械装置的兴趣。除此之外，温莎城堡的一些写生作品也展现了列奥纳多对雕像中马匹腿部姿态的安排，这些关于雕像姿势的线索，可以通过当时一些表现马匹的青铜像以及一些几乎可以肯定与斯福尔扎纪念像有关的草图手稿得到印证。其中最让人感兴趣的，是丢勒的版画《骑士与魔鬼》中马的形象，其灵感很有可能来自列奥纳多为纪念像所作的最终草图中的一幅。所有这些线索，都显示列奥纳多这次的设计与之前的设计有着显著的区别，他并没有试图借此超越老师韦罗基奥不久前完成的杰作——趾高气扬的科雷奥尼纪念像，而是参考了多纳泰罗创作的加塔梅拉塔纪念像，以缓步前行的马匹赋予这位伟大的军事将领一种与其身份相符的威严感。不过，相比之下，列奥纳多创作的马匹形象显得更加轻盈也更具古典风范，一方面是因为他受到了一组位于帕维亚的被称为《圣马可之马》的古希腊青铜骏马雕像的影响，另一方面则来自他在斯福尔扎宫廷马厩中的写生成果。他在这一时期写生作品中的马匹，无论从严谨的结构，还是从细腻的表现方面，都足以与古希腊雕塑中理想化的马匹相媲美（见图53）。这一系列写生作品中的大部分是银笔画，展示了列奥纳多的风格中最具吸引力的一面。[1]

1. 这些作品在温莎城堡图书馆的编号为12289、12294、12304、12317、12319、12320和12321。其中，12294和12304为墨水笔作品，12297有可能是复制品。其余作品在类型和完成时间上均与都灵皇家图书馆藏的15580号作品一致。

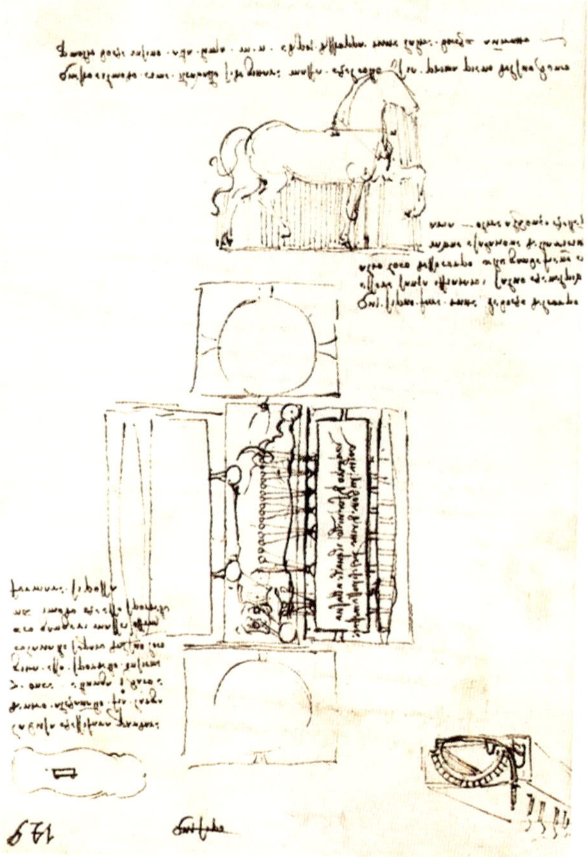

图 52 《斯福尔扎纪念像》习作中行走的马，约 1493 年，
西班牙国家图书馆，马德里

细致直接的观察，大胆果断的用笔，保留了他晚期马匹作品中因深思熟虑而失去的鲜活感。这些写生完成于 1490—1493 年，列奥纳多直到 1493 年 7 月仍在笔记本中勾勒他心中理想的马匹形象，[1] 并最终于秋季完成了一座等大的石膏模型。同年 11 月 30 日，这一模型在比安卡·玛利亚·斯福尔扎与马克西米利安一世的婚礼庆典上进行了展示。

1. “A di 16 di luglio 1493...Morel Fiorentino di messer Mariolo cavallo grosso a bel collo e assai bella testa.”（1493年7月16日……位于佛罗伦萨莫雷尔、由梅塞尔·马里奥尔设计的一匹俊美的高头大马。）《福斯特手稿》，第三卷，第i页。

图 53 《斯福尔扎纪念像》写生习作，1490 年，英国皇家图书馆，温莎城堡

对这座巨大纪念像的铸造问题，列奥纳多进行了长时间的思考，最近发现的马德里手稿中有着对整个铸造计划的详细说明。在里面，列奥纳多写下了铸造工作将与 1493 年 12 月 20 日开始，但不知为何，这一计划却未付诸实施。卢多维科公爵更是在 1494 年 11 月 17 日，把铸造所需的全部铜材送到他岳父埃尔科莱·德斯特（Ercole d' Este）那里去铸造大炮了。那座等大的石膏模型存放在

城堡的旧宫中，当时许多来到米兰的著名拜访者纷纷为其留下了并不亚于《最后的晚餐》的赞美之词。据马特奥·班德罗（Matteo Bandello）记载，列奥纳多在创作《最后的晚餐》的同时，仍在对纪念像进行修改，这一说法也得到了前文中所引用的萨巴·卡斯蒂戈隆记载的印证。我们手上并没有卢多维科公爵重启铸造工作的证据，而列奥纳多的笔记中也再没出现过相关的记录。但是，在一封列奥纳多给公爵的不连贯且残缺的信中，他写道："对于骑马纪念像我无话可说，因为我知道时机不对。"当法国军队进入米兰时，尽管随行的鉴赏家对模型赞赏有加，但是士兵们却将其当作靶子使用。最终这座模型被运到费拉拉的宫殿，并在那里被毁。

要理解当时的人们对这座纪念像的热情，对我们来说并非易事。撇开它已不复存在的事实，并且不论其雄伟和精美程度，我们都很难相信一座踱步的马匹模型能够为列奥纳多提供展现其天赋的机会。在我们看来，他将普通事物升华至理想化层面的天赋，才是赋予其作品独特美感的关键因素。不过，似乎相对于精神层面的表达，文艺复兴时期的观众更看重的是作品的表现手法。所以，单单是模型的巨大尺寸也足以被视为一种令人赞叹的成就。他那些为当时人们所熟知的对马匹完美比例的研究似乎为这座模型赋予了终极的权威性，即文艺复兴运动所追求的古典艺术与数学的统一性。虽然仅通过幸存下来的几幅斯福尔扎纪念像草图我们很难理解这种重要性，[1] 但20年后当列奥纳多在设计特里武齐奥元帅纪念像并再次面对这一课题时，我们就可以通过他留下的数量相对较多的草图及计算过程看到他对完美的追求。

接下来，我们要谈一谈《最后的晚餐》（见图54），它通常被视为列奥纳多绘画事业的巅峰之作。面对这一杰作，无论是已经存在的海量文字，还是作品本身毋庸置疑的权威性，列奥纳多的研究者们必然会产生踌躇和畏惧的心理。我们对于这件作品的熟悉程度，几乎比它所具有的权威性更能让人麻木。所以，我们

---

1. 《惠更斯手稿》（见第63页）中包含了14幅列奥纳多马匹草图的复制品，其中只有三幅的原作尚存。他对马匹研究的精确性或许可以从他将真实尺寸的马匹严格缩小到九百分之一进行写生这点看出。此外，很多不同的早期记载中曾多次提到了一部列奥纳多关于马匹解剖学的专著。洛马佐曾说过该著作在1499年米兰的战乱中被焚毁。瓦萨里也提到："我们有列奥纳多关于马匹解剖的著作。"但是并没有严格意义上的马匹解剖草图幸存至今，有可能瓦萨里指的是那些标注着尺寸的草图。

该如何评价一幅从孩童时期便耳熟能详的画作呢？我们似乎已经习惯将其视为自然的杰作，而非人类的手笔。对于其形态我们也不再提出质疑，如同我们不会去质疑地图上英伦列岛的形态。面对这样的画作，困难之处，不是如何分析我们的感受，而是去产生任何感受。不过，相对于直接从审美角度切入，我们还有另一个选择。想象一下，当《最后的晚餐》尚不存在时，列奥纳多面对着一堵白墙及充满期待的资助人的场景，或许会让我们获益匪浅。

在卢多维科公爵的授意下，《最后的晚餐》被画于米兰恩宠圣母教堂的多明我会修道院食堂的墙上。绘画过程有可能始于1495年，因为修道院的档案已损毁，而我们所掌握的不多的资料则来自画作接近完成的1497年。当年的6月29日，卢多维科公爵交给其秘书马切西诺·斯汤格（Marchesino Stanga）一份备忘录，让他嘱咐佛罗伦萨人列奥纳多尽早完成修道院食堂的壁画，然后开始食堂另一端墙壁上的工作。[1] 这表明《最后的晚餐》的绘制已经接近尾声。1489年2月9日，帕乔利在其所著《神圣比例》的献词中，也谈到了似乎已经完成的《最后的晚餐》。作为不复存在的修道院记录的补偿，我们还能找到一些当时目击者的文字记录，其中有小说家班德罗广为人知的叙述。他对列奥纳多的工作状态的生动描述无人能及，我必须在此加以引用：

> 我多次见到列奥纳多清晨就去工作，他在《最后的晚餐》前的脚手架上从日出干到天色全黑，从不停下画笔，不吃不喝地一直画着。也会有这么三四天的时间，他完全不会动笔，只是每天花上几个小时的时间在心中对人物进行审视和评判。我也曾见过，当他在旧宫中对那匹巨大的石膏马进行修改时，被突然产生的想法驱使便直接去了圣母教堂，在那里他会爬上脚手架，为某一个人物添上寥寥数笔，然后就突然离开去了别处。

这种毫无规律的工作方式表明，这一画作不可能是用湿壁画技法完成的。事

1. 两年前，另一面墙上已经被一位名叫蒙托法诺（Montorfano）的伦巴第画家绘制有耶稣受难像的湿壁画。由于墙体的干燥和其他不适合的原因，卢多维科应该不会命令列奥纳多对其进行覆盖重绘。他在这里指的工作估计是在原画上绘制自己及其家庭成员的肖像，而这些肖像看似确实是出自列奥纳多之手，但是如今画面的剥落程度使人无法对其进行确认。

图 54 《最后的晚餐》，1495—1497 年，恩宠圣母教堂，米兰

实上我们也知道，列奥纳多所用的颜料中包括了油和清漆。潮湿的墙体使这件作品在不久后就开始受损。安东尼奥·德·贝亚蒂（Antonio de Beatis）在1517年写道，不论是因为墙上的湿气或是其他什么不幸的原因，尽管已经开始损坏，但这无疑是一件卓越的作品。[1]而在1556年见到这件作品的瓦萨里也表述道："保存的状况如此糟糕，除了一片污浊的斑痕，别无他物可见。"1642年，弗朗西斯科·斯卡内利（Francesco Scaneli）写道，原作的画面上只留下了些许人物的痕迹，必须经过艰难的辨认才能从这一片混沌中辨别出部分形象。[2]面对这些证词，我们很难否认如今圣母教堂墙壁上所呈现的绝大部分是修复者的成果。我们知道这件作品从18世纪初开始已经经历了四次修复，并且在这之前很有可能也被修复过数次。路易吉·卡维纳吉（Luigi Cavenaghi）在1908年对这一作品进行了全面清洁后，曾无比乐观地宣称，画面中只有耶稣的左手部分经过了严谨的重绘。同时，他还坦率地补充说，列奥纳多无疑领先于其所处的时代，他似乎已经在颜料中加入了一种通常要到16世纪晚期才出现的物质。作为一位杰出的技术专家，卡维纳吉的结论一般会得到人们的认可，但是在这一问题上，却存在着大量可以反驳他结论的证据。一件在所有的记录中，早在16、17世纪时就已经破败不堪的作品，几乎未经修改地幸存至今，这是难以想象的。或许最好的例证是藏于魏玛和斯特拉斯堡的两幅独立的素描，[3]它们由列奥纳多的学生直接对原作临摹而成，画面中没有显示出任何在其他复制品中出现的个人化的改动。这两幅素描与我们现在看到的原作之间存在着若干区别，不论从情感表达，还是从画面构思来看，素描作品都要明显优于现在的原作。就拿四位坐在耶稣左侧的门徒来说，原作中额头极低的圣彼得可以说是整件作品中最令人不安的人物，但是在临摹作品中，却显示了他的头部其实是因为后仰，才会表现出根据透视缩短的效果。很明显，原作的修复者因为无法表现出素描中的这一特点，致使人物形成了

1. L. 帕斯托尔（L. Pastor）：《红衣主教路易吉·达拉哥纳的旅行》（*Die Reise des Kardinals Luigi d'Aragona*），弗莱堡，1905年，第176页。
2. 弗朗西斯科·斯卡内利：《绘画的缩影》（*Microcosmo della pittura*），切塞纳，1657年，第2卷，第6章，第41页。斯卡内利于1642年见到《最后的晚餐》，而他的著作却在15年后才得以发表。
3. 参见弗朗西斯科·马拉古兹·瓦列里（Francesco Malaguzzi Valeri）：《卢多维科·伊尔·莫洛的宫廷》（*La Corte di Ludovico il Moro*），第二卷，米兰，1915年，图586～589、图590～593、图599～603。

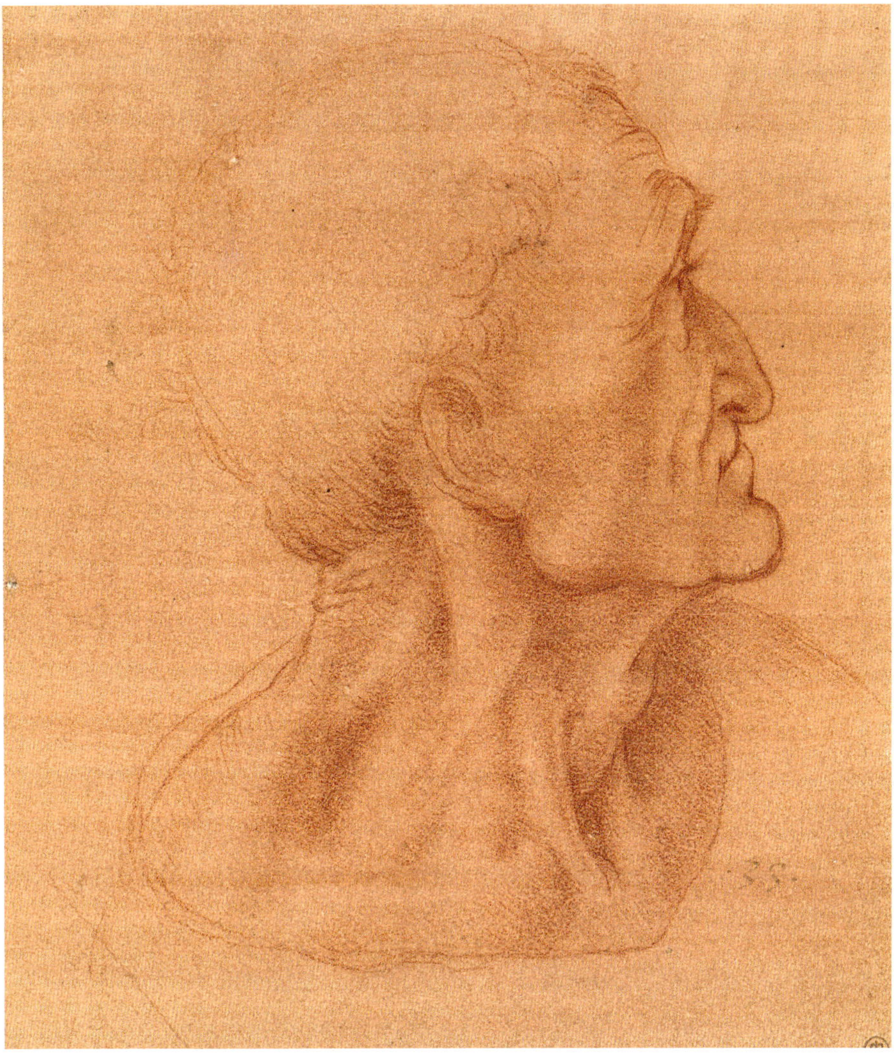

图 55 《犹大头像》习作，约 1496 年，英国皇家图书馆，温莎城堡

一种畸形的效果。同时，修复者在处理犹大和圣安德烈头部不同寻常的姿态时，也出现了类似的失误。临摹作品中犹大的头部原本是背过脸去的状态，这一姿势在藏于温莎城堡的列奥纳多手稿中也得到了印证（见图 55）。而修复者却将原作中的犹大头部转成了完全的侧面像，这一改变在很大程度上破坏了表现犹大阴险的效果。修复者还将临摹作品中几乎是全侧面的圣安德烈画成了传统的四分之三侧面，不仅如此，修复者还将这位有尊严的老人变成了一个类似猿人的伪善可怕

的人物。除此之外，圣雅各的头像完全是修复者个人的创作，我们由此可以看出其不称职的程度。

我们要坚持指出这些改动，是因为它们证明了《最后的晚餐》中的戏剧效果必须依靠人物位置的安排及其整体的动态来实现，而非他们的面部表情。那些曾抱怨头部不自然或单调的评论家，实际上并没有找对其评论的目标。毫无疑问，原作中的细节几乎全部是一系列修复者的手笔；而画中这些带有米开朗琪罗《最后的审判》风格的表情夸张扭曲的人物形象，表明了其作者是 16 世纪那些柔弱的风格主义画家。[1]

但是撇开这些令人沮丧的事实不论，原作依然保留了它的部分魅力，并且赋予了恩宠圣母教堂这一令人惋惜的遗迹一种特有的质感。而这种质感，恰好是出自列奥纳多学生之手的那些明暗均匀、缺乏层次的临摹作品所缺乏的。运用光线来营造氛围的能力，正是将列奥纳多所有的真迹与他学生的作品区别开来的关键，而这种区别，同样也表现在《最后的晚餐》中；这件壁画作品，或许正是因为其模糊的现状才得以保留住这种氛围感。我们注视着墙面上这些鬼魅般的色块，“如同秋叶投下的模糊阴影”，它们之所以会对我们产生影响，绝不仅仅因为联想所引发的情绪。透过墙面上后期的补色，我们依旧能分辨出原作中那些超凡形象的身影，从这些身影互相交融所产生的戏剧性中，感受到那些使《最后的晚餐》成为欧洲艺术基石的品质。通过将列奥纳多与其前辈对这一题材处理方式的比较，我们就能认识到他所具备的创造能力。基尔兰达约与佩鲁吉诺均早于列奥纳多一到两年创作过最后晚餐题材的作品，但是他们的画作，表现的基本上与近千年来满足着信众的同类作品别无二致：十一位坐在餐桌远端的门徒保持着各自的安静与隔阂，有时他们会相互交谈或举杯饮酒，耶稣坐在正中，旁边是别扭地斜倚着他的圣约翰，而犹大则独自坐在桌子的近端。在《三博士朝圣》中，我们已经见到了列奥纳多是如何通过改变他对戏剧性场景的整体呈现背离了传统的圣像学形式。而在《最后的晚餐》，他同样做到了这一点。早期的画家习惯将圣餐

1. 自本书写作完成后，《最后的晚餐》又经过了毛洛·佩里希奥利（Mauro Pellicioli）领导的一次清洗。早期的修复痕迹在这一次清洗中被完全去除，剩下的部分似乎是列奥纳多的原作，但是由于其状态过于模糊且分散，已无法给出太多关于其原貌效果的线索。（英文版编者按：关于 1976 年之后展开的修复工作，见本书导读第 XXXIII 页。）

的场景表现为一个平静的时刻，每一位门徒似乎都希望不受打扰地独坐沉思。而列奥纳多却选择了耶稣说出“你们中的一个将会背叛我”这一骇人的瞬间。从而立刻将一组安静的个体统一于激动的情绪之中。

统一性与戏剧性，是将列奥纳多的《最后的晚餐》区别于这一题材其他早期创作的关键品质。所以，他获得这些品质的方式也值得我们加以分析。首先，关于场景，我们可以注意到，画面中不存在任何会将观众的目光引离主题的元素。“在历史题材的画作中，”列奥纳多在《绘画论》第 178 段谈道，“千万不要在你的人物或场景中加入太多的装饰性元素，否则会混淆人物及场景基本特征的形式和态度。”相对于早期同类题材作品中所包含的那些装饰性的花哨建筑形式，列奥纳多《最后的晚餐》的场景是如此空旷简朴，以至于大部分后来的临摹者都觉得必须将这一场景变得更具吸引力。此外，场景中也不存在偶发性的元素，如飞鸟或交头接耳的门徒，画面透视的灭点落在中心人物上，每一个形式和姿态都经过了提炼。当作品的主题是 13 个坐在桌边的人物时，对画面戏剧性和形式感的提炼似乎是一个无法解决的问题。早期的画家从未尝试过使画面中的所有人物归属于单一的主题，而只是对画面元素进行单纯的装饰性编排。而那些将画面的统一性视为根本的巴洛克画家，则通过对光线的精妙安排与透视收缩来解决这一问题，但是这样做的代价，便是牺牲了切合主题的表达中所包含的平和及清晰。如同丁托列托的《圣保罗》中所表现的，这种方式有时会将画面变成一个暴力与混乱的场景，以至于画中的门徒在仆人和不知名的围观者中踉跄挣扎。列奥纳多对这一问题的解决方式，从某些角度上看与他在《三博士朝圣》中所做的一样，利用一个平衡点将两组各具活力的人物统一并维持在相对静止的状态下。这一看似简单的画面安排，需要将十二位门徒巧妙地平均分成两组，每一组人物在相互间都必须具有完美的连贯性，同时又要具备足够的动态使其与中心人物保持生动的关联。我们不清楚列奥纳多是如何达成最终画面构图的，因为只有极少与《最后的晚餐》相关的草图流传至今，与构图有关的仅有两幅习作。其中较为详尽的，是一幅藏于威尼斯学院美术馆的红色粉笔习作，同时也是列奥纳多手稿中最令人困惑的作品之一（见图 56）。这件习作的画风粗糙，耶稣右臂连同手部的表现显得十分幼稚，习作中的人物除了在造型上的生硬，还缺乏那种即便是列奥纳多最潦草的画作也具备的内在生命力，习作里的人物都带着一种近乎陈旧的呆板感觉。基于这些原因，一些最优秀的学者对其真实性产生了质疑。但是，习作人物

图 56 《最后的晚餐》习作，约 1495 年，威尼斯学院美术馆

上方用同一粉笔所写的文字似乎又确实是列奥纳多的笔迹。因此我们只能推测，列奥纳多在此仅对门徒形象的大致特征与位置安排感兴趣。这一习作只告诉了我们一点，尽管习作的完成时间大约是在 1495 年，但是可以看出，那时列奥纳多还没有开始考虑将门徒分成作为整体的两个组群，因为画面中的犹大依旧独自坐在桌子的近端。同样的场景也出现在另一幅藏于温莎城堡的墨水笔习作中（见图 57）。而在这一作品中，列奥纳多已经开始尝试在画面中达到一种戏剧化的统一性，在同一页纸上的另一幅附属草图中，他甚至尝试了一个几乎让人无法承受的戏剧性场景，耶稣将一片浸湿的面包递给犹大。

在这些草图与最终的画面之间，列奥纳多必然投入了巨大的精力。可惜的是，那些体现这一伟大构思如何最终获得其必然形态的草图与习作几乎全部遗失了。而要说列奥纳多这种投入的证据在《最后的晚餐》中的门徒群像上依然得到了明显的体现，或许是对这件作品的另一种批评。我们可以看出列奥纳多是如何对每一个动作进行调整，计算每一处间隔，平衡每一个方向上的改变，他为我们提供了其绘画理论最完美的演示。有什么能比耶稣两侧的门徒分别转向内侧，使其形成的类似梯形透视的轴线相交于中心人物之上，更能体现列奥纳多的理论水平呢？又或是他让最左端的三位门徒急切地望向中心，而最右端的两位门徒则在向外看的同时用手指向中心，以便其注意力与圣西门令人畏惧的注视相交后，又沿着其手指的方向回到中心。这种对一系列复杂动态的营造，无疑是艺术智慧最伟大的表达之一，但是，这一经过深思熟虑的成就虽然令人惊叹，却显得冷漠且学术化。画面中耶稣的形象作为这两组人物依托的中心，却来自一种更深层的灵感源泉。在我们看来，列奥纳多让人难以捉摸的神秘之处就在于，尽管其性格中存在那种冷漠和对常人情感的疏离，以及本质上的怪异倾向，他依然能够创造出如此单纯动人，而且具有普遍感染力的人物形象。

在对《最后的晚餐》进行长时间的观察之后，人们显然倾向于停止将其作为绘画作品进行研究，转而开始谈论其戏剧性。它无疑是所有伟大画作中最具文学性的作品。《最后的晚餐》的戏剧效果会在描述过程中得以充分的传达，甚至得到强化。这一点与如保罗·委罗内塞（Paul Veronese）这样的伟大装饰性画家的作品形成了反差，因为在其作品中，人物的动作、行为、服装及表情都可能与画作的主题毫无关联，而仅仅服务于画面效果。

我无须再对《最后的晚餐》中人们已经非常熟悉的各类门徒的姿态及其相互间通过对比而得以强化的方式进行过多的描述。我可以再举一些例子。鲁莽、急躁且迫不及待地想证明自己无辜的彼得，与静坐着的低眉顺目的约翰形成了对比，因为约翰知道没有人会怀疑自己。而彼得的手在约翰与犹大的头部间形成了一座桥梁，暗示着无辜与罪恶间的矛盾。当美丽伴随着丑恶，它们似乎使对方更有力量。[1]画面中所有的深层含义、戏剧性创造，都已经被歌德彻底地分析过了，并且就天赋而论，歌德也属于少数几位有资格对列奥纳多进行评判的人物之一。歌德关于朱塞佩·博西（Giuseppe Bossi）的《列奥纳多的〈最后的晚餐〉》（*Del Cenacolo di Leonardo da Vinci*）的散文可以说是迄今为止关于这一画作最优秀的解读。当我们在阅读一位作家对绘画作品的描述时，通常会感觉到作家所认

---

1. 《绘画论》，第 136 节。

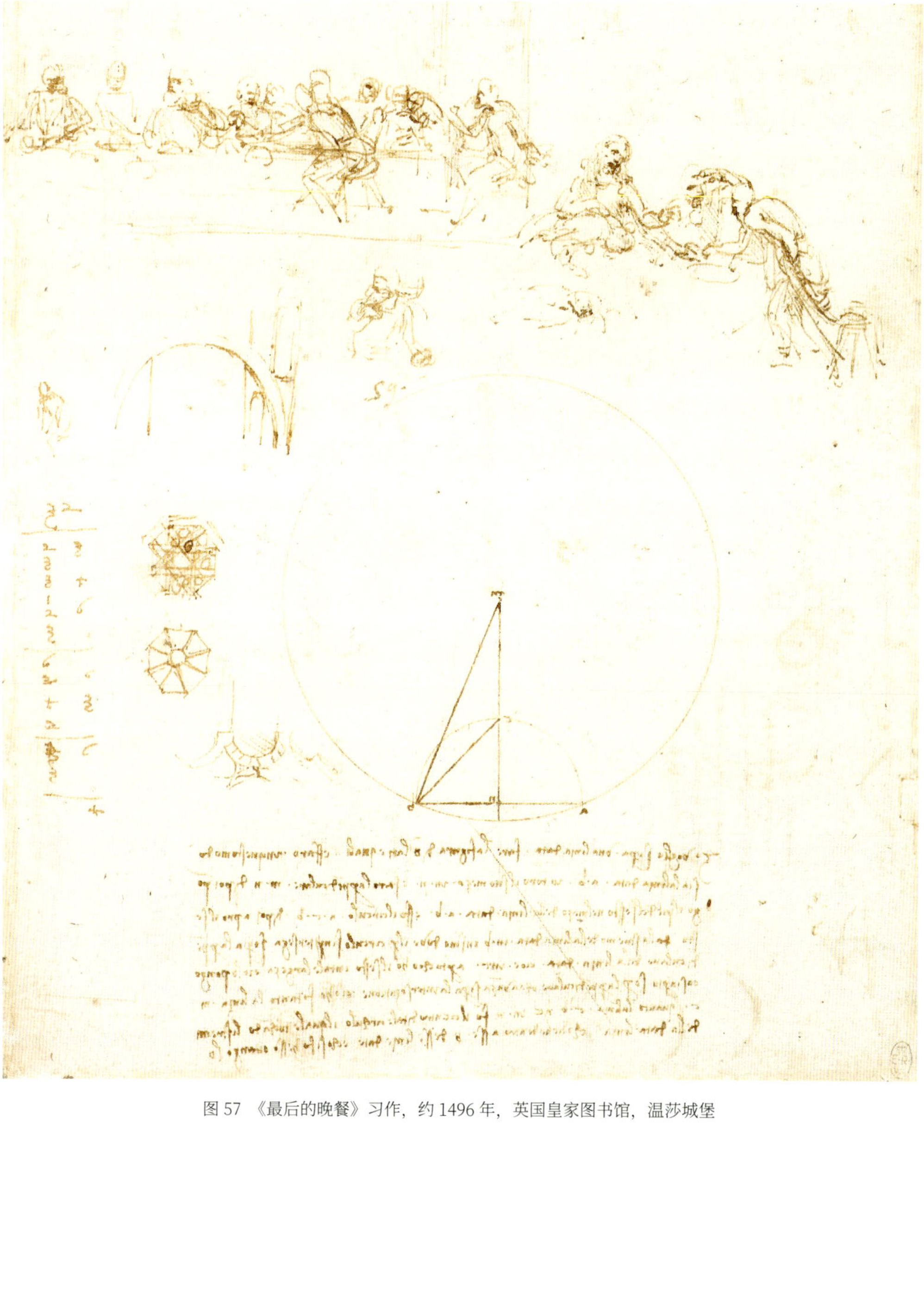

图 57 《最后的晚餐》习作，约 1496 年，英国皇家图书馆，温莎城堡

为的画面戏剧性的精彩表达来自画家无意识的尝试，但是列奥纳多却不存在这种情况。我们从他的笔记本和关于艺术理论的写作中可以知道，列奥纳多对于绘画主题的文学表达有过多少思考。同时，他还一直建议其他画家对表现性的姿态及相关动作进行研究，并且在画面中通过各种变化和对比所产生的效果将其结合使用。他说过："人物最值得赞赏的地方在于他的行为，行为是其灵魂中激情的最佳表达。"我们有幸在他的一本笔记[1]中找到了一段适用于《最后的晚餐》中人物姿态的文字。

> 一个在喝酒的人把酒杯放下，将头转向说话者。另一个人则将手指绞在一起，并皱着眉转向他的同伴。还有一个将手掌摊开露出了手心，同时将肩膀耸到了耳朵旁，并做出了惊讶的表情。一个人在对旁边的人耳语，听者转身将耳朵凑了上去，同时一手拿着刀、一手拿着切了一半的面包。还有一个正在转身的人，拿着刀，心绪不宁地将桌上的酒杯举了起来。

笔记中的这些姿态可以说是还未被规划的，看着列奥纳多如何对其进行取舍是非常有趣的。不难发现，圣安德烈身上有着那个耸着肩做出惊讶表情的形象的影子，而正在与邻座耳语的圣彼得依旧拿着刀；那个将手指绞在一起的形象，因为不能满足画面动态的要求，没有被采用。同样没被采用的，还有那个刚将杯子举起的形象。列奥纳多笔记中的形象，无疑来自他对真实人物的观察；当他对《最后的晚餐》的构思变得更具戏剧性时，这些日常人物的姿态就显得过于平凡了。但是那个突然转身并举杯的形象，却经历了耐人寻味的改变，进而移植到了犹大的身上。他一只手上没有握着刀，而是拿着一个小袋子，另一只手里也没有举着杯子，而是打翻了一个盐罐。这个意外至今仍被迷信的人念念不忘。

对于现代人的感知来说，列奥纳多花费大量精力所创造的大量复杂的姿态，并非《最后的晚餐》中最具表现力的特征。并且我也不认为我们对其缺乏欣赏力仅仅是因为欧洲北部的人在面对南部人更为丰富的表情时所产生的困惑。之所以在面对乌菲兹美术馆的《三博士朝圣》时，我们没有感到不安，部分原因在于该画作并未完成的事实，我们依然能通过画家可被察觉的笔触来观察画中人物的动

1. 维多利亚与阿尔伯特博物馆，《福斯特手稿》，第 2 号，第 1 页和第 2 页。

态。但是《最后的晚餐》中的整个瞬间是凝固的。这些被定格的乏味形象让人产生了某种恐惧。同时，这些雕琢了每个完美姿态的慢工细活中也存在着某种矛盾。此外，还有一个更深层的原因。姿态作为情绪表现的力量来源于其自发性，但是《最后的晚餐》中的姿态却缺乏这样的自发性。如我们所见，列奥纳多有意识地将那些接近这类宗教题材本质的动作排除在外。他决意为整个场景营造一种最接近古典艺术的氛围。而这种在他对生命的固有感受之上强加的古典主义却让人有些困惑，因为这些带有史诗色彩的伟大门徒形象不仅过于活泼，而且也不适合进行如此生动的表现。

现在我们要回到对人物头部的修复为整件作品所带来的灾难性的改变。如果原作的头部依然存在的话，凭借其所展现的悲情以及强烈的戏剧性，那作为辅助表现手段的人物姿态或许能够显得不那么造作。而如今，岁月和屡次修复留给我们的，却只有这些会让列奥纳多感到恐惧的粗制滥造的诡异面容。他在《绘画论》中曾多次提及了面部表情的重要性，并且描述了画家必须如何以各种技巧去观察和记录它们。为了说明我们到底失去了什么，这里必须要提到几幅幸存下来的草图，特别是其中的两件杰作，藏于温莎城堡的《伟大的圣雅各头像》和《圣腓力头像》习作（见图 58、图 59）。此外，我们应该认识到，在《最后的晚餐》中，这两个人物头像的戏剧性强度肯定得到了增强，由此他们便从写生的习作上升为一种精神状态的具体体现，如同古典戏剧高潮般集中和完整。

图 58 《伟大的圣雅各头像》习作，约 1496 年，英国皇家图书馆，温莎城堡

图 59 《圣腓力头像》习作，约 1496 年，英国皇家图书馆，温莎城堡

第六章

1497—1503 年

《神圣的比例》；木板厅壁画；列奥纳多离开米兰，造访曼托瓦和威尼斯；回到佛罗伦萨；《圣母子与圣安妮》草图；伯灵顿宫底稿；为切萨雷·波吉亚服务；佛罗伦萨期间所作的肖像画；《蒙娜丽莎》；列奥纳多的风景画以及对植物的研究；《勒达与天鹅》

从列奥纳多完成《最后的晚餐》到他离开米兰，大概有不到两年的时间，这期间，他主要是在完成米兰宫廷交给他的工作。1498 年 10 月 2 日，列奥纳多得到了一处位于米兰维塞利纳城门（Porta Vercellina）之外的住宅，这时他还被卢多维科公爵任命为内阁工程师。由于公爵预感到法国即将发动入侵战争，所以列奥纳多将大部分时间花在规划伦巴第地区的防御工事上。作为画家，列奥纳多在这段时期内也有两项记录在案的成就。其中之一是协助卢卡·帕乔利完成了著名的《神圣的比例》一书。帕乔利作为当时顶尖的数学家，来自桑塞波尔克罗，他是皮耶罗·德拉·弗朗切斯卡的学生和朋友。但是，帕乔利在未经同意的情况下，把老师对透视及五种正立体形状的研究成果写入了自己的著作。帕乔利于 1496 年到达米兰，我们从列奥纳多的笔记中得知，两人的关系在此后不久就变得十分亲密。在 1497 年，他们就开始合作撰写《神圣的比例》一书。从该书的部分内容中，我们可以找到列奥纳多的影响，而且他肯定为该书 1509 年的版本绘制了插图。对此，帕乔利也曾多次提及。这些插图包括书中的花体首字母、一个比例体系的构建，以及一些立体几何学的精美图示。从列奥纳多为这些抽象的设计所花费的精力中，可以看出他的创造性天赋在很大程度上被其智力所支配。在前文中我曾说过，当谈到列奥纳多的建筑设计时，他作为一个托斯卡纳人，却罕见地缺乏抽象性和谐感的意识。然而，作为皮耶罗学生的帕乔利却从不吝啬于对列奥纳多的能力进行赞扬。对于弗朗切斯卡来说，比例是精神的追求；而对于列奥纳多，比例则是智力的追求。皮耶罗在画出两条线的同时，总是会赋予其某种和谐的关系；而列奥纳多笔下的线条，则始终具有一种有机生命的质感。不过，凭借着纯粹的思考能力，列奥纳多却能够征服这一对他来说相当陌生的艺术领域。

在那几年里，我们现在唯一能够肯定的委托，只有列奥纳多为斯福尔扎城堡所作的装饰壁画。因为 4 月 23 日木板厅（Sala delle Asse）内部的脚手架已经被拆除，所以这项工作应该完成于 1498 年的夏天。有证据显示，当时列奥纳多还对城堡中的另一个房间——内戈拉厅（Saletta Negra）——进行了装饰，但是木板厅壁画却是唯一幸存下来的作品（见图 60）。我所说的“幸存”并不是最恰当的表述，在 1901 年，当拱顶的石膏被完全清除后，显露出来的列奥纳多所画的湿壁画又被一位叫巴萨尼（Bassani）的画家整体且厚重地进行了重绘。由于原作的保存状态清晰完整，巴萨尼得以对其进行忠实的描摹，而且在一定程度上体现了原作的独创性。不过，他的重绘却完全丧失了原作中光影的感觉，以及

图 60　木板厅屋顶内部，约 1498 年，斯尔福扎城堡，米兰

列奥纳多对植物题材的把握中最具特色的部分，而这些风格特点依然可以在《最后的晚餐》上方的装饰性月桂花环中看到。[1] 在为木板厅的拱顶绘制植物的枝叶时，列奥纳多参照的是一种古老的图案。这一图案类型可以追溯至古典时期的许多马赛克艺术，而对哥特时期的审美情趣来说，其效果无异于植物题材的挂毯在拱顶上的延伸。列奥纳多则将自己的风格融入了这一传统的题材，的确，没有哪类装饰性纹样比植物更能体现他对密集度的热衷——比如他的恐怖真空——以及与此相伴的，他对抽象概念的厌恶。列奥纳多使壁画中的树枝形成了一种相互交错的精妙体系，类似于《列奥纳多·芬奇学院》（*Academia Leonardi Vinci*）那幅著名的绳结版画。[2] 抛开其人为的扭曲造型，我们可以清晰地感受到列奥纳多丰富的植物学知识为原作注入了一种真实的生长和律动的特征，以及我们在安东尼奥·科雷乔（Antonio Correggio）为圣保罗厅（Camera di San Paolo）所作的装饰画中见到的那种果实和树叶所表现出的质感。

在这些年里，卢多维科逐渐变成了一位不尽如人意的资助者，我们可以从数封残缺不全的信中读到列奥纳多的不满。“我知道阁下过于繁忙，以至于无暇顾及我斗胆提出的小事，但是艺术却遭到了冷落。”这一时期的卢多维科确实有些焦头烂额，他疯狂的外交手段并没有阻止法国人在 1499 年 10 月 5 日攻入米兰。卢多维科本人在重新夺回城市几个月后又遭遇战败，并被作为俘虏押到法国。同年 12 月，列奥纳多和卢卡·帕乔利一起离开米兰，前往别处寻求出路。作为一个真正的人本主义者，除了忠实于自身的天赋，[3] 列奥纳多并不想忠于任何君主或国家。尽管他与斯福尔扎家族的亲密关系持续了 18 年，但是当卢多维科短暂地

---

1. 弗朗西斯科·马拉古兹·瓦列里：《卢多维科·伊尔·莫洛的宫廷》，第 562 页，引用了在重绘前见过原作的弗里佐尼（Frizzoni）所说的话，他说列奥纳多的原作痕迹具有和《最后的晚餐》上方月桂花环相似的特征，可见原作并没有留下照相记录。
2. 这些版画引出了两个未得到解决的问题：列奥纳多是否亲手制作了这些版画？相关铭文的含义是什么？在我看来，列奥纳多不太可能进行过版画的创作，但是他的一位学生似乎创作过版画并掌握了相当高的技巧。参见布鲁（Blum）：《美术公报》，1932 年 8—9 月刊，第 89 页。铭文的含义被认为是：列奥纳多是学院的负责人；但是更有可能的含义是：这幅版画是学院中的习作。
3. 引用贾科布·巴克哈德（Jacob Burckhardt）：《意大利文艺复兴时期的文明》（*The Civilization of the Renaissance in Italy*），S. 米德摩尔（S. Middlemore）译，伦敦，1878 年，第 2 卷，第 132 ～ 133 页。

重新夺回米兰的控制权时，列奥纳多却没有做出任何回到其宫廷的努力，这一点显示了他的政治敏感性。列奥纳多的密友、建筑师贾可蒙·安德里亚·达·费拉拉（Giacomo Andrea da Ferrara）为了表示对卢多维科的忠诚回到其身边，最终被特里武齐奥绞死后剖尸裂肢。而被迫与法国人交好的列奥纳多甚至能通过特里武齐奥的副手里格尼（Ligny）取回了留在米兰的财物。如果不是已经投到切萨雷·波吉亚（Cesare Borgia）的门下，在接下去的一年里，列奥纳多说不定就会为法国人服务了。

离开米兰后，列奥纳多似乎直接去了曼托瓦（Mantua）。尽管他没有在那里久留，但是我们从列奥纳多 1500 年 3 月 13 日在威尼斯收到的一封信中得知，他仍然有足够的时间为伊莎贝拉·艾斯特夫人起草了一幅肖像。而且他似乎给这位夫人留下了极好的印象。因为在接下去的四年里，夫人通过她在佛罗伦萨的人脉，不断地以命令或恳求的方式追着列奥纳多完成其肖像。虽然她特别要求得到一幅彩色肖像，但是据我们所知，这幅肖像从来就没有超越过草稿阶段。从流传至今的数件复制品中，可以看出这幅肖像大致的模样。画中的夫人穿着一件大领口的裙子，坐姿的她展示了侧脸，其手臂在身前交叉。这一姿势应该在接下去的 10 年中，影响了威尼斯肖像画的风格。在这些草稿中，如今藏于卢浮宫的那幅一般被认为是列奥纳多的真迹（见图 61）。[1] 不过，由于画面上存在着过多的修改痕迹，因此要对其做出肯定的判断几乎是不可能的。这幅草稿曾被打洞，以便将形象转印到画布上，由此我们可以确定其外轮廓的线条，但是右臂的姿势从解剖学的角度来看是错误的。而另一幅藏于牛津大学的复制品，却正确地画出了右臂的解剖关系，也许就此我们可以顺理成章地推断卢浮宫的这幅草图从来都不是列奥纳多的真迹。这件作品唯一值得欣赏的地方，是人物的姿态，她所表现出来的安逸似乎预示着《蒙娜丽莎》的诞生。令人好奇的是，始终在通过动态寻求作品深度的列奥纳多，为何会选择把人物的头部摆成侧面的姿势。但是我们也可以通过早期素描作品，看出他乐于通过这一立体感较弱的姿势赋予人物一种特殊的放松感。因此，我们或许可以认为，这幅伊莎贝拉肖像简洁的头部姿态是为了平衡她胸部以下的丰富动态。

---

1. 其他复制品分别藏于阿什莫尔博物馆（黑色粉笔）、乌菲兹美术馆（仅头部，红色粉笔），以及斯坦利·雷顿夫人（Mrs Stanley Leighton）收藏（红色粉笔）。

图 61 《伊莎贝拉·艾斯特肖像》，1500 年，卢浮宫，巴黎

离开曼托瓦后，列奥纳多去了威尼斯。他之前无疑曾去过那里，为了研究《圣马可之马》，或是参观他昔日同学洛伦佐·迪·克雷迪正在完成的科雷奥尼纪念像。但是这次，作为他唯一有资料记载的威尼斯之行，通常被认为是列奥纳多对威尼斯艺术产生影响的开始。瓦萨里在他对乔尔乔内的描写中写道："他所见过那些列奥纳多的作品中，精致深刻带着浓重阴影的塑造为他带来了巨大的

愉悦，以至他在有生之年始终将其作为范本，并在油画中对其进行了大量的模仿。”[1] 一些当代学者认为，瓦萨里的这一说法完全来自他作为托斯卡纳人的自豪感，但是这也不是完全缺乏根据。在列奥纳多最具个人风格和自发性的概念中，不论是文字还是图像，都因其所具有的强烈浪漫主义色彩让人联想到 16 世纪早期的威尼斯艺术。关于列奥纳多影响力的实质性证据，可以在圣洛克大会堂中乔尔乔内那幅耶稣背负十字架的画作中找到。这件作品明显参考了列奥纳多对这一题材的构思，我们如今可以从他在米兰时期的学生根据已经遗失的一幅草图所绘制的复制品中看到这一构思的整体面貌。[2] 并且列奥纳多关于该题材的唯一一件亲手所绘的银笔画素描，如今也收藏于威尼斯学院美术馆。但是更为重要却较难被证明的，是在对形态的整体观察方法上列奥纳多对乔尔乔内所产生的影响。这种影响在乔尔乔内笔下女性形象的变化中体现得最为明显，类似于其老师乔瓦尼·贝里尼（Giovanni Bellini）笔下圣母那种较为宽平的面部特征被更为立体的五官及更修长的脸形所取代。如果将《暴风雨》中吉卜赛人的头部放大并单独进行观察，便可以看出它与列奥纳多风格有着惊人的相似之处。从藏于维也纳的那幅戴着月桂花环的女性肖像中，我们也可以看到与列奥纳多的《女士肖像》相同的形式感。[3] 作为对这种理想化之美的补充，乔尔乔内和列奥纳多同样也对理想化的丑陋进行了描绘。威尼斯学院美术馆有一幅写着“Col Tempo”（岁月流逝）字样的老年妇女肖像，我相信此画确实出自乔尔乔内之手。这幅肖像不仅从画面的整体构思，甚至具体的人物类型也都受到了列奥纳多的影响。最后，乔尔乔内《犹滴》（*Judith*）中衣纹的表现风格与他老师贝里尼截然不同，盘绕在人物左侧错综复杂的皱褶，只能与威尼斯学院美术馆里列奥纳多的那幅天使素描相比较。

---

1. 米兰尼斯（Milanesi），第 4 卷，第 92 页。这段内容并没有出现在该书 1550 年的版本中，因此极有可能是在瓦萨里与提香和其他威尼斯画家在 1566 年交谈后作为结果被加入书中的。
2. 其中一幅由伯纳迪诺·路易尼（Bernardino Luini）所作，现藏于波尔迪·佩佐利博物馆（Museo Poldi Pezzoli）。据推测，这件作品与路易尼的另一幅藏于安布罗西亚纳美术馆的《圣母子与圣安妮》一样复制了列奥纳多的原作，而这件《圣母子与圣安妮》复制了伯灵顿宫底稿。
3. 鉴于其分别具有的典型性，这幅维也纳女性肖像与列奥纳多的《女士肖像》在真伪性上同样存在争议的事实并不影响这一论证。事实上，贝里尼所作的《圣凯瑟琳与抹大拉的圣玛利亚之间的圣母子》以其昏暗的背景和所用的人造光源似乎也能反映出列奥纳多的影响，尽管该画作的完成时间估计要早于 1490 年。

正如瓦萨里所指出的，列奥纳多与乔尔乔内两人作品之间在形式上的相似之处，通过类似的光影表现手法得到了强调。首先，列奥纳多对明暗对比法的运用似乎与威尼斯画派有着很大的区别，他更科学地将阴影用来表现形体，而威尼斯画派则利用阴影增强情感的表现效果。从实际的绘画技巧上来说，列奥纳多的阴影是形体附属物，而威尼斯画派作品中的阴影则是色彩的附属物。但是，当我们通过《绘画论》中的语境对列奥纳多使用明暗对比法的情况进行观察时，就会发现他不那么科学的一面；事实上，他在使用明暗对比法对自然进行情感表达方面，至少在程度上并不亚于威尼斯画派的画家。那些他在《绘画论》中表述过的题材，像如何描绘夜晚的场景、如何描绘一场风暴，以及如何描绘一个站在门后阴影中的女人，均说明了他在用光影对奇异和激烈的事物进行表现时获得了愉悦。而这些，正是乔尔乔内和其他威尼斯画家在创作时的首选对象。有什么比圣马可大会堂（Scuola di San Marco）中一幅表现圣马可奇迹的巨幅绘画更适合充当《绘画论》中的图例呢？并且这幅画很有可能是由乔尔乔内构思并部分绘制的。事实上，我们现在所能见到的列奥纳多作品中对阴影部分的色彩运用，并不像他文字中所表述的那么丰富，并且他在创作中也从没有使用过威尼斯画派那样全面的色系。但我们必须认识到，对于列奥纳多画作的原貌，如今谁也无法形成一个确切的概念，虽然他的大量作品通过复制品为我们所熟知，但是复制者所使用的米兰画派传统技法是在单色的底稿上以半透明的色料着色，因此往往已经失去了昔日的色彩。其中只有少数不甚重要的作品还在很大程度上保留着原本的状态，例如安布罗西亚纳美术馆中的《音乐家肖像》画中阴影部分的亮度确实令人赞叹。在厚重的重绘颜料和清漆之下，卢浮宫《岩间圣母》画面中的阴影部分也拥有着一样的光感。而同样的质感依旧可以在《最后的晚餐》桌上的静物、水果主题的装饰性帷幕中被观察到。因此，那些使列奥纳多闻名于威尼斯的画作，很有可能在对光影的处理方法上更接近于乔尔乔内或提香的早期风格，而非我们所猜测的其现存的风格或他的米兰学生所画的复制品。

列奥纳多于 1500 年 4 月 24 日再次回到了佛罗伦萨。此时据他离开已经过去了近 20 年，佛罗伦萨的人文环境在这段岁月中已经发生了改变。洛伦佐的意志已经逝去，取而代之的是一波宗教界的信仰复兴运动与政治上的共和主义思潮。对艺术而言，文艺复兴早期的优雅品味和自发性风格被史诗化及戏谑化的审美所取代。从某种程度上来说，列奥纳多正是这种史诗化古典风格的先行者，因此佛罗伦萨似乎已经做好了欣赏其艺术的准备。

瓦萨里告诉我们："当他回到佛罗伦萨后，得知圣母忠仆会委托菲利皮诺为圣母领报修道院绘制一幅主祭坛画。列奥纳多表示他十分乐意完成这样的工作，菲利皮诺听说后便充当好人回绝了这一委托。修道士们更是将列奥纳多迎接到其修道院中并承担了他和随行人员的一切开支。在随后的一段时间里，列奥纳多并没有创作出任何作品，最后他终于完成了一幅圣母子与圣安妮的素描。这件作品不仅让所有的画家叹为观止，佛罗伦萨的男女老幼更是在其完成后展出的两天里络绎不绝地前来观摩，如同去参加一个隆重的庆典。所有人都被这一精美绝伦的作品所折服。"

这类充满热情的盛况在米兰几乎是不可能出现的，这也让我们理解了为何列奥纳多之前在佛罗伦萨 5 年间的创作量要高于他在意大利北部的 18 年之和。

列奥纳多有两件表现圣母与圣安妮的作品得以幸存至今：一件是曾藏于伯灵顿宫的底稿（见图 62），另一件是现藏于卢浮宫的那幅未完成的油画。人们曾经认为，瓦萨里在文中提到的素描作品如果不是伯灵顿宫曾收藏的这幅，那就是为卢浮宫油画所创作的草稿。我们现在可以较为肯定地将伯灵顿宫底稿排除在外。在 1501 年 3 月到 4 月间，伊莎贝拉·艾斯特曾尝试过让列奥纳多为她绘制一幅画作。她通过代理人弗拉·彼得罗·达·诺韦拉拉（Fra Pietro da Novellara）与列奥纳多取得联系，这个不幸的代理人被迫给伊莎贝拉写了多封书信，试图婉转地表达列奥纳多无意为她画像的事实。最终他以列奥纳多被诸事缠身的借口打消了伊莎贝拉的念头。弗拉·皮特罗在一封信里提到了一幅素描，根据日期应该就是瓦萨里所说的那幅。弗拉·皮特罗描述说，小耶稣在离开母亲怀抱的同时抓住一只羊羔，他似乎正在将羊羔抱进自己的怀里。伯灵顿宫的底稿中没有羊羔，因此一些评论家认为列奥纳多为圣母领报修道院所画的素描，就是他的卢浮宫油画的草稿。显然他们没有足够仔细地阅读弗拉·皮特罗在信中的描述：

> 圣母从圣安妮的腿上半站起身来，把圣婴从象征着受难用于献祭的羊羔边抱走。这时，圣安妮也从座位上微微起身，看上去就像她正要阻止女儿将孩子与羊羔分开。这一举动或许象征着教会并不希望阻止耶稣的受难。这些形象虽然都有真人大小，但是因为它们都处于坐姿或屈身的姿态，所以作品的纸张并不大，人物的位置前后叠加，并朝左侧延伸。

图 62 《圣母子与圣安妮和施洗者圣约翰》，约 1505—1507 年，英国国家美术馆，伦敦，原藏于伯灵顿宫

这段文字对素描做了清晰的描述，可以看出与卢浮宫油画所表现的内容并不相符。油画中的圣安妮并没有做出任何阻止女儿的举动，并且人物排列的走向并非向左而是向右。不过在威尼斯学院美术馆中还有一幅草图却非常接近于诺韦拉拉在信中的描述，也许可以看作我们了解 1501 年那幅素描的最佳证据。[1] 在回到佛罗伦萨一段时间后，列奥纳多在 1503 年重新拾起了这一题材的创作，而这一次的成果，就是我们知道的那幅原藏于伯灵顿宫、现藏于伦敦国立美术馆的巨大底稿。曾经有人根据并不是太充足的证据，认为这一作品完成于 15 世纪 90 年代后期，即列奥纳多离开米兰前不久。但现在我确信，这幅画作的完成时间要远远迟于这一时期，估计在 1505 年左右。此外，大英博物馆中还有一件处于草图阶段的类似作品（见图 63），与温莎城堡的一幅确定完成于这一时期的跪姿勒达画作之间也存在着相似之处。抛开细节方面的问题，伯灵顿宫底稿中整组人物所体现出来的具有雕塑性的宏大体量感，让人联想到了米开朗琪罗首个史诗阶段的佛罗伦萨艺术。而牛津博物馆中也确实藏有一幅米开朗琪罗的同类题材的素描，但是很难说是否受到了伯灵顿宫底稿或是 1501 年的那幅素描的影响。

在伯灵顿宫底稿中，列奥纳多对画面题材做出了一个明显的改变。他将幼年耶稣屈身向前拥抱作为受难象征的羊羔的动作，改成了他正在给少年圣约翰赐福，就像他在《岩间圣母》中所做的一样。我们知道，施洗者圣约翰在佛罗伦萨宗教生活中有着极高的地位，因此他在伯灵顿宫底稿中被赋予如此显著的角色，同样可以被视为该画作完成于列奥纳多佛罗伦萨期间的证据。而列奥纳多在 5 年后完成于米兰的那幅《圣母子与圣安妮》则又回到了羊羔的题材上，但是没有了诺韦拉拉描述的那种人物关系之间的张力。

人们普遍认为伯灵顿宫底稿是列奥纳多最为动人的作品之一，它甚至得到了

---

1. 在本书的早期版本中，我接受了威廉·绥达（Wilhelm Suida）教授提出的假设，见《列奥纳多与他的交际圈》（*Leonardo und sein Kreis*，慕尼黑，1929 年，第 131 页），即 1501 年的那幅素描是根据柏林博物馆中一幅布雷西亚尼诺的画作创作的。但是，我现在认为这幅画作与列奥纳多之间并没有直接的联系，因此不足以作为可接受的证据。（英文版编者按：见序言第 XXXVI 页。）我之前还接受了当时的观点，即伯灵顿宫底稿的创作时间要早于 1501 年的那幅素描，并完成于米兰。波普汉（Popham）和庞西（Pouncey）在他们出版于 1950 年的《大英博物馆中的意大利画作》目录中首次对这一观点提出了质疑。我对他们提出的论据表示完全信服。伯灵顿宫底稿应该在下一章节中得以论述，但是坦率地说，我认为还是不对本书的原始布局进行过多的颠覆为佳。

图63 《圣母子与圣安妮和施洗者圣约翰》习作，约1505—1507年，大英博物馆，伦敦

贝伦森先生的褒奖。[1] 他说："画面所体现出的优雅的理想化人性，带着一种真正的古希腊遗风，可以说并不逊色于古希腊艺术。除了二十几个世纪前那些成群矗立在帕特农神庙三角山花上的女性雕像，人们很难在别处找到把衣纹覆盖下的形象塑造得如此自然的作品了。"热衷于神秘事物和刺激的列奥纳多，在本质上并未受到古希腊风格的影响，他作品中体现出来的古典主义元素——如几何学的运

1. 《对意大利艺术的研究与评价》(*In The Study and Criticism of Italian Art*)，1916年，第三册，第1～37页。

用——实际上要归功于他的研究，而非审美倾向。但是在这幅素描中，他所描绘的衣纹在其质感和流畅性上，与命运女神的组雕确实有着惊人的相似度。这也证明了列奥纳多的研究在多大程度上让他与古典主义的传统产生了共鸣。而这幅素描也印证了我们对他作品存在的一种普遍印象，那些带着笑容的模糊头像，柔和而神秘的目光，明暗对比和均衡构图这两种高调使用的技法，在画面中都被表现得恰到好处。所以，现在正是回到我们在对《绘画论》进行探讨时曾提出的那个问题的最佳时机，到底列奥纳多对阴影和扭曲动态的研究在多大程度上导致了其晚期作品中存在的某种冷淡和造作的感觉？

如果理论是感知力在智力层面的真实反映，就像透视法对皮耶罗·德拉·弗朗切斯卡来说，可以为他的作品添加额外的紧凑感和连贯性；如果将理论作为幻想的前提，它们确实具有启示作用，就像是透视法之于乌切洛，或是风格主义之于埃尔·格列柯；但是，如果画家把自创的学术主义强加于创作中，同时又压制了自己天生的感知力，就像拉斐尔、莫奈等许多画家那样，这种情况对他们来说，就是灾难性的。和乔治·修拉（Georges Seurat）一样，列奥纳多的创作状态似乎徘徊于上述两者之间。列奥纳多的绘画理论反映了他的创造天性，但是在进行思想阐述的过程中，他的理论却显得过于呆板和有限。比如，他对扭曲动态的偏爱出于其天性，这一点从他最早期的作品便可以看出；当其绘画的形式变得更加不受束缚时，这种偏爱也变得更加明显了。列奥纳多对海浪、绳结以及卷曲的头发等事物的反复研究，并非出于他对绘画理论的追求，而是为了满足其天性使然的嗜好。但是，他同时又将这一本能纳入了他的绘画理论，他提到“要始终确保人物的躯干与头部转向不同的方向，头部与手臂的动态要表现得从容舒缓，同时加入不同的转动和扭曲”。在明暗对比法的实践中，列奥纳多从未使用过文艺复兴早期艺术中常见的明快色彩。他的大部分早期作品，都可以通过画面中神秘的黄昏色调得以辨别。而他的这一本能，也可以在本书所描述的他对自然界光影所进行的科学观察中得到印证。这类研究行为导致的一种结果，我认为是列奥纳多的光影理论让他将明暗对比法的运用发展到了一种超越其感受力所能胜任的程度。对此，我们将在审视第二个版本的《岩间圣母》时发现相关的例证。卢浮宫的《岩间圣母》显示了列奥纳多对总体场景中阴影部分的自然感受，但是，画面中的人物形象却是处于散射光线的照射中。而伦敦国家美术馆的《岩间圣母》中，光线则来自单一光源，并且集中在人物头部，以至于每个人物的大部分身体都处于阴影之中；结果便是画面色彩和清晰度的缺失，这不禁使我们遗憾地想到了一些列奥纳多效仿者的作品。在列奥纳多的作品中，不论明暗对比和均衡构图呈现出了何种效果，在模仿者的作品中往往都是灾难性的。他们只看到了一种风格，却没有真正领悟到这一风格背后的机制，这一点对于平庸的画家尤其危险。一幅文艺复兴早期风格的平庸画作依然可以通过其明亮的装饰性色彩体现出一些价值，即便是粗俗的画风也可能成为其魅力的来源；但是一幅仿造列奥纳多风格的平庸之作，所具有的却是漆黑的阴影和扭曲的形体导致的惨状。

明暗对比和均衡构图这两种技法的影响，远远超越了列奥纳多自己的圈子，瓦萨里精确地把二者视为欧洲绘画历史的转折点。使画面中的主要线条以对角方式排列，从而将观众的目光引向背景的意图，以及认为画面动态应该通过平顺连贯的曲线来呈现，成为巴洛克风格的主要标志。当然，在列奥纳多和巴洛克画家之间也存在着重要的区别。对于他来说，画面动态的表现只局限于脱离背景存在的主要人物身上，就像是透过窗户看到了一尊雕塑；而在巴洛克画派中，对角线上的扭曲动态则会延伸至整幅画作。但是，作为首位创造出真正意义上的巴洛克画作的艺术家，科雷乔却从未谈及列奥纳多对他的影响。

在利用光影方面，列奥纳多是他的身后所有欧洲绘画流派的先驱。继乔托之后，是他将欧洲绘画引上了一条区别于世界上其他绘画风格的道路。在他之后，没有人能够再回到从前那种以线条为主的清淡风格，即瓦萨里口中“单调粗陋的风格”（maniera secca e cruda），直至年轻画家让－奥古斯特·多米尼克·安格尔（Jean-Auguste Dominique Ingres）横空出世。欧洲艺术中的这一趋势通常被称为艺术的科学化，我们目睹了其创造者在科学的前提下开始的这一趋势。然而，强烈的明暗对比自始至终都被作为情感表达的载体，而不是作为绘画科学的一个分支。例如，伦勃朗就是所有伟大的画家中最不注重绘画科学性的一位。而列奥纳多在他的所有作品中，尤其是伯灵顿宫底稿，对明暗对比法的运用都带有强烈的浪漫主义色彩，而这与《绘画论》中的科学性图示并无关联。

1501 年 4 月 14 日，在对圣安妮素描进行描述的几天后，诺韦拉拉又在写给伊莎贝拉的信中，提到了他经人介绍见到了列奥纳多，并发现他正在为法国国王的秘书弗洛雷蒙·罗伯特（Florimond Robertet）创作一幅圣母子题材的绘画。诺韦拉拉以其一贯的精确性描述了该作品：圣子抓过了母亲的卷线轴，像举

图 64　列奥纳多和其工作室（？），《圣母子与卷线轴》，约 1501 年，巴克勒赫公爵（Duke of Buccleuch）藏品

着一个十字架一样，将其举起并对它投以深情的注视（见图 64）。这幅作品的原作已经遗失，但是根据数件幸存至今的复制品，我们可以看出这应该是列奥纳多最受欢迎的作品之一。这也很容易理解。文艺复兴时期的公众舆论和如今一样，都被保守的观点所占据，而列奥纳多在当时必然会被认为是一个不愿随大流的艺术家。在当时，佩鲁吉诺通常被认为与列奥纳多有着同样高的地位，有时甚至更受欢迎。因此我们可以想象，当列奥纳多为委托人画了一件不输于佩鲁吉诺的柔情之作时，他的委托人所感到的那种欣慰，这种在列奥纳多早期作品中常见的情感体现，正是他们所期待并能理解的。通过该画作最好的复制品，[1]我们能判断《圣母子与卷线轴》在风格上接近卢浮宫的《岩间圣母》。画作情感的表达与《岩间圣母》里跪姿的圣母被玩耍的儿童围绕十分相似，这说明了列奥纳多依旧可以在画面中轻松地营造出他第一个佛罗伦萨时期作品中的那种愉悦温馨的氛围。我们可以猜想，这件作品的创作过程与《蒙娜丽莎》类似，较其早期的圣母形象来得更加微妙扎实。不过我们对此所掌握的唯一证据，是一幅藏于温莎城堡的展现圣母肩部的红色粉笔习作（见图 65），习作中的形象兼具扎实的结构感与安东尼·华多人体作品所具有的泛着珠光的皮肤质感。

《圣母子与卷线轴》是我们所知道的最后一幅早于 1502 年的作品，因为在这两年中，列奥纳多几乎将他的时间全部用在了其他方面。“他努力地研究着几何学，失去了画画的耐心。”诺韦拉拉在一封信中写道。而在另一封信中则有：“他的数学实验严重地影响了他的绘画，甚至一看到画笔，他便会恼羞成怒。”最终，列奥纳多选择了与 20 年前相同的方式来逃避绘画，他又一次成了军事工程师。而这一次，他的使命却更为严肃，因为雇用他的人正是切萨雷·波吉亚。

和列奥纳多一样，切萨雷对其极具野心的目标保持着极端务实的态度，虽然现在看来，他的想法似乎有些好高骛远。但是与列奥纳多不同的是，他的新主人还拥有将目标推进到底的意志。这份新的职责，耗费了列奥纳多所有的精力。5 月末时，他在皮翁比诺制订抽干沼泽地的方案；6 月，又被切萨雷的一名队长维

---

1. 纽约一私人收藏 [原属于罗伯特 · W. 雷夫德（Robert W. Reford）收藏]，以及布克莱公爵收藏（Collection of the Duck of Buccleuch）。后者曾被穆勒（Möller）鉴定为原作，但似乎是一件优秀的工作室复制品。画面中未被覆盖的风景显示此画出自一位佛罗伦萨画家之手。（英文版编者按：克拉克后来在 1974 年 5 月 17 日写给公爵的信中所表达的看法是：该作品出自列奥纳多的工作室，人物头部的精细程度足以称得上是列奥纳多的手笔。）

图 65 《圣母子与卷线轴》习作，1501 年，英国皇家图书馆，温莎城堡

特罗佐·维特利（Vitellozzo Vitelli）召至阿雷佐（Arezzo），以协助他在一场叛乱中对抗他的佛罗伦萨同乡。为此，列奥纳多绘制了数份优美地图，如今这些地图都收藏于温莎城堡中。6 月 20 日，他跟随着切萨雷对乌尔比诺发动了背信弃义的进攻，列奥纳多在军队中逗留了一个月，在此期间他似乎一直紧随于维特罗佐和他神秘的雇主身边。也是在这个时候，列奥纳多与文艺复兴时期的另一位伟大人物尼克洛·马基雅维利（Nicoolò Machiavelli）首次相遇，马基雅维利在 6 月作为佛罗伦萨的全权特使造访了乌尔比诺，两人在此后注定将成为密友。8 月份，列奥纳多则去了切塞纳（Cesena），在那里，他很有可能为切塞纳港口

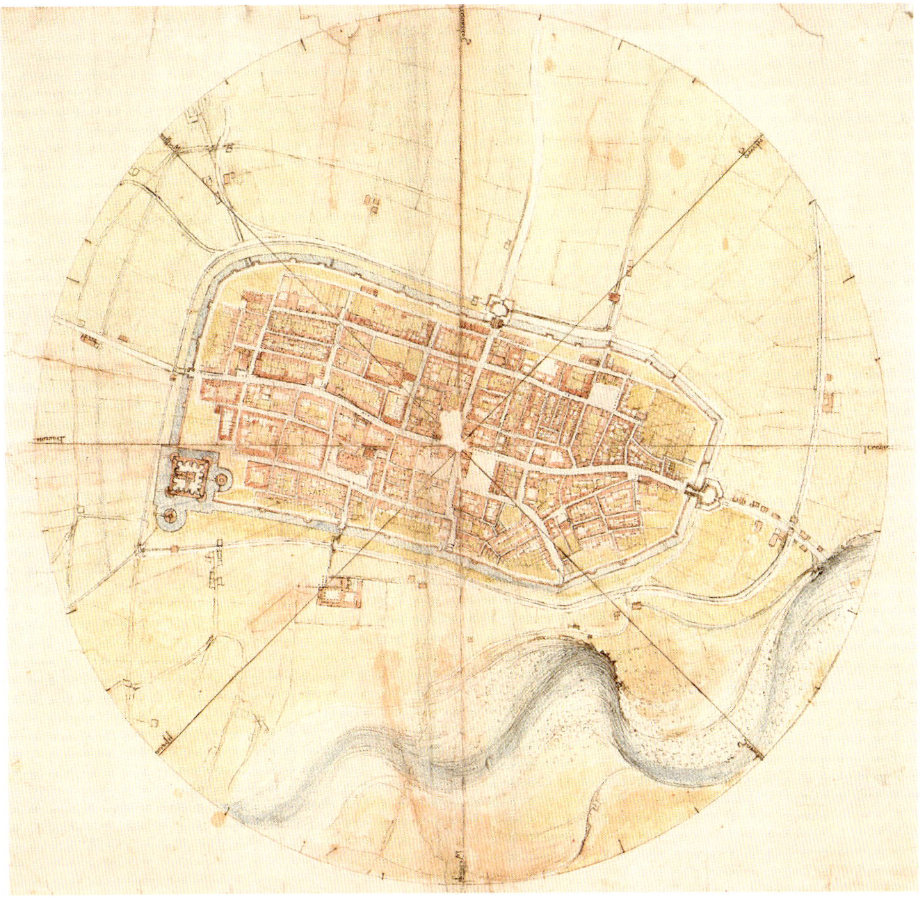

图 66　伊莫拉地图，约 1502—1503 年，英国皇家图书馆，温莎城堡

设计了一条运河，并留下了数量客观的城市防御计划，其中一些得以幸存至今。在此期间，他还得到了切萨雷的一份特许书，切萨雷不仅在其中将他称为“我们尊贵且热爱的家族建筑师及总工程师”（nostro prestantissimo et dilectissimo familiae architetto et ingegnere generale），并且赋予了他工作中绝对的指挥及征用权。8 月份时，列奥纳多和他的主人被围困在伊莫拉长达数周之久（见图 66），或许正是在这段难得的迫于无奈的闲散时间里，列奥纳多才得以为切萨雷画出那幅现藏于都灵的红色粉笔头像。在这幅头像中，列奥纳多饶有兴趣地从三个不同的角度表现了切萨雷金色卷曲的胡子，或许可以说，画中人物带着丢勒风格的奇特北欧人形象，显得与其他波吉亚家族成员截然不同。列奥纳多向来对动

荡的生活心向往之，而且这样的生活之前从来没有以如此慷慨充实的姿态展现于他面前。不过，这样的生活也有其阴暗面，1503 年 12 月 31 日，列奥纳多的朋友维特罗佐·维特利被切萨雷下令绞死，而列奥纳多也在两个月之后回到了佛罗伦萨。此后的三年，或许是画家列奥纳多艺术生涯中最为高产的时期。

在他的一封早期书信中，诺韦拉拉提到列奥纳多的两个学生在绘制一些肖像，而列奥纳多会时不时地添上几笔。这一做法，显然从他在米兰生活的后期就开始了；因此也留下了一些让后世鉴定家们感到困惑的肖像作品，比如说布雷拉美术馆中那幅写有“Vita si scias uti longa est”（如果知道如何使用，生命就会很长）字样的男性肖像，应该就是这类师徒合作的产物。通过诺韦拉拉对列奥纳多工作室运作情况的描述，我们显然很难判断他的哪位学生参与了创作，特别是在对这些学生的个人风格知之甚少的情况下。我曾说过，博尔特拉菲奥是少数几个优秀学生之一，我们可以通过其作品，发现一些他在列奥纳多工作室期间可能参与过哪些画作的证据。而以布雷拉美术馆中两件怪异的祭坛画而闻名的马可·德奥吉奥诺，作为最早被记录在案的列奥纳多的学生之一，他或许在布雷拉美术馆的那幅《圣母升天》中部分参考了他老师的构图。此外，我们无法在其他任何列奥纳多工作室作品中，找到他那令人异常反感的风格的影子。瓦萨里告诉我们：“据说有一些米兰期间的作品出自沙莱之手，却又经过了列奥纳多的润色。”但是没有任何证据可以证实这一说法，除非我们把列奥纳多草图上的一些幼稚涂鸦也当作证据。甚至有一些学者在情急之下，创造出了一个假想的学生：绘制阿奇托肖像（Archinto potrait）的大师，一个博尔特拉菲奥的替身，所谓的吉安佩特里诺（Gianpetrino）。列奥纳多的笔记中还记录了大量我们对其一无所知的学生，巴托洛米奥（Bartolommeo）、波尼法齐奥（Bonifazio）、洛伦佐（Lorenzo）、朱利奥（Giulio）、加莱佐（Galeazzo）、班内德托（Benedetto）、格拉多（Gherardo）、乔亚蒂（Joatti）、阿里戈（Arrigo）和伊尔·方弗亚（il Fanfoia）。当时，列奥纳多在米兰的工作室中，必定聚集着各类能工巧匠来完成他为斯福尔扎所做的种类繁多的设计，所以他在笔记中提到的许多学生，应该有机械制造师、锁匠、玻璃匠等。列奥纳多回到佛罗伦萨后，他工作室中的学生大部分应该是画师，但是也有一两个例外，如西班牙人费尔南多·德·拉诺斯（Fernando de Llanos），我们找不到这些学生后期艺术生涯的任何线索。同时，我们还必须假设，在列奥纳多的工作室中，凭借着老师的帮助和激励，这些学生的绘画技巧都达到了一种统一的极高境界，以至于其个人风格在工作室作品中完全没有办法得以辨识。

在他于1503年回到佛罗伦萨后，列奥纳多还是独立完成了一幅肖像作品：《蒙娜丽莎》（见图67）。虽然这幅肖像留存至今，但是已经不再是列奥纳多希望我们看到的模样了。在对原作进行审视前，我们应该先阅读一下瓦萨里对它的描述：

> 肖像的双眼泛着只有真人眼中才有的那种水波的光泽，眼睛周围有着红润的色泽和只有通过最微妙的笔触才能表现出来的睫毛。有着优雅鼻孔的鼻子呈现粉红的柔软质感，仿佛正在呼吸。嘴唇的血色和脸庞的肤色共同组成的嘴部看上去不像是用颜料画出而是真实的皮肤。

红色、粉红、柔软，这些词语像是对让－奥诺雷·弗拉戈纳尔（Jean-Honore Fragonard）作品的描述，谁会想到这是在形容卢浮宫那位海底女神呢？

在当时瓦萨里的眼中，蒙娜丽莎必定有着无比精致美丽的容貌。相信瓦萨里对其鲜活红润的色彩的表述是非常准确的。即使现在，她也显得非常美丽，天知道，如果我们能以恰当的方式观察。任何有幸能获准将她从室内的墙上取下，拿到自然光线下进行观赏的人，都无法忘记作品这时所产生的神奇转变。画作在观众面前所展现出的雄伟高贵的存在感将远超出人们的想象，观众也不会再将其视为深海中的女神。瓦萨里所赞颂的那种温润的活力在阳光中回到了她的身上，唤醒了她的脸庞和嘴唇，[1]由此我们也能理解为何瓦萨里首先将其视为一件写实主义的杰作。因为首先占领瓦萨里思绪的，是造型上那种出神入化的微妙细节，以及体面与体面、色调与色调之间那种无法察觉的过渡，几乎没有任何其他画家能在不显得琐碎、精确控制质感的同时做到这一点。画作的表面有着一种新鲜鸡蛋的脆弱感，然而却充满活力。正如佩特所形容的：“从内部散发出来的美，直至充满肌肤的每个细胞。”在我看来，这句话比其他所有评价都更能传达列奥纳多的真实意图。

---

1. 事实上，画作的脸部还保留着许多色彩，经过清洗或许可以重见天日，但是谁又敢对她进行清洗呢？

图 67 《蒙娜丽莎》，1503 年，卢浮宫，巴黎

过分的熟悉让我们对蒙娜丽莎姿态所具有的美感视而不见。我们似乎并没有认为这一如此简单、具有决定性的姿态是一个形式感上的伟大发现，直到我们在拉斐尔的《玛德琳娜·多尼》(*Maddalena Doni*)、柯罗（Jean Baptiste Camille Corot）的《戴珍珠的女士》(*Dame à la Perle*）中重新发现了这一姿态。当理想化的暗示作用有所减弱时，我们才能更为自由地对形式感的关系进行审视，由此我们看到在拉斐尔的作品中，贯穿人物头、胸和手的轴线是如何经过仔细的计算以让我们感受到那种均衡完整的动态。一系列由学生所作的裸体蒙娜丽莎的复制品，可以作为当时的人们已经认识到列奥纳多这一创造重要性的证明。列奥纳多很有可能为此先创作了一幅大型的草图，以便对这一姿态的潜在影响有一个更加完整的认识，而这幅草图又演变成了他学生的多个版本，其中就包括如今保存在尚蒂伊（Chantilly）的一幅出色的素描。还有一件以蒙娜丽莎形象示人的裸体画作，在16世纪早期的法国曾广为人知。那时候，这也是枫丹白露派画家有时在描绘皇室成员沐浴场景时的一种常用的手法。

一旦我们离开这些纯粹的历史性思考，马上就进入一个被迷雾和海市蜃楼包围的领域。首先，佩特那些不朽的词句在英国评论家的耳中不断回响，并使他们感到难堪，似乎在提醒评论家们，相比之下，任何对《蒙娜丽莎》的描述都会显得贫乏和浅薄。但是《蒙娜丽莎》却属于那种每一代人都必须对其进行再次阐述的作品。如果像瓦雷里一样，将她的微笑仅作为脸上的皱褶进行调侃，无异于承认自己的无能，并且也是对列奥纳多的误解。因为蒙娜丽莎的微笑，正是列奥纳多希望表现的那种错综复杂的内在生命力的最佳例证，这一被捕捉并固定于永恒画面中的瞬间，也是列奥纳多在其所有相关的论述中所宣示的艺术的主要目标之一。而艺术家必须穷尽所有的技巧，才能够抓住这一转瞬即逝的瞬间。我们尽可以相信瓦萨里的故事，关于“列奥纳多在作画时请音乐家在一旁演奏歌唱，以及不停地讲笑话，只为驱赶画家们通常为绘制肖像画而添加的忧郁情绪”。而且，我们也必须记住《绘画论》第135段中所描述的，只有在暴风雨夜晚的光线下，才能在人们的脸上看到最柔和的表情。在这种对强烈阳光的逃避中，我们再次感受到了列奥纳多性格中反古典，或许也可以说是非地中海的一面。佩特说过：“把她放置在那些洁白的希腊女神或者古典美人旁一会儿，就会看到她们如何在这样的美丽面前，陷入一种灵魂和所有痼疾所呈现的困境。”蒙娜丽莎的微笑，在本质上是一种哥特式的微笑，一种属于女皇、兰斯（Rheims）或瑙姆堡

（Naumburg）圣徒的微笑。但是，因为列奥纳多心中对美的理想化标准同时也受到异教古典审美的影响，所以，蒙娜丽莎与那些哥特圣徒的形象相比，要显得更为柔和且充满了肉欲。相对于哥特圣徒的清澈，蒙娜丽莎则是晦涩的。如果哥特圣徒的微笑是纯粹的精神启发，那蒙娜丽莎的微笑中便含有某种世俗、警惕和沾沾自喜的成分。

这件被列奥纳多的心魔所占据的作品，让我们忘记了将其作为一幅肖像来看待，无疑，她惟妙惟肖地呈现了一位24岁的年轻佛罗伦萨女性的形象。人们通常将她形容为列奥纳多心中美的典型，但这一说法却是不正确的。因为《岩间圣母》中的天使以及另外两个圣安妮的形象，才是列奥纳多眼中理想的女性美，她们更为宁静和匀称。但不管怎样，蒙娜丽莎必定反映了列奥纳多眼中某种内在美。否则我们就无法解释为何他拒绝了教皇、国王和公主们的委托，穷尽毕生所学，花了三年时间，为一位默默无闻的佛罗伦萨公民的第二任妻子绘制肖像。在对这位曾经的佛罗伦萨女性与画家思想的产物之间的关系进行思考时，我们或许可以参考佩特的看法："是一种怎样的奇特关系，让画家的梦想和被描绘的人物之间显得既相互独立又紧密相连。"至少我们可以肯定，列奥纳多对她的感受并非普通男性对于一个美丽女人的感受。列奥纳多将这种女性肉体上的美视为某种神秘的，甚至带有些许反感的刺激，类似于一个男孩可能在他母亲身上所感受到的吸引力。这种在列奥纳多身上常见的正常感受的缺失，让我们不禁犹豫和战栗，像是一座美丽的建筑中，突然吹入的一阵冷风。

在蒙娜丽莎身后，一排延伸开去的岩石林立的山峰映衬着她的微笑所表达的情绪，这类最具列奥纳多特色的风景与其围绕的人物有着同样的典型性。在这里，我们或许应该适当地脱离主题，从整体上探讨一下画面背景的意义。列奥纳多在他最早期的作品中，就认为画中唯一恰当的背景，应该由一系列奇幻的山峰组成。他本能地抛弃了韦罗基奥工作室中教授的风景画法，即佩鲁吉诺画中那种略带起伏的平静背景，还有当时佛罗伦萨画家效法的佛兰德斯艺术整洁的人造风景。对他来说，画中的风景似乎是对自然原始荒蛮的呈现，那里是人类生命所处的广袤且未经驯服的舞台。所以，列奥纳多画中的山峦，与传统中国绘画中那些陡峭的绝壁之间存在相似之处绝非巧合。因为中国画家同样希望在画中表现出未开化的自然和忙碌有序的人类社会之间的对比。但是，在列奥纳多和中国画家之间，却存在着一个巨大的区别，对于中国画家来说，山景主要充当了一种象征，一种表示孤独和天人合一的符号，这套系统经由画家所控制的一种最为精炼优雅的方式来表现。但是对于列奥纳多来说，风景和人类一样，都属于宏大整体的一部分，而我们可以对整体进行有步骤的探索，直至掌握其全貌。画中的岩石就不只是一种装饰性的轮廓，而是地球骨骼的一部分，形成于地壳变化并有着自己的解剖结构。云，也不是什么天外画家随意勾勒的卷曲笔触，而是海洋中蒸发的水汽形成的聚合，并很快会以雨的形式回到河流中。

所以，无论列奥纳多选择了何种不切实际的对象作为风景的一部分，他从未像中国画家一样创造出不符合自然规律的景观。想要认识自然现象背后所蕴含的复杂原理，我们只需把《蒙娜丽莎》的背景与现藏于柏林的为《耶稣复活》所作的风景草图进行比较，这是最具浪漫色彩的画作与教科书式画作之间的比较，《耶稣复活》里山峰的安排就像是木偶剧场中的布景。

我们选择列奥纳多完成《蒙娜丽莎》的这一时期，来对他绘画中的风景进行审视，因为温莎城堡中还藏有一系列同属于这段时期的风景习作。其中一幅表现风暴席卷阿尔卑斯山谷的红色粉笔画（见图 68）要早于《蒙娜丽莎》几年，与其类似的一系列风景写生作品，可以被视为《蒙娜丽莎》背景的前身。列奥纳多在该作品中将庞杂的全景压缩进几英寸大小画面的方法，让人想到了透纳的作品，尽管在这种浪漫主义的题材上，我们还是感觉意大利艺术对形式感的把握与透纳的作品相比显得不够稳定。

列奥纳多在 1503 年左右所画的风景作品中，浪漫主义的色彩有所减少，显示出他在之前几年中所从事的实际工作对他所产生的影响，比如，他受切萨雷·波吉亚之命完成的地图绘制，以及对水域和运河系统的研究。出于这些目的，列奥纳多所绘制的作品大都有着较高的视角，并且包含着河流或运河，有些几乎是鸟瞰图。其中最为精美的，是一些有着短小的熟练笔触，用淡色墨水所画的无可替代的作品（见图 69）。这些作品带有一种日本式的梦幻色彩和对画面重点精确的空间安排，就好像列奥纳多将一些现实生活的元素纳入了他理想化的风景。这个过程，就好比由传统中国画到葛饰北斋和安藤广重笔下浮世绘的转变。

列奥纳多对自然事物的广泛兴趣还体现在一组植物习作中，这些习作与上文提到的全景风景作品大致完成于同一时期。他对植物的描绘，贯穿其整个人生。乌菲兹美术馆的《圣母领报》中的草地、慕尼黑《圣母子》中的花卉都已经体现出他对植物内在机制的理解。瓦萨里和《匿名者书》均提到过一幅如今已不知所终

图 68 《阿尔卑斯山风暴》，约 1503 年，英国皇家图书馆，温莎城堡

的关于亚当和夏娃的作品，以及作品中“开满无数鲜花的草地”。还有本书第 53 页作品清单中的第二项“许多鲜花，写生”的作品如今也已不复存在。现在知道完成于这一时期的，仅有植物作品收录于法兰西学院手抄本 B 卷，并与《岩间圣母》有一定联系。

现藏于温莎城堡中的 10 件关于花和种子的习作，完成于 1503—1506 年这一较晚的时期。从技巧上看，它们可以说是列奥纳多最令人惊叹的作品之一（见

图 69 《河流、运河及山上城堡》习作，约 1503 年，英国皇家图书馆，温莎城堡

图 70、图 71)。其中大部分用红色粉笔在经过处理的纸上绘制。虽然红色粉笔的色彩表现力要强于精确性，但是列奥纳多还是赋予了这些作品极高的精确度。除华多以外，似乎无人能将粉笔削到如此细尖的程度，更别说用其作画了。在其余的植物作品中，列奥纳多又使用了墨水笔以提高精确度。在最为精美的作品中，墨水笔与粉笔的结合运用，赋予了画面层次极为丰富的色调，以至可能仅仅其表面的效果就能吸引一个学艺不精的画家。以这种技法绘制的杰作要属一幅被卷曲的草所包围的伯利恒之星的习作（见图 72)，画中植物的表现，结合了列奥纳多充满韵律的手部动作和他对事物细微之处的准确观察力；所以，抛开作品中所有的意图、戏剧性和功能性后，这株小小的植物成了列奥纳多艺术成就最本质的象征。

我们依旧难以判断绘制这些习作的目的，究竟是为其自身的创作，还是为其他的绘画积累素材。不过，我们可以确定列奥纳多曾将这些习作中的植物题材用在了一件作品中，那就是已经丢失了的《勒达与天鹅》。现存的所有复制品，都

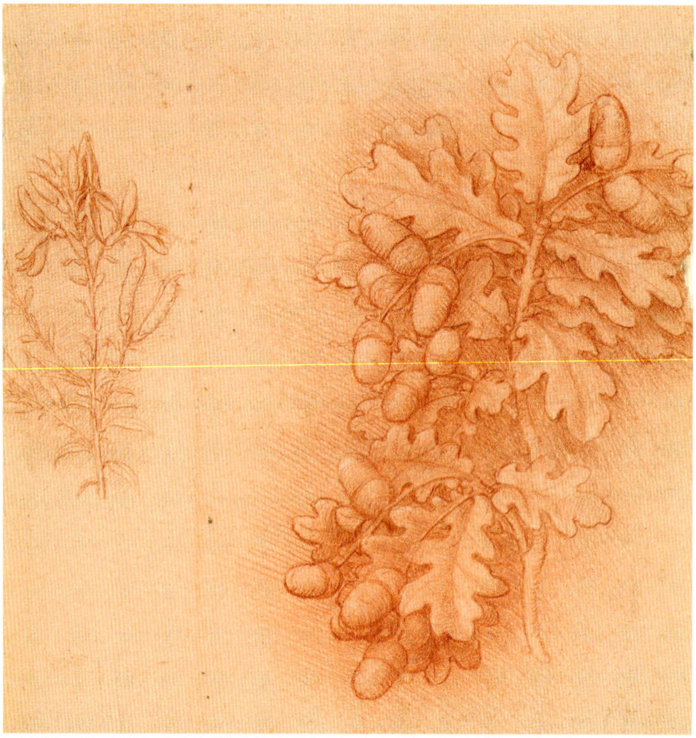

图 70 《橡果和染工的绿草》习作，约 1506 年，英国皇家图书馆，温莎城堡

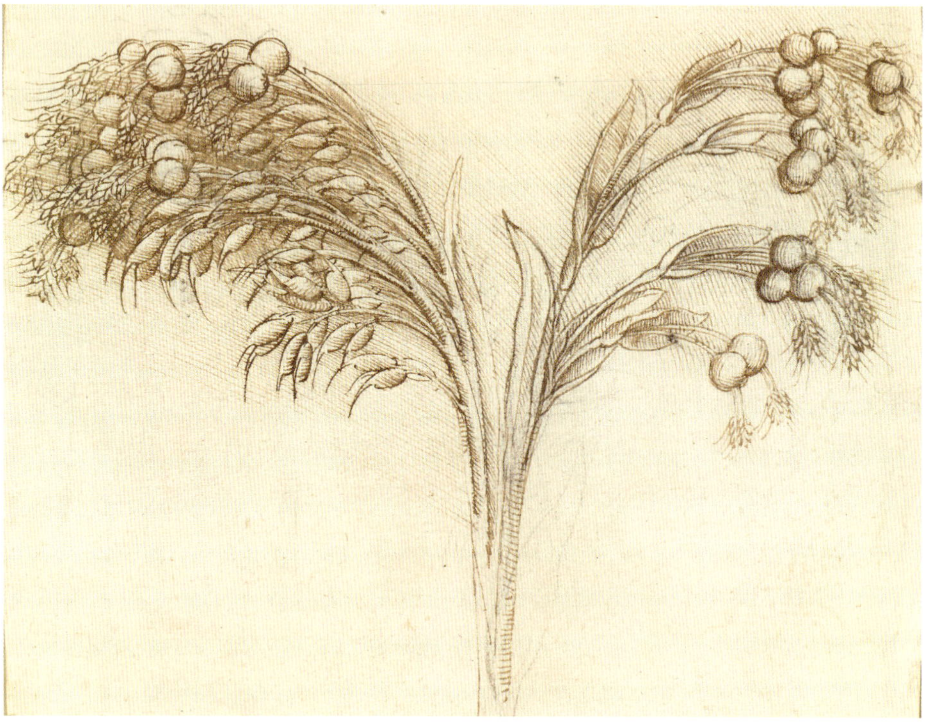

图 71 《植物》习作，约 1506 年，英国皇家图书馆，温莎城堡

图 72 《伯利恒之星、大戟和其他植物》习作，约 1506 年，英国皇家图书馆，温莎城堡

显示了这幅画作中包含着大量的植物元素；即便以列奥纳多作品的标准来看，其丰富程度也是十分惊人的。《匿名者书》和洛马佐都曾记录过，一幅列奥纳多所画的《勒达与天鹅》在 16 世纪被带到了法国。卡西亚诺·德尔·波佐曾于 1625 年在枫丹白露宫见过这幅作品，并对其进行了这样的描述：“一个几乎全裸的站姿勒达，在她脚边是一只天鹅和两枚破碎的蛋，还有破壳而出的四个婴孩。这件作品尽管在风格上有些枯燥，但是绘制却十分精美，特别是对女性乳房的塑造。除此之外，画中的风景和植物都得到了最为细致的表现。可惜的是，这件作品的状

态不佳，因为它是被画在三块很长的木板上的，而裂开的木板造成了画面的部分损坏。”这件作品在1692—1694年时，仍存在于枫丹白露宫的收藏清单中，但是此后却从清单中消失了。卡罗·哥尔多尼（Carlo Goldoni）在1775年拜访凡尔赛宫时，也没有找到该画的任何踪迹或是人们对它的记忆。他还补充道，这件作品也不在已经被损毁的皇室收藏清单中。不过，他出于自身信仰原因所认为的，该画作由于有伤风化而被曼特农夫人（Madame de Maintenon）下令烧掉却是没有事实依据的。

根据卡西亚诺·德尔·波佐的表述，这件《勒达与天鹅》应该属于列奥纳多

图73 《勒达与天鹅》习作，约1506年，英国皇家图书馆，温莎城堡

图 74 拉斐尔，临摹列奥纳多《勒达与天鹅》的习作，
约 1506—1508 年，英国皇家图书馆，温莎城堡

最大且最重要的木板油画之一，因此也值得我们花费一些精力，以准确地重现它。我们手头也掌握了相对较多的素材，首先是列奥纳多所画的勒达头胸像（见图73），[1]还有拉斐尔参考列奥纳多的草图所画的墨水笔素描，包括勒达、天鹅和一个婴孩（见图 74）。此外，还有一幅藏于卢浮宫的该题材红色粉笔画，由列奥纳多一个亲近的学生和同时代的画家所画。

我们可以将这些相关作品分为两个不同的类别。第一个类别包括拉斐尔的素描、卢浮宫中的粉笔画、一幅博尔盖塞美术馆（Galería Borghese）中由朱利亚

1. 藏于温莎城堡。

诺·布吉阿迪尼（Giuliano Bugiardini）画的作品，以及一幅原属于 M. 里希顿（M. Richeton）收藏的作品。这些作品中所展现的勒达上身大幅度地转向一侧，以至于她左边的乳房呈完全的侧面轮廓，她的右臂几乎垂至胯部，她看上去像是在极力地避开天鹅的喙。与第二个类别相比，除了在拉斐尔的作品和里希顿的藏品中，有几乎相同造型的单个婴孩出现外，第一个类别的其他作品中并没有表现婴孩形象。由于拉斐尔的这幅素描属于他在佛罗伦萨的创作时期，因此我们可以肯定其完成时间要早于 1504 年。此外，我们或许还可以推测这件处于草稿阶段的作品中的婴孩形象只是作为示意存在。第二个类别中的作品则全部参考了列奥纳多的原作，并且全部出自米兰画家或是非佛罗伦萨画家之手。这一点暗示了列奥纳多的原作完成于他回到米兰后的阶段。并且他显然觉得草稿中勒达身体的扭曲对最终的作品来说过于强烈，因此对其进行了明显的修改。结果这种减弱后的动态导致了画面戏剧化张力的消失，并使人物姿态显得有些造作。而通过所有复制品中相同的婴孩形象，也可以看出列奥纳多在原作中对四个婴孩的安排。第二个类别的所有复制品中与列奥纳多原作最为接近的是藏于威尔顿庄园的那幅，几乎可以肯定出自切萨雷·达·塞斯托（Cesare da Sesto）之手（见图 75），该画作极有可能在 1507—1510 年完成于列奥纳多的工作室。切萨雷对风景所做的改动体现了他个人的风格，但是画中勒达的精致发型，却和温莎城堡中列奥纳多的习作一模一样。[1] 而现在藏于乌菲兹美术馆的那幅曾被认为是列奥纳多原作的《斯皮里登·勒达》（*Spiridon Leda*），在与原作的相似度方面要略逊于切萨雷作品。其余的复制品，除了相同的人物姿态外，在其他方面与原作相去甚远。

就算在其最终经过弱化的姿态中，《勒达与天鹅》也极好地体现了列奥纳多对扭曲形态的热衷。如同印度雕像中高耸的胸部被作为身体扭动所形成的一系列曲线的中心，并与通过胯部的正面中心轴线形成对比。虽然这种对比有其自身的意图，但值得注意的是，列奥纳多在较早的时期，便尝试过对其所钟爱的平衡构图进行更大胆的表现。温莎城堡有一幅优美草图，能让我们对此获得更清晰的认

1. 这一特殊的发饰其实是一顶假发，并非勒达的真实发辫。这一点在博尔盖塞美术馆作品和列奥纳多的草图中有着明显的体现。同时列奥纳多曾写道："这类假发可以随时脱戴而不受损伤。"这让我们想到韦罗基奥在创作美第奇宫雕塑时也使用过这类假发。引用：托马索（Tommaso）清单中的条目，茅德·克鲁特维尔（Maud Cruttwell），《韦罗基奥》，伦敦，1904年，第86页。

图 75　切萨雷·达·塞斯托，《勒达与天鹅》，约 1520 年，威尔顿庄园

图 76 跪姿勒达以及马匹的习作，约 1503—1505 年，英国皇家图书馆，温莎城堡

识，这页草图上还包含了与《安吉亚里之战》相关的习作（见图 76）。草图中的勒达右膝跪地，跨于身前的左膝则与其肩部的动作形成了反向的身体姿势。[1] 而藏于鹿特丹和查茨沃斯（Chatsworth）的两幅墨水笔素描，[2] 展示了天鹅和草如何为整件作品注入了一种远超印度雕塑的复杂性。而列奥纳多从未在其他作品

1. 这一跪姿的勒达受到了一具希腊风格的石棺上代表着灵魂升华的维纳斯女神的影响。不论是博尔盖塞还是卢浮宫的勒达形象都可以在 16 世纪早期的罗马找到其参照物。
2. 我认为很难确定这两件作品的真伪，相较之下鹿特丹的魏玛素描更为出色，从风格上看或许是一件真迹，而查茨沃斯的素描则是对该作品的模仿。

中，以如此自由的表现赋予其独特的反传统韵律感。

与《勒达与天鹅》有关的另一个问题还有待解答，为什么列奥纳多会选择这一主题进行创作？如果说他只是希望用平衡构图的手法表现女性裸体，显然不足以作为这个问题的答案。我们可以肯定，勒达的神话故事对他来说具有某种特殊意义，尽管乍一看，这种意义在他本性中无迹可寻。与其他经典神话相比，勒达的故事无疑具有浓厚的异教色彩，而列奥纳多作为文艺复兴时期最少涉及异教题材的画家，他从来不满足于对生命中感官刺激层面的享受，而是希望找到隐藏于表相之下的深层意义。对于科雷乔这样的画家，勒达的神话可能意味着一则关于肉体愉悦的寓言；但是在列奥纳多看来，却并非如此。他从这个故事中，看到的不是性爱所带来的乐趣和美感，而是所蕴藏的神秘力量，以及故事中对生命创造过程的隐喻。他画中的勒达，象征了女性的创造力。她是一位生育女神，如同以弗所的狄安娜（Diana of Ephesus）。列奥纳多通过独特的姿态而非畸形的夸张来强调勒达的女性特征。洛马佐眼中的勒达，端庄的低垂目光，透露出一种深邃、神秘和疏远的气质。甚至她的精致卷发看上去也恰当地体现了生命孕育过程的复杂性。在这个被动的人物周围，自然充满了新的生命，茂盛的青草从土里钻出，浓密的树叶压弯了树枝。在勒达的脚边，四个婴孩也从蛋壳中蹒跚爬出。

列奥纳多为这一题材所画的习作，证明了这种艺术化的演绎并非毫无根据。他为勒达所画的第一幅草图现藏于温莎城堡，而同一页草图上还包含了一幅解剖学的习作。现在，我们可以将该习作与手抄本B卷中的一系列对于生殖问题的研究草图联系在一起（见图77）。特别是其中一幅关于女性生殖系统的草图，在风格上与《勒达与天鹅》草图非常接近，而且显然完成于同一时期。《勒达与天鹅》中所表现的生命创造过程，在该草图中被列奥纳多以科学的方式进行了分类研究。

列奥纳多画中的意象，所引发的是我们的钦佩而非愉悦。尽管他在对作品题材的理性处理中，对情感的保留态度让人不安，但是这件作品却向我们展示了一种具有超常洞察力和感染力的智慧。在他的部分作品中，我们能特别明显地感受到他与普通人之间的距离。[1]

---

1. 对于《勒达与天鹅》的另一种解读，参见索尔密《达·芬奇的写作》第194页：“列奥纳多在他卓越的艺术创作中成功地赋予画中的人物如此优雅含蓄的形象，以至他可以做到绝对的问心无愧。”

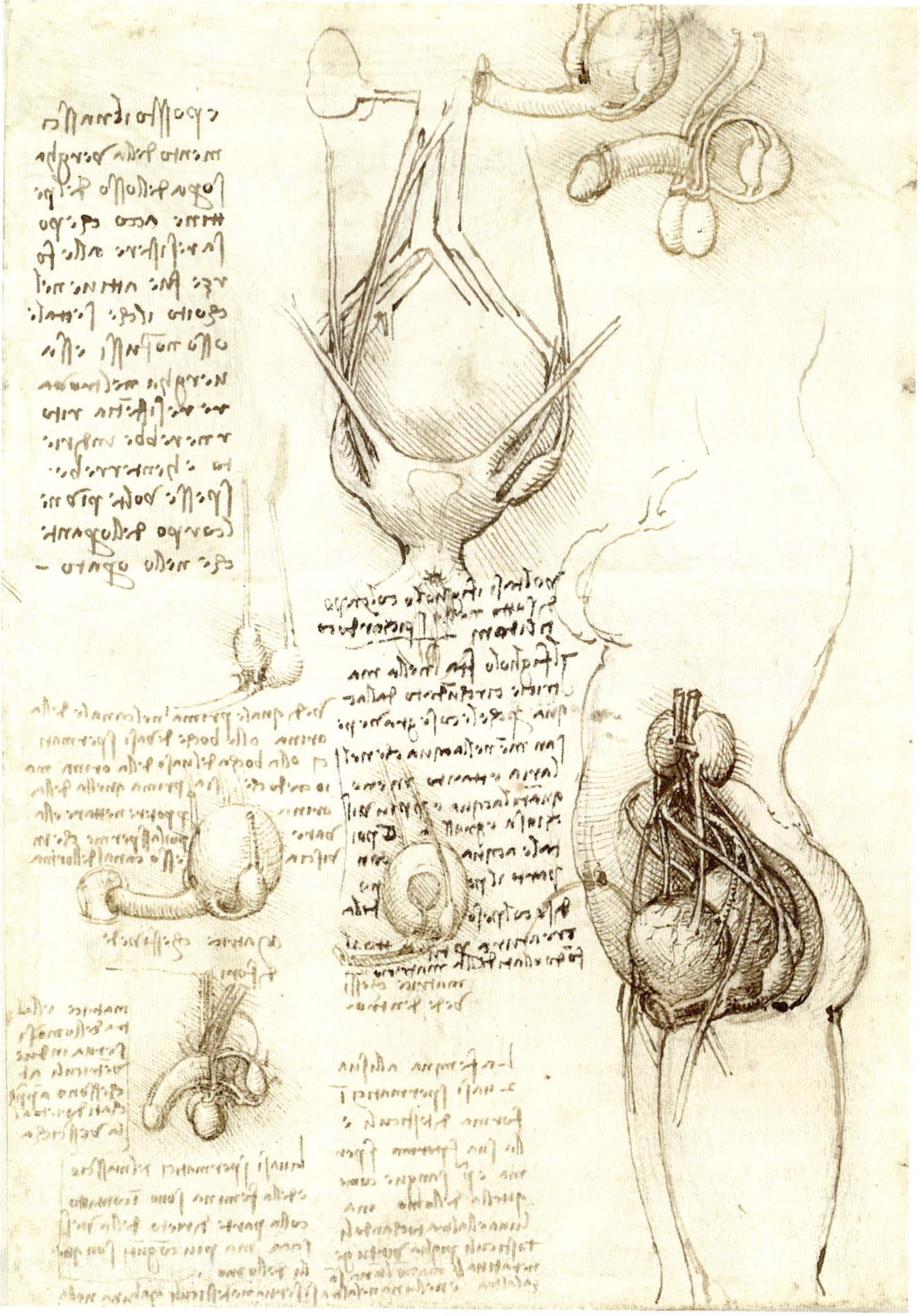

图 77　两性生殖泌尿系统的习作，约 1508 年，英国皇家图书馆，温莎城堡

第七章

1503—1508 年

列奥纳多在佛罗伦萨的高产期；《耶稣站在学者中间》；《海神》；对鸟类飞行、解剖学，以及运河的研究；《安吉亚里之战》；列奥纳多被召回米兰；伦敦《岩间圣母》；遗失的圣母；在佛罗伦萨与鲁斯蒂奇的合作；《花神蜡制胸像》

想要认识列奥纳多1503—1507年在佛罗伦萨期间惊人的创作成果，我们必须记住他完成于这五年中的大部分作品已经不复存在的事实。我们所掌握的仅仅是一些文字记录，和部分可以与原作联系起来的学生复制作品。《勒达与天鹅》和《圣母子与卷线轴》这两件作品（已遗失），我已经在上文中谈过。这些都是已经完成的作品，但是在大部分时间里，列奥纳多对绘画所付出的大量劳动感到了厌倦，他仅满足于把自己源源不断的创作灵感以草图的方式呈现，而这些草图往往被他的学生以及围在他身边的寄生虫据为己有，然后加工成可以出售的画作。其中一些学生的“作品”所依据的草图是如此的潦草，而且没有一幅存在着可以放大的迹象，因此很难成为一幅成品绘画的底稿。由此我认为，把那些小幅的草图转化成大幅底稿的，一定是列奥纳多本人。这也解释了像拉斐尔、皮耶罗·迪·科西莫（Piero di Cosimo）及昆廷·马西斯（Quentin Matsys）这些画家为什么可以从列奥纳多那些最小画幅的草图中汲取创作灵感。在所有的绘画作品中，底稿是最容易损坏的，特别是当它们成为画家工作室中的公共物品时；伯灵顿宫的那幅《圣母子与圣安妮》底稿能够几乎完好无损地保存至今，或多或少，我们应该感到很幸运。否则，在没有任何文字记录，而且仅有一幅相关草图幸存的情况下，我们很难想象这幅底稿的存在。安布罗西亚纳美术馆中有一件路易尼的作品，曾把伯灵顿宫的《圣母子与圣安妮》作为原型；我们通过对比分析这两件作品，或许可以重新构建出其他几幅已经遗失的类似底稿。在这里，我们拿英国国家美术馆的另一幅路易尼作品《耶稣在学者中间》（*Christ among the Doctors*）为例。这是一件曾被认为是列奥纳多所画的作品，其声望高于路易尼的其他作品。路易尼这幅作品的源头，或许可以追溯到伊莎贝拉·艾斯特于1504年5月14日写给列奥纳多的一封书信，在信中她请求他创作一幅表现少年耶稣的画作：“大约12岁左右，正是他在圣殿中与人争论的年纪。”伊莎贝拉在信中提到的是一个少年耶稣的单独形象。无论是她建议列奥纳多创作一幅耶稣在圣殿题材的作品，还是当时列奥纳多已经在创作的此类题材的画作，伊莎贝拉希望列奥纳多为自己绘制一幅仅有中心人物的作品。不管怎样，列奥纳多似乎曾创作过一幅单独的耶稣托着十字圣球的作品。我们得出这个结论的根据，是数件已知的唯有耶稣的画作的复制品，复制的是温莎城堡中两幅列奥纳多的衣纹草图，这些复制品对草图中的衣纹进行了惟妙惟肖的模仿。路易尼把耶稣置于一群学者中间，这样的画面安排虽然有其独到之处，但是他笔下人物的面容却可以从列奥纳多的草图中找到原型。就像乌菲兹的《三博士朝圣》和《最后的晚餐》中列奥纳多对这一题材的刻画一样，路易尼也采用了代表纯真与美的中心人物被一群有着世俗情感的人物所包围的形式，而周围的人所代表的是老道、狡诈和顽固。列奥纳多底稿中这一表现形式深深地吸引了丢勒，他于1505年在意大利时，以其特有的哥特式风格对这一题材进行了重新诠释与再现。

这段时期，列奥纳多的另外一些作品同样成为众多作品的灵感源头并产生了巨大的影响。接下来谈到的这幅作品隐含了列奥纳多对古典艺术的态度，这就是他为朋友安东尼奥·塞尼（Antonio Segni）创作的《海神》。[1] 显然，这是一幅完成度非常高的素描，类似于米开朗琪罗在大约30年后为他的朋友卡瓦列里（Cavalieri）所画的那幅。瓦萨里曾经评价这幅画作技艺精湛、栩栩如生；他补充道："人们在画中可以看到波涛汹涌的大海，海神之车由海马拉着。还有奇幻的生物、海豚和狂风，以及一些最优美的海中神灵的头像。"虽然这幅作品的原作已经遗失，但是从温莎城堡中的两幅为此创作的草图中，我们会发现列奥纳多为自己设置了一个不同寻常的难题。为了满足朋友的高雅品味（波提切利的《阿佩莱斯的诽谤》也是为塞尼而创作的），列奥纳多为这件作品赋予了古典风格。温莎城堡中一幅比较完整的草图让人联想到一件装饰有复杂的海马头和尾巴纹样的古典首饰，草图中的海马围绕中心人物形成的椭圆造型，看上去就像是首饰上宝石周围的纹样（见图78）。列奥纳多对复杂动态的偏爱，赋予了这个经典题材一种佩加蒙学派（Pergamene school）的特征。事实上，他在创作时一定想到了某些带有这一风格的事物，或许是该风格石棺上的纹样；当我们探讨他晚年为《安吉亚里之战》所画的底稿时，也应该记住这一点。不过，在这幅草图中，海神激烈的动态看上去并没有显示出他应有的威严，而列奥纳多在草图边写下了这样的备注："降低海马的高度。"以此突出海神更强的威严感。这一尝试

---

1. 这一题材取自一座现藏于梵蒂冈的希腊石棺，该石棺原安放于罗马阿克里教堂（Aracoeli Church）的台阶上。

图 78 《马车上的海神》习作，1504 年，英国皇家图书馆，温莎城堡

的结果之一，体现在了温莎城堡中的另一幅草图中。图中的海马被他画在了随笔临摹的米开朗琪罗的大卫脚下，就好像列奥纳多已经意识到了自己在古典艺术方面，永远无法与这位强大对手的高超技艺相提并论。有趣的是，在 1504 年 1 月，列奥纳多还被任命为决定大卫像摆放地点的艺术家之一。这一点，也为我们提供了海神草图的完成时间，[1]即不可能早于 1504 年。同年，塞尼也离开佛罗伦萨去了罗马。现在，我们无法知道《海神》底稿最终的效果，对于受到瓦萨里高度赞扬的那些海中神明头像在底稿中如何呈现，现有的草图也没有为我们提供任何线索。我们知道的是，这件《海神》曾被广泛赞美，还入了一首拉丁文短诗。[2]

---

1. 约翰尼斯 · W. 加耶（Johannes W. Gaye）：《通信录》（*Carteggio*），第 2 卷，第 460 页。
2. 根据 V. 卡杜乔（V. Carducho）在乔万尼 · 加迪（Giovanni Gaddi）位于比萨的家中所见，参见《绘画对话》（*Dialogos de la pintura*），马德里，1633 年。

在那些长久占据文艺复兴盛期艺术家脑海的作品中，列奥纳多的《海神》排在第一位。拉斐尔的《海神格列西亚》（*Galatea*）、阿玛纳提（Ammanati）在领主广场（Piazza della Signoria）上的海神喷泉，以及贝尼尼（Bernini）的特雷维（Trevi）广场喷泉，都是对这一题材的重现。由吉安·弗朗切斯科·鲁斯蒂奇（Gian Francesco Rustici）创作的青铜组雕[1]甚至可能直接参照了列奥纳多的草图，从而为我们提供了一些对于《海神》的最终形态的遐想。

这段时期，除了在艺术上倾注了大量的精力，列奥纳多还完成了一些更为艰巨的科学与实践研究工作，其中就有完成于1505年关于鸟类飞行研究的手抄本，而且列奥纳多在这方面的研究，一直持续到他生命的最后阶段。当然，列奥纳多不是自古希腊以来第一个尝试制造载人飞行器的人。罗杰·培根曾说过："或许可以制造一架能够飞行的机器，人坐在其中利用引擎带动人造的翅膀，模仿鸟类飞行的方式扇动空气。"1485年左右，在列奥纳多对飞行的早期研究中，就包括一些这样的发明，这些发明如同早期机械一样，显示他尚未达到进行实验性探索的阶段。因此，在1505年，列奥纳多决定再次从自然领域入手，对飞行原理进行研究，这倒是符合他思维发展的特点（见图79）。如同所有的早期飞行研究者一样，列奥纳多假设人类可以通过与鸟类相同的方式实现飞行，所以他的手抄本几乎全部被研究飞行中鸟类的小草图占据。直到不久前，我们还应该会说这种假设已经被飞机的发明所推翻。但是人们对滑翔原理不断加深的认识，表明了列奥纳多的研究方向似乎依然可以被证明是一条正确的途径，而且航空学的研究者们也正在对鸟类的飞行原理投入更多的关注。本书的关注点并不在列奥纳多的发明家身份，但是他对飞行的研究却与他的艺术有着一种特殊的联系，它们证明了他具有超常敏锐的视觉辨识能力。列奥纳多的脑眼神经反射速度无疑像某些著名运动员一样，超越了常人，以至于他能够捕捉并记录下鸟类飞行的动作，而直到高速摄影技术被发明后，普通人才得以看清这类动作。

这一时期，与列奥纳多绘画更为直接相关的另一个科学领域是解剖学。在佛罗伦萨期间，他曾住在新圣玛利亚医院；《匿名者书》告诉我们，列奥纳多曾在

---

1. 现藏于维多利亚和阿尔伯特博物馆，原藏于沃伯丁府邸（Woolbeding House）和考德雷（Cowdray），参见《伯灵顿杂志》，1960年，第94期，第289页。有理由相信最接近于原作的复制品藏于贝加莫（Bergamo）卡拉拉学院（Accademia Carrara）中。

图 79　鸟类飞行习作，约 1505 年，安布罗西亚纳，米兰

医院获得过解剖尸体的机会。手抄本 B 卷中的几乎所有的解剖学草图都完成于这一时期。其中许多是关于肌肉的研究，特别是腿部肌肉；这些研究与《安吉亚里之战》的草图发生了联系。虽然这些为人们早先持有的观点提供了佐证，即列奥纳多是为了更为写实的形象而进行解剖学研究的，但是，一般来说，列奥纳多所进行的科学研究本身就是目的，解剖学仅仅是他对自然规律进行探索的一个方

面。与米开朗琪罗不同，对列奥纳多来说，解剖学从来都不是绘画表达的工具。事实上，他还曾告诫其他画家不要滥用解剖学知识。1514 年左右可能写于罗马的手抄本 E 卷中有这样一段话："噢，解剖学画家要注意，要防止在试图让画中的裸体做出各种姿态时，过度地强调骨骼和肌肉的存在，否则你会变成一个木头画家。"很明显，他在这里揶揄的是正在绘制西斯廷屋顶壁画的米开朗琪罗。列奥纳多明白米开朗琪罗使用解剖学的真正目的是为了表达情感，同时，他还在其中看到了风格主义的苗头。于是，列奥纳多继续在笔记中表达了如何从纯粹的写实主义角度使用解剖学知识。而米开朗琪罗则以对列奥纳多的明暗对比法的类似批评作为回应。

还有一项列奥纳多的实践性工作需要被提及，因为它意外地让列奥纳多得到了最大的一项委托。在前文中，我提到过列奥纳多为切萨雷·波吉亚服务时，在乌比诺结识了马基雅维利。两人在伊莫拉再次相遇，当列奥纳多回到佛罗伦萨后，他们的关系似乎变得十分亲密。列奥纳多和马基雅维利两人在各自的领域中，都觉得在事实的基础上，有对教条进行重构的必要性，而且两人都具备一种宏观且自由的智慧。此外，马基雅维利对不寻常的才能抱有浪漫的热情，加之其作为佛罗伦萨共和国秘书以及贡法洛涅里·索代里尼（Gonfaloniere Soderini）的朋友，就使他倾尽全力地对列奥纳多有史以来最铺张的计划进行了支持。在他的一生中，列奥纳多曾数次制订过控制河流的计划。他曾为斯福尔扎制订过维吉瓦诺 (Vigevano)、洛美里尼（Lomellini）、伊夫雷亚（Ivrea）以及米兰的运河规划，[1]他还尝试过对皮翁比诺的沼泽地进行排水，此后还制订过庞提纳（Pontine）沼泽地的排水计划。对其草图进行过研究的学者，都知道在他脑子里一直活跃着开凿运河的计划。列奥纳多还酝酿过一个使阿诺河绕开比萨的计划，以此结束那场在佛罗伦萨和比萨之间持续多年的悲惨的战争。该计划将使阿诺河改经斯塔那（Stagna）入海，并且实现到佛罗伦萨的通航。1503 年夏季和 1504 年秋季，这一计划被提上议程，经过历时一年的讨论，国会决定将其付诸实施。这成了列奥纳多游说能力的证明。正如《匿名者书》所说的，顽固的佛罗伦萨城邦政府最终被其雄辩的言论所折服，批准了这个在缺乏现代工程技术支持的情况下完全不切实际的计划。列奥纳多绘制的一些地图及一些正在挖掘

---

1. 引自索尔密：《达·芬奇的写作》，第 111 页。

的人物草图（见图 50）[1] 被保存至今，但是计划中的运河却没有留下丝毫的痕迹。由于河流没有按计划流入新建的运河，于是这一工程在 1504 年 10 月便停工了。

列奥纳多和马基雅维利的友谊还为他带来了一项更为重要的工作，受佛罗伦萨政府委托为韦奇奥宫（Palazzo Vecchio）的大议事厅绘制一幅大型壁画。壁画的主题是佛罗伦萨在安吉亚里之战中对米兰取得的伟大胜利。虽然我个人觉得相关的证据比较薄弱，但索尔密相信《大西洋古抄本》中记录的对这场战争的描述文字是马基雅维利亲手为列奥纳多写的。

1503 年 10 月，列奥纳多开始为壁画绘制底稿，但到了 1504 年 5 月，这一工作依然没有太大的进展，因此佛罗伦萨议会一致决定这项工作必须在 1505 年 2 月底前完成。1504 年底，列奥纳多已经完成了底稿并开始壁画的绘制。《匿名者书》告诉我们，列奥纳多曾尝试采用一种从普林尼那里学到的热蜡画技法，但是效果不佳。[2] 壁画的上半部分在干燥后变得过于暗淡，而下半部分则出现了融化的现象。但是，从乌菲兹美术馆收藏的一件整体效果还不错的早期复制品中，可以看出原作并没有达到无可救药的地步。1513 年，人们用一副特殊的画框将壁画围了起来。在 1549 年 8 月 17 日写给友人的信中，安东·弗朗西斯科·多尼 (Anton Francesco Doni) 将该壁画称为佛罗伦萨最值得一看的事物之一。他写道："登上大议事厅的台阶后，仔细地观看那组马匹的造型（那是列奥纳多·达·芬奇战争壁画的一部分），就会发现其神奇之处。"甚至瓦萨里也没有将壁画描述为《最后的晚餐》般的破败状态，虽然他有充分的理由对壁画的状况发表尽可能差的评价。因为正是他，亲手在 1565 年对这一房间的整体重建中，用自己浮夸单薄的装饰画对列奥纳多的作品进行了覆盖。

从某些角度看，《安吉亚里之战》可以说是列奥纳多接受过的最重要的委托。在他艺术造诣的巅峰时期，列奥纳多被赋予了这一与其天赋完美匹配的绘画题材。他的任务是装点自己家乡政治中心的房间，而在同一个房间中，唯一可以与他相提并论的米开朗琪罗也在晚些时候接受了一项重要委托，绘制一幅表现卡希

---

1. 收藏于温莎城堡图书馆，地图编号为 12277、12279、12677 和 12685，人物挖掘草图编号为 12644、12645、12646 和 12648。
2. 《马格里亚贝奇亚诺手抄本》，卡尔·弗莱编辑，柏林，1892 年，第 114 页。文中的论述是全面而详尽的，但是在安东尼奥·比利（Antonio Billi）的书中（弗莱编辑，第 52 页）也提到列奥纳多在购买亚麻籽油时被骗了。

纳之战（Battle of Cascina）中正在洗澡的士兵遭到偷袭的画作。所以，就算向来不受世俗看法影响的列奥纳多，也一定感受到了《安吉亚里之战》这一委托与他作为佛罗伦萨人的荣誉感息息相关。长久以来，列奥纳多一直都有创作战争场景的想法。对此，《阿什伯纳姆手抄本》I 卷第四段中有过一长段戏剧化的描述[1]，由于篇幅的关系，在此我不便做整段的引用。当艺术家对创作题材进行文字描述时，其内容通常会比当代评论家所预计的更具"文学性"，在这方面，欧仁·德拉克罗瓦 (Eugène Delacroix) 可以被当作另一个例子。列奥纳多描述中所包含的事件和细节，看上去似乎已经超出了绘画本身所涵盖的范围：

> 你必须将被征服和打败的战士表现得面色惨白，他们紧皱的眉毛惊恐地挑起，眉毛上方的皮肤因痛苦而皱起，鼻子旁边的肌肉在鼻孔和眼睛之间形成一道拱形的皱褶，将鼻孔张大，嘴唇向上弯曲，露出上排牙齿。上下牙齿因哭泣和哀号而分开。表现一个人用单手遮住其充满惊恐的眼睛，手心朝向敌人，而另一个人躺在地上撑起上半身……其他人则在死亡的痛苦中紧咬牙关，翻着白眼，紧握的拳头贴着身体并且双腿呈扭曲状。一些人则在丢盔卸甲被敌人击倒在地后，仍用牙齿和指甲对敌人进行野蛮激烈的还击。还可以见到一些胜利者退出战斗离开人群，正用双手揉搓眼睛和脸颊，去掉混合着泪水和烟尘的污垢。[2]

我们应该肯定列奥纳多的底稿中包含了尽可能多的上述细节，我们在复制品中也见到了躺在地上撑起上半身和遮住眼睛的形象作为中心人物的一部分。下面这段文字则体现了列奥纳多的印象派风格，表现了他对氛围营造的兴趣。

> 一定程度上，混合着尘土的烟雾升得越高，看起来就越像一片乌云。并且当它升到顶端烟雾与尘土分离时，就可以看到烟雾呈淡蓝色，而尘土则保持着自身的颜色。空气、烟雾和尘土的混合物受到光线照射的一面，看上去会比另一面更轻盈。[3]

1. 这一列奥纳多幸存下来的手稿中的段落也存在于《绘画论》的第 145 节中。
2. 里希特，《列奥纳多的文学作品集》，第 62 节。
3. 里希特，《列奥纳多的文学作品集》，第 601 节。

可惜我们在幸存下来的复制品中，无法看到文中所描述内容的痕迹；但是，通过对列奥纳多后期的作品中所表现出来的越来越强的造型感的了解，我们或许可以猜测，这些内容并没有在最终的壁画中得到表现。不过，在一些为整体场景所作的小幅草图上，却可以观察到这些内容。这些表现激烈动作的小草稿向我们展示了列奥纳多是如何首先通过对整体动作场景的设计逐步形成最终的复杂构图，接着，他就会从中提炼出令自己满意的主题。列奥纳多在自己就绘画写下的早期笔记中，就提出了这一方法。“这些规则，只能在创作人物造型的第二阶段使用；如果在第一阶段使用，你将永远无法完成画作，并且会在作品中造成混乱。”[1] 威尼斯学院美术馆的两幅草图中的人物形象，随后变成了壁画中更为分散的骑兵组群（见图 80）。草图左侧骑在马背上向后望的形象，成为一个备受瞩目的画面主题。其他的人物形象虽然存在于多幅草图中，但在复制品中却没有出现。通过这些形象，我们可以尝试着重新构筑遗失底稿中的部分画面。

在对姿态的选择与决定最终的构图时，列奥纳多受到了许多来自贝托尔多·迪·乔瓦尼（Bertoldo di Giovanni）藏于巴杰罗美术馆的青铜战争浮雕的影响。[2] 贝托尔多曾是洛伦佐·德·美第奇的古典艺术收藏的管理者，也是当时古典艺术方面最伟大的权威。在他的注视下，几乎一代佛罗伦萨青年在洛伦佐的花园中对古典艺术进行着临摹。如今，在我们的印象中，没有什么作品能比《安吉亚里之战》与古典艺术之间的距离更远的了。这是因为我们依然是透过温克尔曼（Winckelmann）和 19 世纪古典主义的视角，将古典艺术视为某种冰冷、内敛和静态的存在。而文艺复兴时期的人对古典艺术的看法，却与我们截然相反。相比当时的早期画家笔下的枯燥胆怯的人物动态，他们对古典艺术表现激情和暴力的能力赞赏有加。所以，贝托尔多那些大量取自比萨的著名希腊石棺的青铜雕塑，在当时就被视为是古典风格的代表。而列奥纳多无疑相信自己在底稿的创作过程中，是在向菲洛塞诺斯（Philoxenos）笔下的著名战争场景靠近。

我们对列奥纳多底稿的还原，只能是基于推测。我们掌握的是几幅对中央场景的复制作品，即韦奇奥宫残破的原作上表现的骑兵的战斗场景。尽管一系列草

---

1. 里希特，《列奥纳多的文学作品集》，第 18 节。
2. 最直接的影响来自一具表现法厄同的陨落（Fall of Phaeton）题材的希腊石棺，现藏于乌菲兹美术馆。

图 80 《安吉亚里之战》习作若干，约 1504 年，威尼斯学院美术馆

图显示了骑兵的战斗是主要场景，但并非底稿中唯一的场景。由此，我们猜测底稿中还存在着另一个由疾驰的野马构成的场景，因为这些野马可以在列奥纳多的一些习作和米开朗琪罗临摹列奥纳多底稿的一幅草图中见到。此外，温莎城堡的一幅表现一组骑兵的习作，也暗示了第三个场景的存在（见图 81）。由此看来，或许骑兵的战斗场景占据着中央的墙面，而另外两个场景则通过墙上的窗户与中央场景分开。

图 81 《安吉亚里之战》习作，约 1504 年，英国皇家图书馆，温莎城堡

我们通常认为骑兵战斗场景的复制品，是鲁本斯所画的一幅单色作品（见图 82）。由于在鲁本斯有可能见到列奥纳多的原作之前五十年，原作就被覆盖了，所以鲁本斯的复制品并非依照原作所绘。鲁本斯所参照的，很可能只是洛伦佐·扎基亚（Lorenzo Zacchia）的一件不算上乘的浅浮雕。鲁本斯的复制品在细节方面是不准确的，因为一件直接的复制品应该能够更好地展现人物的意图。不过，我们对鲁本斯复制品的研究也有合理之处，因为它出自一位能够与列奥纳多的构思产生强烈共鸣的伟大艺术家之手。不仅如此，鲁本斯还在复制品中重塑了原作中的韵律感，使我们得以在一定程度上感受到原作的魅力。我们看到，这一题材给列奥纳多提供了一个机会，他可以回顾 20 年前创作《三博士朝圣》时就占据其脑海的形式和问题。列奥纳多对造型的感觉并未改变，在这件新作品的中心场景中，他还是选择了相同的整体设计：两匹腾跃而起的马相对站立，马匹的腰腿部、腹部、颈部，以及后仰的头部，形成了相同的充满力量的弧线。但

图 82　鲁本斯，《安吉亚里之战》局部，1505 年，卢浮宫，巴黎

是，随着他艺术发展的整体趋势，这件作品的构图变得更为紧凑。早期作品中，那种松散且作离心式移动的人物组群，被让人几乎无法忍受的紧密交织在一起的构图所代替。这样的中央人物组群，几乎可以用青铜雕像来表现。列奥纳多为《安吉亚里之战》所作的墨水笔草图中的那些渺小模糊的人物形象，被他经过一种我们尚不了解的思考过程，转变成具有非凡复杂性的骑兵群像。

列奥纳多和米开朗琪罗有关这两幅战争壁画《安吉亚里之战》和《卡希纳之战》的底稿，是文艺复兴艺术中的转折点，关于其源头、目的和所产生的影响，我们可以写出一整本书。所以，如果说他们开创了巴洛克和古典主义这两个在 16 世纪得以继续发展的绘画风格并不是毫无根据的。我曾着重提及的列奥纳多作品中的巴洛克元素，在《安吉亚里之战》底稿中得到了前所未有的充分表达；而尽管米开朗琪罗后来成了巴洛克风格的倡导者，但是他的《卡希纳之战》底稿中展现出来的某种古典主义画风，则发展成了以拉斐尔和朱里奥·罗马诺（Giulio Romano）为代表的一种成熟风格。如果我们不可避免地将这两位伟大竞争对手的作品加以比较，就必须承认巴洛克元素使列奥纳多的作品在画面统一性上更胜一筹。而且我相信，即便是米开朗琪罗本人，也曾感受到这一点。因此他似乎确实对列奥纳多底稿中的一部分进行了临摹。而他所临摹的这部分底稿，最终没有被列奥纳多画入壁画，所以也不见于后来的复制品，但是可以在列奥纳多的一些草图中找到痕迹。就像当时人们所认同的，我们必须承认列奥纳多擅长的丰富的戏剧性渲染，为整体场景和单独的人物头像都注入了更强烈的激情（见图 83）。对于这一点，我们可以从他的一些头像习作中获得证据，这些习作展现了列奥纳多在关于如何绘制战争场景的笔记中所生动描述的那种杀戮者的狂暴。在此，我们又一次感受到了他性格里一种明显的矛盾。作为一个著名的军事工程师、令人恐怖的战争机器的发明者以及切萨雷·波吉亚的得力助手，列奥纳多却同时具有众所周知的非凡同情心。在他看来，任何对生命的毁灭行为都是令人憎恶的，他将战争视为最野蛮的疯狂行为。由此我们可以想象，列奥纳多的这种感受如何与他将战争视为艺术的智力兴趣相冲突，从而为《安吉亚里之战》底稿中所表现的恐怖场景注入了一种额外的强烈情绪。

列奥纳多同时代的人，对他笔下马匹形象的精湛呈现，也持有一致的认可态度。他在创作马匹形象的过程中，将这种优势发挥得淋漓尽致。瓦萨里告诉我们这些马匹如何在充满戏剧性的画面中扮演着重要角色：“在这些马身上所能看到的怒气、仇恨，以及报复心，并不逊色于在人身上所看到的。”对此，在一些战争场景下的马匹习作中，我们同样可以得到相应的验证（见图 84）。

尽管如此，当时的佛罗伦萨人仍然会因为无与伦比的美丽裸体而更偏爱米开朗琪罗。列奥纳多也感受到了这一点，为此他在这段时期也创作了一系列杰出的裸体作品。我们很难想象会有比图 85 更加优秀的裸体习作了。就人体躯干肌肉的习作而言，米开朗琪罗也很难超越；而事实上，习作中那种史诗化的姿势和表现手法也透露出米开朗琪罗对列奥纳多的影响。尽管列奥纳多可以根据其意愿对裸体进行完美的描绘，但是他还是没有准备好将裸体作为画作的主要表现对象。因为裸体为列奥纳多所擅长的天马行空的创作以及我曾多次提到的他笔下表达其

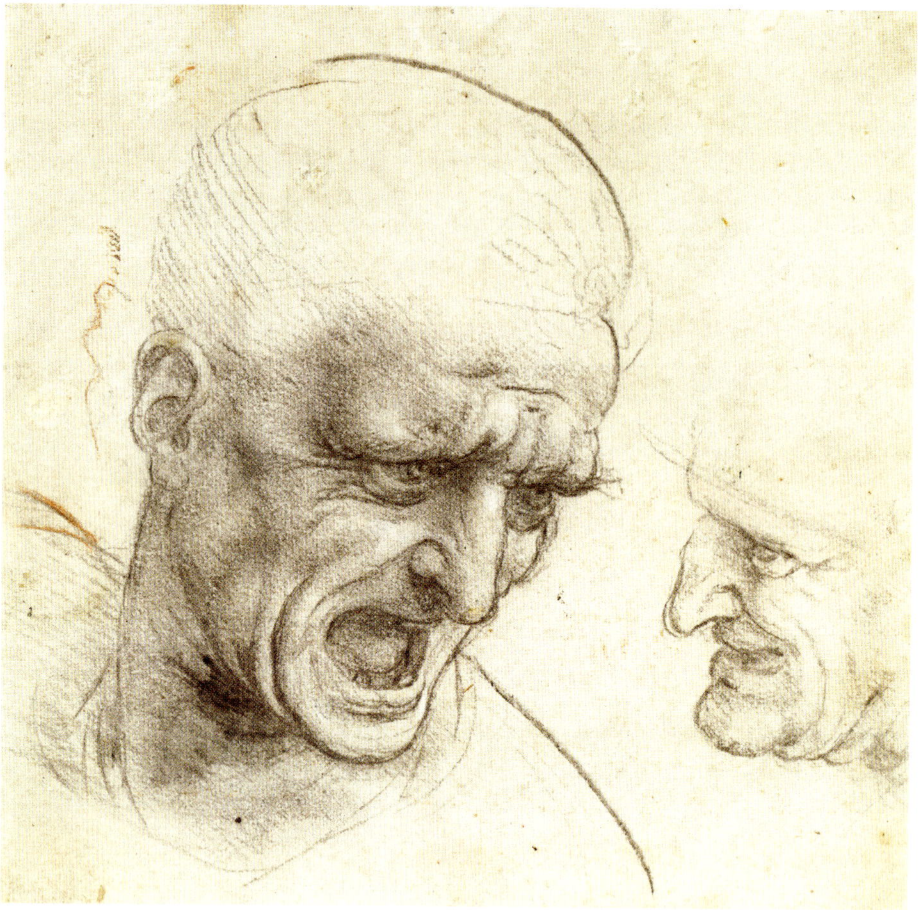

图 83 《安吉亚里之战》战士头部习作，约 1504 年，美术博物馆，布达佩斯

反经典人格的那种不可预知的意象提供的可能性太少了。《安吉亚里之战》底稿中，或许包含了古典主义的稳定性和连贯性，但是在本质上，它却像《三博士朝圣》一样，是一幅浪漫主义的杰作，而且是丁托列托、鲁本斯和德拉克罗瓦风格的先驱。虽然这件作品在那个时代的主流艺术风格之外，但是，当时的人们却无法忽视列奥纳多在绘画和构思上的惊人成就，同时我们也知道它影响了下一代的风格主义画家。而米开朗琪罗则以他对裸体形象高度集中的表现，以及对高雅生动的绘画语言的不断探索，似乎提供了一条通往卓越境界的更为坚实或快捷的道路，因此，他的《卡希纳之战》才会对当时的年轻艺术家形成巨大的吸引力。

1506 年 5 月 30 日，列奥纳多在米兰总督、肖蒙（Chaumont）领主查尔

图 84 《安吉亚里之战》马匹习作若干，约 1504 年，英国皇家图书馆，温莎城堡

斯·达博思（Charles d' Amboise）的紧急要求下，经佛罗伦萨政府同意，返回米兰三个月。就在三个月的期限将要结束前，达博思写信请求延长这一期限："因为我们仍需要列奥纳多大师为我们完成一件他已经着手进行的作品。"是什么样的作品有着如此急切的需求却又如此神秘的未被提及名字呢？对此，我们没有丝毫线索。一个可能性是列奥纳多被要求完成那幅现藏于英国国家美术馆的《岩间圣母》（见图 86）。尽管达博思在信中的语气似乎更像是出于私人利益，而非替圣灵感孕兄弟会出面提出请求，但是不管怎样，为了对作品进行讨论，我们将暂时忽略其语气背后的含义。

1506 年，安布罗吉奥·普雷达代表列奥纳多和兄弟会就双方长期以来的纠纷最终达成协议。协议指出，于 1483 年委托的祭坛画本应在一年之内完成，所付款项已经超出原合同中约定的价格。法官发表了以下意见：

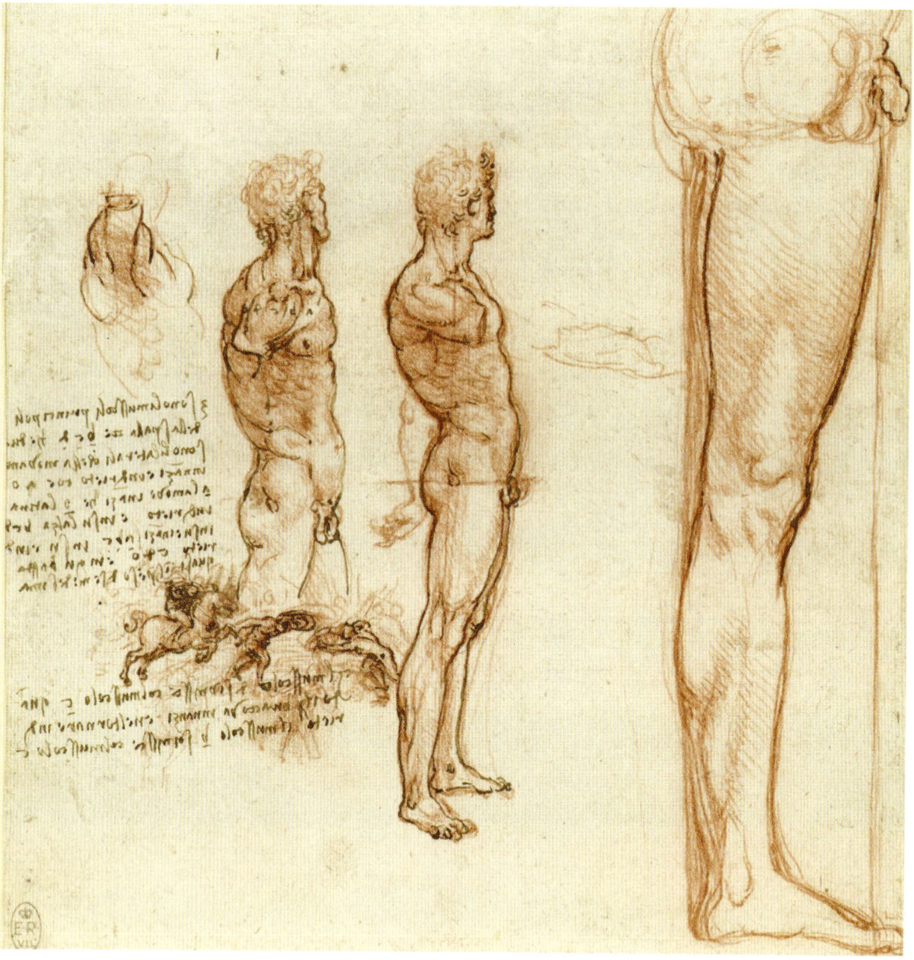

图 85 裸体解剖习作，与《安吉亚里之战》相关，约 1504 年，英国皇家图书馆，温莎城堡

> 鉴于所述的祭坛画未在约定时间内完成，并且至今尚未完成……画师列奥纳多和安布罗吉奥·普雷达有责任完成所述的祭坛画作，即一件最伟大圣母玛利亚画像。这一画像必须在从今天起的两年内，由列奥纳多亲手完成。他必须在这段时间内来到米兰，不能有别的行程。

法院的这一判决在 4 月 27 日签署，而列奥纳多在 5 月 30 日到达了米兰。在 1507 和 1508 年中，他收到了兄弟会所付的每年 100 里拉的酬劳。因此我们有理由相信，英国国家美术馆这件作品的大部分内容是在这两年间完成的。但是

图 86　列奥纳多和其工作室，《岩间圣母》，约 1506—1508 年，英国国家美术馆，伦敦

图 87 《岩间圣母》天使头部，约 1506—1508 年，英国国家美术馆，伦敦

也必须承认，估计在一个更早的阶段，列奥纳多已经对画作中文艺复兴早期的特征进行了修改。根据木板的尺寸，画中的人物被放大了（与卢浮宫的《岩间圣母》相比，英国国家美术馆作品的木板实际上要略小一些，但是在视觉上却显得更大），画中天使用手指向圣约翰的这一让人困惑的细节去掉了。或许是因为在兄弟会这个专门奉献于圣母的宗教团体眼中，这种带有佛罗伦萨偏好的对圣约翰的强调是不合适的。根据列奥纳多最新的绘画理论，画中人物的头部也得到了类似的修改。头像原先所具有的那种哥特式的鲜活和写实主义的特征，变成了更接近于理想化的美感。特别是幼年耶稣的形象被赋予了更多的庄重以及展露灵性的感觉。与评论界在过去五十年中所认为的相反，我相信列奥纳多亲自参与了这件作品的大量绘制工作。作品中的许多精妙细节在绘画技术上要远远高于学生的水平，并且明显带有列奥纳多个人对皮肤处理的手法。不幸的是，画作表面在很大程度上被后人的重绘所损坏，即使经过清洗，也很难对列奥纳多和学生的手笔进行分辨。其中最难以解释的是圣母的头部。虽然头像显得笨重又缺乏生气，但是它的表现技法却十分精致，而且在颜料稀薄的部位还能看到拇指和手掌的印记，同样的印记在画作中所有最精致的部位都能找到。

另一方面，天使的头像与卢浮宫版本中的截然不同，可以被视为杰出美感的经典创作（见图 87）。在对其进行细致观察后，没人会怀疑这样的嘴和下巴，还有标志性的金色卷发是出自列奥纳多之手。

虽然我们可以给予英国国家美术馆的《岩间圣母》更多褒奖，但是与卢浮宫的版本相比，这件作品在很多地方显得相形见绌。而这要归因于列奥纳多学生的手笔，虽然我们不知道哪位学生参与了创作。因为安布罗吉奥·普雷达的名字与列奥纳多一起出现在协议中，人们普遍认为他就是那个学生，但这似乎只是一种书面的理解。兄弟会从未对安布罗吉奥·普雷达的作品显示出任何兴趣，并且伦敦《岩间圣母》中那些学生的手笔很明显与普雷达生硬的米兰画派风格截然不同。与画中学生的风格最为接近的，是现藏于苏黎世的那幅《圣母子》的作者，并且《圣母子》中圣母的头像几乎是伦敦版本中圣母头像的复制品。苏黎世作品中作者的署名为FRLTA，威廉·绥达认为FRLTA就是西班牙人费尔南多·德·拉诺斯，并且他还不止一次地被记载曾协助列奥纳多完成《安吉亚里之战》。

在《安吉亚里之战》尚未完成的情况下，列奥纳多无法离开佛罗伦萨太长时间。所以当查尔斯·达博思写信请求延长他在米兰的逗留时，佛罗伦萨政府给予了一个生硬的回复：“希望阁下能够谅解我们已经与列奥纳多·达·芬奇达成了约定，无奈他并没有对其共和国履行他该承担的责任。虽然已经收取数量可观的报酬，却只在他有义务完成的一幅伟大画作上取得了很小的进展。而且已经显示出了他的懒散性格。在此向阁下表示敬意。”没有证据表明，列奥纳多受到了佛罗伦萨这类指控的丝毫影响，他又继续在米兰工作了一年。列奥纳多于 1507 年秋季回到佛罗伦萨的原因，只是因为父亲去世后，他与兄弟间的法律纠纷；而在此期间，他似乎没有在《安吉亚里之战》上添加过一笔。整个 1507 年，列奥纳多都在为法国国王路易十二工作。我们知道，他在这段时期还完成了一幅圣母子题材的画作。曾设法阻止列奥纳多被召回佛罗伦萨的佛罗伦萨驻法国大使潘多费尼（Pandolfini），描述过法国国王对列奥纳多的倾慕是源于“一幅他亲手所画的小作品，这幅后来被带到法国的作品被路易十二视为最精美画作”。随后，潘多费尼还叙述了自己在得到国王召见时的场景，用生动的方式再现了路易十二对列奥纳多的赞誉和喜爱。

> 今天早晨，我来到了最具基督教精神的国王面前。陛下对我说道：“你的政府务必要为我做一件事。写信告诉他们，我希望他们的画家——列奥纳多大师来为我工作。让你的政府明确地命令他马上为我服务，不要离开米兰，直到我到达那里。他是一个杰出的大师，我希望得到几幅他的作品。”当我问陛下他希望得到什么样的列奥纳多作品时，他回答：“肯定要有一件小幅的圣母画像以及其他我所能想到的，或许我会让他为我画一幅肖像。”

然后，国王和大使继续谈到了列奥纳多的完美技巧和其他优点。

> 陛下问我是否认识列奥纳多，我回答说他是我亲近的朋友。于是国王便说：“那你也给他写封信，告诉他不要离开米兰，同时你的总督们也要从佛罗伦萨给他写信。”因此我就写信给列奥纳多，将陛下的好意告诉了他，并为此向他祝贺。

列奥纳多收到了佛罗伦萨的来信，佛罗伦萨政府也因此被迫放弃让他返回的计划。列奥纳多则在某种意义上成了法国国王的宫廷画家。但是他最直接的资助者却还是达博思，因为达博思既需要照顾列奥纳多的利益，也有权处理他的作品。这些作品中，就包括了一件列奥纳多在 1508 年春天写往肖蒙的信中所提到的小幅圣母像。“我派沙莱去告知阁下，我与兄弟间的法律纠纷已接近尾声，并希望在复活节时回到米兰。我将带回两件不同尺寸的圣母画像，它们是我为法国国王或者是为您意愿中的任何人绘制的。”在这封信的前一个版本中，列奥纳多写的是“我为法国国王所完成的”，而在此后不久的另一封信中，他说画作“正在顺利进行中”[1]。就算将列奥纳多惯有的拖延行为考虑在内，我们还是可以推测他已经完成了这两件作品。令人痛惜的是，这两件作品已经遗失。由于没有任何完成于这一时期的相关题材的习作，以至于我们就算在学术层面，也无法对这两位圣母的具体容貌进行推测。不过，一件被称为《樱桃圣母》（*Madonna of Cherries*）的画作无疑反映了列奥纳多的构思，而且基于服装的原因，可能就是完成于这一时期的。这件画作所有的复制品，都是由包括乔斯·冯·科雷夫（Joos von Cleve）在内的佛兰德斯画家完成的，这也意味着画作在完成后，马上就被送到了意大利以外。

似乎整个 1507—1508 年之间的冬季，列奥纳多都在佛罗伦萨处理与兄弟之间的法律纠纷，大英博物馆中收藏的手稿在开篇处写着：“开始于 1508 年 3 月，皮耶罗·迪·布拉西奥·马特利（Piero di Braccio Martelli）家中。”雕塑家吉安·弗朗切斯科·鲁斯蒂奇当时也住在那里，佛罗伦萨洗礼堂的北门上有他创作的一组著名的施洗者圣约翰雕像，圣约翰站在一个法利赛人和一个利未人之间（见图 88）。

瓦萨里写道：“当吉安·弗朗切斯科在制作这组雕塑的石膏模型时，除了列奥纳多，他不希望任何人靠近自己。而在他制作模具、准备支架，直到浇筑的过程中，每一个工序列奥纳多都寸步不离。因此有人认为列奥纳多也动手参与完成了雕塑，或至少为吉安·弗朗切斯科提供了建议及高明的审美判断。”[2]

瓦萨里在他所著的《列奥纳多的一生》中写道：“在雕塑方面，他通过立于佛罗伦萨洗礼堂北门上的三座由吉安·弗朗切斯科·鲁斯蒂奇创作的青铜雕塑证明了自己的技巧。因为吉安·弗朗切斯科在创作过程中获得了列奥纳多的协

---

1. 此处原文有“condotti in assai bon punto”。——编者注
2. 瓦萨里：《鲁斯蒂奇的一生》（*Life of Rustici*），《艺苑名人传》，米拉内西（Milanesi）编辑，第 6 卷，第 604 页。

图 88　鲁斯蒂奇，《布道的施洗者圣约翰》，1506—1511 年，洗礼堂，佛罗伦萨

助。”我们立刻就能发现瓦萨里的说法是真实的。鲁斯蒂奇的雕塑在类型和姿态上带有非常明显的列奥纳多风格。那个法利赛人的站姿和乌菲兹美术馆的《三博士朝圣》中正在沉思的老人几乎一样。而那个皱着眉的光头利未人的形象，则非常接近藏于布达佩斯的那组《安吉亚里之战》习作中的头像。而两个人物的衣纹也和那些圣安妮习作中的十分类似，它们不是由列奥纳多亲手完成的，就是直接以他的习作为参照的。圣约翰的姿势，则是列奥纳多一幅曾属于科西莫一世（Cosimo）的遗失作品中天使形象的变形。因此，鲁斯蒂奇的作品似乎可以作

为我们了解列奥纳多这一时期雕塑创作的最佳指引。同时，我们也应该对一组被合理地归于鲁斯蒂奇名下的不同材质的小件雕塑进行审视。[1] 这组表现骑兵战斗场景的雕塑，在构思上充满激情，充分吸收了《安吉亚里之战》底稿中紧凑复杂的动态。我认为很有可能列奥纳多在对《安吉亚里之战》底稿构思的过程中，也制作过小型的马匹蜡像。他在一幅草图的旁边，曾写下过这样一个建议："用蜡做一个大约四寸长的小马。"这或许也解释了为何大家普遍认为布达佩斯博物馆的一座小型的骑马者雕像是由列奥纳多亲手做的。这一铜马与《安吉亚里之战》习作中的一些马匹形象极为相似，几乎一模一样地重现了温莎城堡所藏的一幅习作中的马匹姿态和特征（见图 89）。尽管布达佩斯博物馆的铜像在动态上极具列奥纳多风格，但是它在表面造型上缺乏张力，使其很难被视为列奥纳多的真迹。我倾向于认为，这是一件学生对照着列奥纳多的小蜡像完成的作品。学生虽然能够完全复制原作的特征，但是却无法避免在放大过程中所自然产生的空洞感。

关于列奥纳多的雕塑为数不多的记载之一，是一件遗失的赤陶孩童耶稣头像，16 世纪的画家兼理论家洛马佐曾对头像进行描述并宣称这是属于他个人的收藏。[2] 我相信对于这件雕塑，我们已经通过温莎城堡中的两幅红色粉笔习作，掌握了相对清晰的记录。粉笔画是对儿童头部和胸部带有雕塑性姿态的习作，在两幅习作中，列奥纳多均用一条画在胸部以下的水平线作为与身体的分割。除非他是将其作为雕塑来构思，否则这一方法完全与列奥纳多的习惯不符。其中一幅习作（见图 90）展示了儿童侧面的头像和肩膀，儿童头像与伦敦《岩间圣母》中的耶稣形象极为相似。这一习作显然是为两件作品所共用的。另一幅从正反两面展示了儿童相同姿势的胸像习作，进一步证明了这是为雕塑所作的。红色粉笔的使用，暗示着它们完成的时间在 1500 年左右。但是前一幅习作与伦敦《岩间圣母》之间的联系，又说明其完成时间可能要更晚一些。这些习作表明了这一赤陶雕塑的塑造，有着代表列奥纳多雕塑特点的那种极其细腻的表面质感。正是因为这种微妙的表面机理的缺失，才让我们没有将艾马尔斯国立博物馆

1. 这些雕塑现分别藏于巴杰罗美术馆和卢浮宫的卡蒙多收藏（Camondo Collection），以及佛罗伦萨霍恩博物馆（Horne Museum）。
2. 洛马佐：《条约》（*Trattato*），第 1 版，第 2 卷，第 8 章，第 27 页："Arch' io mi trovo un testicciola di un Christo mentre ch' era fanciullo, di propria mano di Leonardo da Vinci."（我发现自己从儿时就拥有的一个耶稣的小头像，是列奥纳多 · 达 · 芬奇的作品。）

图 89 《圣乔治与龙》习作若干，约 1507—1508 年，英国皇家图书馆，温莎城堡

（Ehemals Staatliche Museen）中那座蜡制芙洛拉胸像视为列奥纳多的作品。现存芙洛拉胸像生硬的表面机理，要部分归因于一位叫卢卡斯的雕塑家对它的修复。而卢卡斯的儿子后来宣称他父亲伪造了这件胸像。这一说法在当时得到了广泛的认可，从而引发了对博德博士的恶毒攻击。但是，这一说法却无法被证实，没有一件卢卡斯的个人作品说明他有能力创造出芙洛拉胸像所具有的优雅动态。而其他有利于他的证据，仅能证明卢卡斯对胸像进行了破坏性的修复。胸像原有的表面机理在其胸部依然可见，我们可以假设，卢卡斯是为了达到表面的统一性，才将其头部修复成现在的状态。因此，博德将这一胸像视为列奥纳多的晚期雕塑作品无疑是正确的。通过胸像创作中的立体表达，列奥纳多试图解决在《勒达与天鹅》以及后来的《施洗者圣约翰》的创作过程中遇到的问题。至少在《施洗者圣约翰》中，这些问题的解决方法，由于列奥纳多对明暗对比法所带来的反问题的兴趣，而变得不那么明确了。就芙洛拉胸像来说，在其被修复之前，我们或许可以更直接地欣赏到列奥纳多不同于他晚期绘画的造型感，但是在目前的状态下，它只是另一个残缺的记录，而有太多列奥纳多的艺术需要通过这些记录被重新复原。

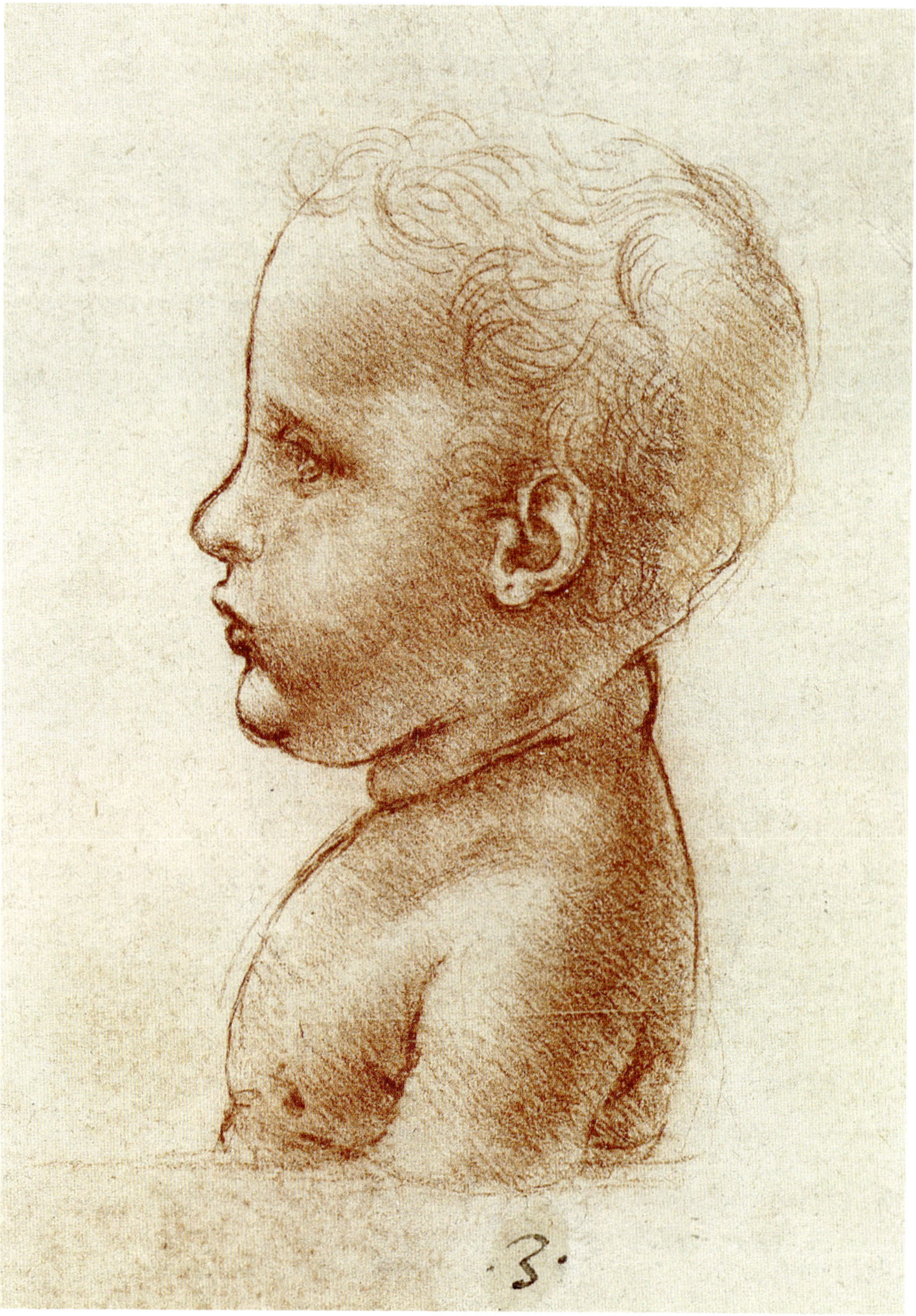

图 90　儿童胸像的习作，约 1506 年，英国皇家图书馆，温莎城堡

第八章

1508—1513 年

对地质学的兴趣；卢浮宫的《圣母子与圣安妮》；《特里武齐奥纪念像》；假面舞会戏服；以及，最后的解剖学研究

列奥纳多在1508年夏天回到米兰，并在接下去的5年中将米兰作为他的主要居住地。他最大的资助人、肖蒙领主查尔斯·达博思直到1511年去世时依然是米兰的总督。达博思早年曾被文艺复兴的精神所感染，于是他试图在米兰复兴或者说保持斯福尔扎创造的文化氛围。列奥纳多曾被视为这一文化氛围中最大的骄傲，因此我们知道达博思对他也抱有最高的崇敬。在斯福尔扎时期，列奥纳多不仅是一个宫廷画家，同时也兼有建筑师、工程师和总艺术顾问的身份。那一时期，他的一些建筑设计，可以在《大西洋古抄本》和温莎城堡图书馆中看到。其中包括一座有着古典风格的城市住宅平面和立视图，以及各种关于水井和喷泉的设计。完成于1508年的大英博物馆手抄本中，也包含了列奥纳多有关建筑学篇幅最长的写作，以及对墙面和拱顶裂缝进行的研究习作。这些都表明，他不但被委以建造的工作，同时还曾对建筑进行过修复和保护。前一天，列奥纳多可能还在设计米兰大教堂中唱诗班席位的形制，第二天便作为军事工程师参与到对威尼斯的战争中，而另一天，他又开始组织迎接路易十二到达米兰的盛装游行。虽然列奥纳多享受着这份工作的各种挑战，但是这些工作却没有为后世留下太多的成果。这段时期，他还有过频繁的旅行。虽然我们掌握了许多关于列奥纳多行程的线索，但是对于这些旅行的目的却一无所知。这些旅行似乎并不能与任何留下记录的委托联系起来，因此他的出行可能只是为了完成那些对自然界的观察，这类观察成为列奥纳多晚年的主要兴趣之一。手抄本F卷中，开始于1508年9月22日标题为“关于世界和水”（Di mondo ed acque）的笔记是一系列关于地质学、植物学、大气等类似对象的记录中的第一部。尽管列奥纳多的研究方法变得更加科学，但他仍然是以画家的视角进行观察。他在关于植物学的笔记中，对树枝的分叉和树叶的生长分布形态进行了描述，类似于罗斯金在《现代派画家》第五卷中表现出的写作风格。手抄本G卷中的许多页内容涉及了光线照射在树上的状态、透光的树叶呈现的不同类型的绿色，以及光线反射自天空所形成的蓝色光泽（见图91）。该卷还包含了被列奥纳多称为“光的透视”（la prospettiva di colore）的宝贵笔记，即大气环境对颜色的影响。而这类观察，似乎是列奥

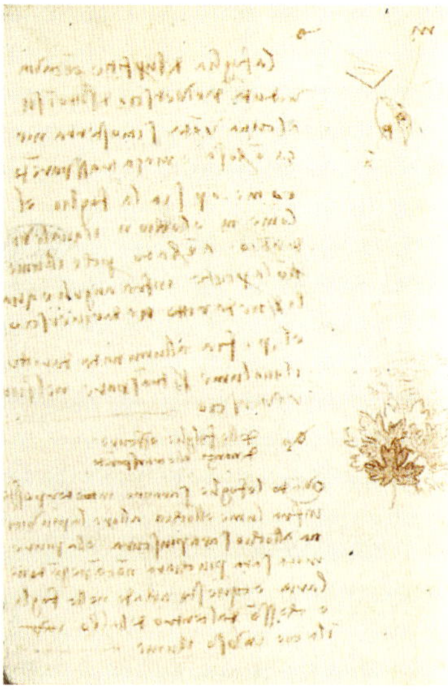

图 91 《树叶上的光线》习作，约 1513—1515 年，
法兰西学院图书馆，巴黎

纳多那些登山考察的主要目的。温莎城堡有一幅列奥纳多描绘阿尔卑斯山的习作，是一系列绘于红纸上的精美红粉笔习作中的一幅（见图 92），画中记录着列奥纳多在高海拔地区，透过空气对远处野花的颜色进行的细致观察。此外，列奥纳多关于烟和雾颜色的笔记，让人联想到歌德在这方面的研究。无奈，列奥纳多对于规律的反感，使他没能先于歌德总结出透光性的原理。不过，通过这些研究，列奥纳多发现了一个现象，即所有事物的色彩，都或多或少地受到环境中其他事物色彩的影响，而且纯粹的黑色阴影是不存在的。这一发现后来成为印象派绘画的教义。与此同时，列奥纳多绘画的色调也变得阴暗，以至在他最后的作品、卢浮宫中那幅令人费解的《施洗者圣约翰》中，人物像是刚从黑暗中浮现出来的。

在登山考察的过程中，列奥纳多逐渐对地质学产生了兴趣，特别是关于贝壳及其他海洋生物的化石为何会出现在内陆高山上的问题。他在《哈默手抄本》中，对这一问题进行研究时所体现出来的细致、执着和坦诚，可以视为列奥纳多学术态度的最佳例证。他从未将神力的创造作为原因考虑在内，并且还提出了有力的论据，来反对是洪水将贝壳等生物带到山上的说法。最终他假设这些地区曾被海水覆盖，并开始尝试找出这一现象发生的原因。因此，这类地质学观察与他

图 92 《阿尔卑斯山峰》习作，约 1511 年，英国皇家图书馆，温莎城堡

对胚胎学和比较解剖学的研究结合，展现出列奥纳多所具有的科学开明思想甚至超越了许多 19 世纪的著名科学家，并且已经具备了接受整套进化理论的基础。

这类对地质学的研究，时常会被视为列奥纳多的兴趣从艺术转向科学的证据。其实，在列奥纳多科学探索的每一个阶段，不论其过程有多么严谨，他的想象力始终都参与其中。他对地质构造的研究也不例外。长期以来，列奥纳多都对岩石结构充满兴趣，温莎城堡一系列大约完成于1508—1510年的习作，[1]表现了他对露出地表及扭曲的岩层的研究。图 93 中岩石顶破柔软的腐殖质，从而暴露出其他生物赖以生存的古老且坚硬的地层。

现藏于卢浮宫的《圣母子与圣安妮》的背景，有一种站在人类痕迹已渺小到不可见的高度，而将世界作为一颗星球观察的感觉（见图 94）。虽然没有与这件作品相关的文字记载，但是列奥纳多所作的草图，以及作品的整体风格都表明，该画作完成于他回到米兰之后，估计在 1510 年左右。而且，画中只有广袤精致的风景是由列奥纳多亲手绘制的，人物的面容则显得生硬，缺乏《蒙娜丽莎》那

1. 收藏编号为 12389、12394、12396 和 12397。

图 93 《地质层机理》习作，约 1508 年，英国皇家图书馆，温莎城堡

种鲜活的质感（见图 95）。画作的部分区域尚未完成，比如圣母腿上的衣纹仅有外轮廓。不过，我们从收藏于卢浮宫（见图 96）和温莎城堡的习作中，可以看出这部分画面在完成后应该具有的那种精致、充满韵律和严谨的效果。这些习作展示了列奥纳多为其作品所做的详尽准备。然而，在将这些准备工作运用到作品中时，对不可改变性天生的厌恶，却经常迫使他将作品停留在未完成的状态。相较于这些衣纹习作，更令人感兴趣的是列奥纳多为圣安妮的头像所画的习作（见图 97）。习作中的头像和最终作品中头像（见图 98）之间存在的区别，无疑要部分归因于列奥纳多自己。例如，他不仅为了强调鲜明的金字塔构图而改变了头饰的外形，并有可能做了某些减弱人物特征的修改。但是这一区别还要归因于画中头像出自其学生之手。这也揭示了一个众所周知的事实，即一个伟大人物有着“比国王还多的忠实保皇派”（plus royaliste que le roi）。最终作品中圣安妮这种传统列奥纳多风格的表达，具有某种魅力及一种不自然的神秘气质；而习作中更为人性化的神秘感则显得深邃微妙。[1]

1. 我现在（1957 年）不同意这整段中的观点，我相信这件作品基本上都是列奥纳多亲手完成的，对圣安妮头像进行修改的部分原因是对完美形象的追求，这也是其晚期作品的特点。

图 94 《圣母子与圣安妮》，1508—1510 年，卢浮宫，巴黎

图 95 《圣母子与圣安妮》中的头部及风景细节，1508—1510 年，卢浮宫，巴黎

即使经过了这些修改，卢浮宫的这件作品仍具有一种复制品无法企及的力量和美感。至于评论家们所针对的画中过度矫揉造作的人物姿态，确实与文艺复兴早期那种简单呆板的正面姿势相去甚远，但是没有什么比这一姿态更能清楚地表达列奥纳多作为画家的意图了。这个多年来一直让列奥纳多充满兴趣的题材，为他提供了一种将存在反差且互相交错的律动融入一个整体轮廓的可能性。从他对这一题材历年来的画面处理演变中可以看出，列奥纳多是如何逐渐将这种人物姿态的律动性变得越来越复杂的。在伯灵顿宫底稿中，他对圣母和圣安妮的形象分别进行了完全的均衡构图处理，他将整个圣母形象置于作品的一侧，并且将两个视线方向相反的头像画在了同一高度，由此在一定程度上赋予了画面一种庄严的形式感。不过，列奥纳多对画面两边构图的考虑却并非十分完善，左手边显得过于平淡，右手边两个头部之间的空隙则过于规则。如果我们可以根据布雷西亚尼诺的复制品来判断的话，列奥纳多在 1501 年的那幅底稿中，已经成功地将圣母

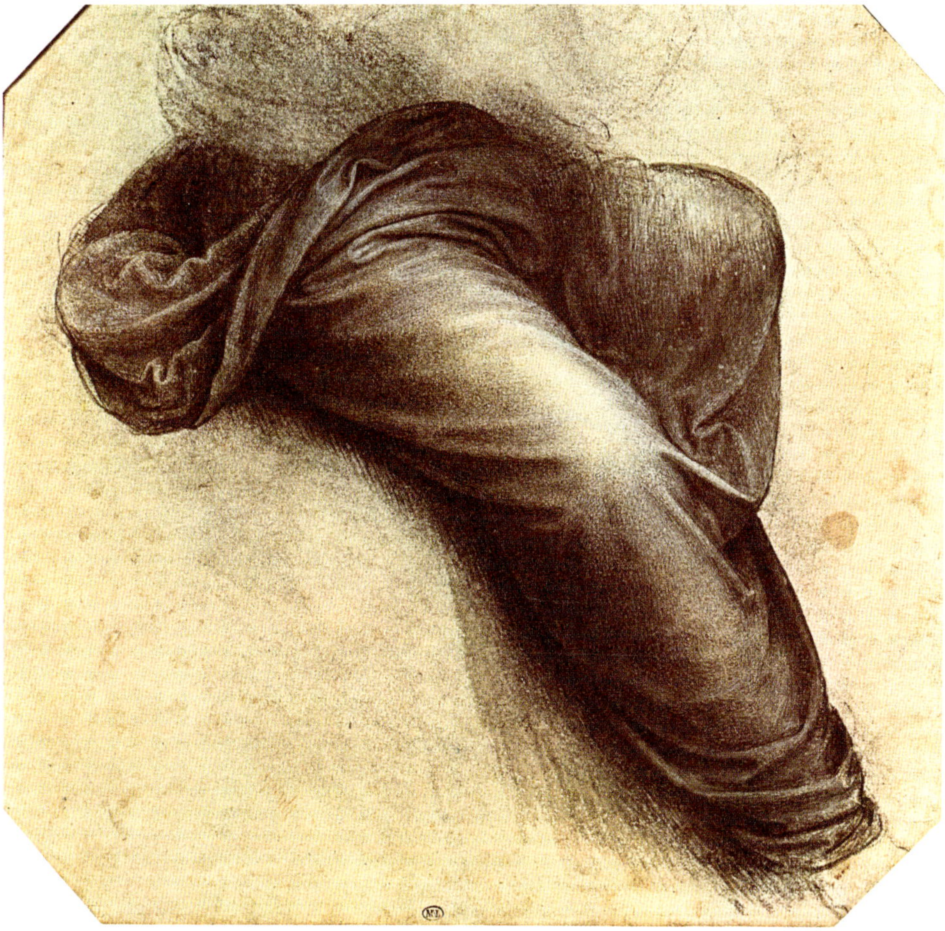

图 96 《圣母子与圣安妮》中衣纹的习作，约 1508—1510 年，卢浮宫，巴黎

的头部安排在一个不同的高度，而且两个人物头部之间的落差，使画面变得更为生动。但是，列奥纳多显然察觉到了画面构图中的垂直线过于突出；所以，在他为这一题材最后版本所作的一幅藏于卢浮宫的草图中，我们看到他将圣母的身体设计成向右跨过画面的姿势，以便突出构图中的水平线（见图 99）。最终，他通过对人物形态大幅度的扭曲，达到了我们在卢浮宫《圣母子与圣安妮》中所见到的那种画面构图的完美平衡。[1] 这一构思带着精妙的赋格曲所具有的那种令人兴

1. 当圣母的形象从其他人物中独立出来时便可以看出这类构图的效果，如同藏于波尔迪·佩佐利博物馆的切萨雷·达·塞斯托的作品中所见。

图 97　圣安妮头部习作，约 1508—1510 年，英国皇家图书馆，温莎城堡

奋的特性，如同巴赫的杰作般无穷无尽。我们总是能在动态与和谐中发现新的表现形式，它们在变得越来越复杂的同时却仍服务于整体，如同巴赫的乐曲，这不仅是智力的表现，还承载着人类的情感。

不用佩特风格的语言很难对这种神秘与敏感、人性与非人性的独特混合进行表述。不过，我不禁还是要引用一段弗洛伊德对这件作品优美且深刻的阐述。他相信列奥纳多出生后，最初生活在他的生母农妇卡特里娜身边。但是在其出生的一年后，他的父亲皮耶罗便与另外一位女性结婚。皮耶罗发现新婚妻子无法生育，就把列奥纳多带回来交由她抚养。所以，在某种意义上，列奥纳多就有了两

图 98 《圣母子与圣安妮》中圣安妮的头像，1508—1510 年，卢浮宫，巴黎

位母亲。这种潜意识中的对两位他所热爱的女性的记忆，如同梦境般互相交织，使他对圣母子与圣安妮这一题材有着如此敏感的留恋。不论这一说法是否属实，弗洛伊德的说法似乎传达了卢浮宫作品中的情感，并可以解释画面上所表现出来的母亲与女儿年龄上的接近、两人形态的奇怪交融，以及神秘的微笑。

查尔斯·达博思于 1511 年 3 月 10 日去世，其政府也交由加斯东·德·富瓦（Gaston de Foix）和吉安·贾科莫·特里武齐奥（Gian Giacomo Trivulzio）两位将军管理。我们知道，列奥纳多曾接受过后者创作骑马纪念像的委托，因此有理由将温莎城堡的一系列马匹习作归于这一时期，从这些习作的风格和其他主

图 99 《圣母子与圣安妮》习作，约 1508—1510 年，卢浮宫，巴黎

观证据上判断，应该完成于他第二次在米兰逗留的阶段。从外观上看，这些习作与他为斯福尔扎纪念像所画的习作非常相似。具有讽刺意味的是，哪些习作是列奥纳多为斯福尔扎所画，哪些是为斯福尔扎的死敌及征服者所画，研究者们至今无法区分。

然而，我相信将两组习作进行区分是有可能的，作为区分的结果，我们可以对后期习作的细节进行研究。这为我们提供了一个观察列奥纳多工作过程的好机会，他一个接一个地创造和放弃各种姿势，以期找到最紧凑饱满的造型。通过一份列奥纳多亲笔书写的详细预算表，我们可以了解到特里武齐奥纪念像的总体方案，里面记载着各种精确的尺寸数据和对每一个部分的描述。[1]

首先，表中写着，“与真马等大的马匹雕像”——这意味着马匹雕像在尺寸上要小于斯福尔扎纪念像，被置于带有复杂檐饰、饰条和雕花框的高底座上。从预算表中所包含的八根金属铸造的柱子及柱头来看，这一底座显然带有精美的古典风格。柱子之间是石雕花彩和其他装饰。底座下方石棺上的逝者石雕像，由6尊手持烛台的鹰身女妖哈耳庇厄塑像支撑着。从列奥纳多明细中的价格判断，围绕着底座的8尊雕像显然与真人大小相等。尽管石雕的价格要远低于铸铜部件，但是底座部分的制作费用依然占了整个纪念像造价的一半，可见它还是相当精致的。与列奥纳多预算表中的文字描述极为相符的一组习作，展现了复杂的檐饰和雕花框、古典风格的柱子，以及带有卧姿雕像的石棺（见图100、图101）。[2] 习作中甚至大致勾勒出了底座四周的塑像——被绑在立柱上的俘虏。或许由于他不久前在米兰的工作，列奥纳多强调了这一纪念像中的建筑性元素，而这类元素在斯福尔扎纪念像中是完全不存在的。列奥纳多将底座下卧姿雕像周围的主题从意大利北部常见的壁龛纪念像，转变成了一组自由站立的雕像。他这样做，就将文艺复兴早期的表现形式变成了典型的文艺复兴盛期的表现形式。底座四周的奴隶形象让人想起米开朗琪罗为教皇尤里乌斯设计的纪念碑。温莎城堡有一页习作上的部分内容与文艺复兴盛期雕塑中最后一座伟大的纪念像出奇地相似，那就是圣保罗大教堂中阿尔弗雷德·斯蒂文斯（Alfred Stevens）为威灵顿伯爵（Duke of Wellington）所做的纪念碑。列奥纳多在两幅主要的习作里，分别尝试了腾跃和行走姿态的马匹，但是两种姿态都不能使他完全满意。在腾跃姿态的马匹习作中，他对马匹腹部下方的空间构思依然存在不足。在对行走姿态的马匹进行再次构思时，则带有更为显著的造型意图。为此，列奥纳多又创作了一系列以写生为基础的习作。这是列奥纳多为他所有作品付出心血的又一个例证，不过这方面的大量证据却没有保留下来。终其一生，列奥纳多都在用他无与伦比的观察力对

---

1. 《大西洋古抄本》，第179页，收录于里希特《列奥纳多的文学作品集》第725节。同一页上还画有一幅卢浮宫《施洗者圣约翰》的左手习作，从而证实了估算表较迟的完成时间。
2. 我认为温莎城堡中的部分习作，如12353和12355，必定受到米开朗琪罗的影响，但是这一话题过于复杂，因此无法在本书中加以阐述。

图 100 《特里武齐奥纪念像》习作，1511—1512 年，英国皇家图书馆，温莎城堡

图 101 《特里武齐奥纪念像》习作，1511—1512 年，英国皇家图书馆，温莎城堡

马匹进行描绘，研究马匹的解剖学特征，并总结出了对马匹身体比例的理论。55岁那年，列奥纳多又一次通过写生开始对马匹进行认真详细的研究。从表面上看，这些习作似乎要比他为斯福尔扎纪念像所画的略微逊色一些。黑色炭笔的粗重线条替代了具有微妙表面质感的轻快银笔画。不过，这种经过深思熟虑的从容笔触却具有一种重量，而这种体量感正是列奥纳多在习作中所追求的。因为这些习作并非只是精致的写生，而是为雕塑所做的准备研究。

值得我们注意的还有这些马匹习作和列奥纳多早期习作之间在用笔技法上的区别。习作中表现阴影的方法整体性地发生了改变。单一的斜向阴影线，被用以表现深度的阴影线代替。因此，圆柱的阴影不再由均匀排列的斜线表示，而是由根据它的弧度，以正确角度画于圆柱体边缘的线条组成，这就是所谓随形的阴影表现法。本质上说，这是一种具有雕塑性的风格，抛弃了纯视觉的信息，认同建立在认知基础上的规范。像列奥纳多这样杰出的印象主义绘画技巧大师采用这种理智的古典风格，可以看出他有多么重视造型连贯性。这一明暗表现手法的改变，也是我们判断列奥纳多习作完成时间的最佳方式之一。在1500年前，列奥纳多极少使用这种新手法，不过，随着时间的推移，用以表示阴影的线条间的间隔逐渐扩大，列奥纳多对这一手法的使用也便变得越来越普遍。最终他还结合了交叉排线法的使用，这类组合在列奥纳多银笔画技巧占主导的时期是很难见到的。总的来说，意大利画家极少有这样的用线习惯。[1]这是一种欧洲北部，尤其是德国的绘画风格，鉴于丢勒给这一时期的意大利画家留下的深刻印象，我们不能排除列奥纳多也受到了丢勒绘画风格影响的可能性。

在列奥纳多为特里武齐奥纪念像所作的最后一批草图中，[2]他在两个问题上倾注了自己的思考：如何安排腾跃姿势的马匹腹部下方的空间以及骑士的姿态。在解决这两个问题时，列奥纳多对古典艺术进行了前所未有的借鉴。穆勒-瓦尔德称这要归因于列奥纳多对帕维亚的一座古典骑士纪念像的研究。根据我们所掌握的粗略图像资料，这座已遭损毁的被称为太阳王（Regisole）的纪念像与原立于卡比托利欧（Capitol）山上的马可·奥勒留（Marcus Aurelius）纪念像非常相似。列奥纳多在《大西洋古抄本》中也提到了该纪念像[3]：“帕维亚的那座纪念像最为人所推崇之处是它的动态，对古典作品的效仿比对现代作品的效仿更值得赞扬。如同肖像画和堡垒设计之间的区别，人们无法兼顾美感和实用型。纪念像马匹的小跑姿态几乎带有真实马匹的韵律。在自然活力缺失的地方，必须用附属的活力作为补充。”之所以引用了整段文字，不仅因为其中提到了太阳王纪念像，还在于这段文字是列奥纳多匆匆记录下思绪的绝佳例子。从中我们还能看到他的审美观念是如何脱离文艺复兴早期的写实主义的。同时，这段文字还显示了列奥纳多对古典艺术不断增长的兴趣不仅限于帕维亚的纪念像。事实上，他后期大部分为特里武齐奥纪念像所画的草图，似乎都受到了古典浮雕和首饰艺术的影

1. 雕塑草图的交叉排线法常见于被归于班迪内利（Baccio Bandinelli）名下的大量草图中，但或许可以追溯至多纳泰罗，不过在形式上有所不同。

2. 温莎城堡收藏编号为12359、12344、12342、12360和12354，在此以我认为正确的时间顺序对这些草图的藏品号进行排列。

3. 第147页。

响。在一些草图中，列奥纳多甚至将骑士的形象画成了戴着月桂花环的裸体英雄。之前，列奥纳多在斯福尔扎纪念像的构思中忽略了骑士与坐骑之间关系的问题。所以斯福尔扎纪念像也总是被称为“那匹马”（il cavallo），骑士是被分开铸造后，再安装到马背上的。但是这种随意的制作工序并不符合后期列奥纳多对完美的定义。因此，在特里武齐奥纪念像的草图中始终包含着骑士的造型，其姿态随着马匹姿态的变化而改变。我们很难对那些由马头或前蹄不易察觉的升降所造成的整体动态的细微变化进行细节上的描述，不过或许可以通过一个例子来了解。到底骑士的手臂是指向前方还是后方？依照加塔梅拉塔纪念像和古典雕像中的先例，应该是指向前方（见图 101）。但是列奥纳多认为这一姿态过于生硬，于是他在图 102 中进行了所谓的开放姿势的尝试，将骑士的手臂指向后方。但是在另一幅小草图上，这一姿势和行走马匹的结合似乎并没有令他满意。所以他继续对其他姿势进行尝试，例如通过让骑士在向前指的同时向后方看去，或身体大幅度前倾来赋予其动感。图 102 中左下角的一幅墨水笔草图可以被视为列奥纳多处理骑士和马匹关系的有趣例证。在此我们可以明显感觉到这一开放姿势显得过于松散，并疑惑为何列奥纳多会犯这样的错误。直到我们后来注意到，在他原本用粉笔所画的底稿中，骑士的身体是前倾且手臂向前的，但后来他用墨水笔将骑士改为向后指时，却没有对马匹脖子的姿势做相应的改变。虽然我们不清楚列奥纳多选择了哪个姿势作为纪念像的最终形态，但是在温莎城堡第 12347 号草图中或许包含着一些线索。为纪念像的铸造工作所写的说明中，有一幅开放姿势的示意图。[1] 同样，在腾跃姿势马匹的构思中，列奥纳多也尝试着对该形象进行了一系列的变化。类似于古典时期的浮雕作品，他也选择呈现了在马匹的前蹄下蜷伏着的被征服敌人的形象。在一幅草图中，被踩踏的敌人仰卧着用脚抵住马肚子，由此与骑士上扬的手臂形成了反向的造型。尽管这一构思与斯福尔扎纪念像相比要紧凑得多，但是对于大型雕塑作品来说依然过于复杂。或许列奥纳多从来就没想过要将腾跃姿势的马匹构思付诸实施。至少图 102 中那个在完成时间上要晚于同页中其他草图的构思从来就不是为了实用目的而创作的，它是列奥纳多对这一吸引他一生的题材的最终表达。而值得我们拿来与其进行比较的，是米

1. 这幅示意图曾被认为与斯福尔扎纪念像有关，但是其上方的文字显示它是为特里武齐奥纪念像所作。

图 102 《特里武齐奥纪念像》习作若干，1511—1512 年，英国皇家图书馆，温莎城堡

开朗琪罗对自己一生所痴迷主题的最终表达，即我们在阿什莫尔博物馆中参孙杀死非利士人的草图里所见对两个搏斗中的裸体的构思。列奥纳多与米开朗琪罗这两幅草图间的相似性十分明显，而且鉴于这种相似性会令两人产生同样的反感，反倒显得格外珍贵。这两位艺术家都是在老年时才学会如何在绘画中避免使用外轮廓线，而是利用由难以描述的墨迹所显示的内在造型来表现对象。这就是当塞尚在赞赏一幅绘画时说的“以形式来绘画”（dessiné dans la forme）所表达的意思。

特里武齐奥习作中，黑色粉笔的使用及画纸上存在的水印都帮助我们确定了列奥纳多一系列化装舞会戏服草图的完成时间（见图 103）。这些草图在风格和构思上的相似性，说明它们有可能都是为同一场化装舞会创作的，虽然我们无法确定其具体发生的时间，但应该是在 1511—1512 年间。其中两幅草图所使用的墨水笔似乎表明了它们的完成时间要晚于 1509 年法王路易十二在米兰的逗留时期。而且它们与特里武齐奥纪念像草图之间存在的联系，也证明了草图不是为我们已知他在法国所组织的化装舞会创作的。但是不管怎样，这些草图还是具有一种微妙的法式韵味。草图中戏服的那种高雅的精致感让我们联想到了卢瓦尔河谷城堡群（châteaux of the Loire）泛着银色光泽的水中倒影所呈现的对意大利文艺复兴风格的追溯。两个人物身上经过精巧穿插编织的丝带展现了典型的法国文艺复兴风格，如同圣波尔谢尔地区的彩陶器皿。或许导致这一表现形式产生的一个简单原因，就是源于列奥纳多个人对相互交织动态天生的热爱。不过，在这些道具服装中我们似乎还能感受到某种与当时的意大利精神无关的梦幻般的气质，如同一个将文艺复兴时期的黄金年月视为一场遥远虚幻的梦境的人眼中所见的场景。因此这些草图与前拉斐尔派画家的作品有着明显的相似之处，尽管相比之下，爱德华·伯恩·琼斯爵士（Sir Edward Burne Jones）最好的作品也会显得单薄沉闷。在列奥纳多道具服装轻薄飘逸的裙下，我们可以看见一双健硕的，且从解剖学角度来看完美无瑕的腿，它们与但丁·加百利·罗塞蒂（Dante Gabriel Rossetti）作品中生硬纤细的肢体有着极大的反差。这些道具服装草图中最迷人的，是一个站在小瀑布边的女性形象，手指向远处的姿态及目光均带有一种神秘的吸引力（见图 104）。如同《暴风雨》应该成为莎士比亚的最后一部戏剧一样，这件作品也应是列奥纳多最后的画作。在画中他又一次找到了自己年

图 103 《假面舞会参与者》，约 1512 年，英国皇家图书馆，温莎城堡

轻时的灵感，即弗拉·菲利普和波提切利的绘画传统。[1] 这一形象与他纠结了一辈子，是列奥纳多的天使，也是他的密友，最终在画面上定型了。同样作为列奥纳多想象力的产物，不同于卢浮宫《施洗者圣约翰》那个几乎被繁重的绘画劳作窒息的形象，这幅草图类似提香晚期作品，有那种琐碎且含糊的笔触。我们无法

1. P. 梅勒（P. Mellor）曾展示了列奥纳多受到波提切利为但丁作品所画插图启发的具有说服力的证据，即这一形象表现了玛苔尔达在《炼狱》第 118 篇中见到但丁的场景。参见《艺术史学报》（*Actae Historiae Artium*），1995 年，第 3 期第 2 册，第 135 页。

图 104 《一个仙女》(可能是但丁《神曲》天堂篇中的玛苔尔达),
约 1512 年,英国皇家图书馆,温莎城堡

想象去分步完成这幅作品。似乎一阵微风便能吹散迷雾,让这位如同榆树般庄严及哥特圣母般柔和的女神露出全貌。

这些特里武齐奥纪念像和化装舞会服装的草图应该是列奥纳多为他的法国资助人在米兰完成的最后工作。1512 年 6 月,西班牙人、效忠教皇的雇佣兵以及威尼斯人组成的邪恶同盟占领了米兰。这个一直以来被视为欧洲文明中心的城市完全陷入了混乱。因此,诗人、艺术家以及其他曾希望在法国人统治下持续享受斯福尔扎时期余晖的学者们都做好了另寻出路的准备。他们的主要目的地是罗马,列奥纳多在不久后也跟随他们去了那里。但在此之前的一年里,他仍然留在米兰，确切地说，是在米兰附近的瓦匹欧（Vaprio），住在他新朋友兼追随者、优雅的弗朗西斯科·梅尔兹家中。

在这一年中，他所进行的一项工作应该得到我们的关注，原因在于它为列奥纳多绘画风格的研究提供了最后一批具有确切纪年的证据。这就是列奥纳多对解剖学的研究。在1510—1511年，他遇见了当时最伟大的解剖学家马克·安东尼奥·达拉·托雷（Marc Antonio dalla Torre），据瓦萨里的叙述，他为列奥纳多的解剖学研究提供了帮助。不过在列奥纳多该时期的笔记中，却没有出现关于这类帮助的记载。如我们所了解的，列奥纳多从1489年起便开始对解剖学进行研究，而当时的马克·安东尼奥还只有7岁。在1500年时他在这方面的研究早已超越了绘画科学所需要的程度，并且通过对生殖过程的研究，列奥纳多已经开始切入生物学的核心问题。有一幅著名的表现男女交媾场景的解剖学习作，展现了他在观察这一普通人生活中极重要的活动时所具有的奇特的超脱态度。这幅习作应该完成于1497年左右，几年后列奥纳多重新回到这一题材的研究上，并且如我们所见，他在《勒达与天鹅》中进行了象征性的表现。温莎城堡图书馆一部被称为解剖学手抄本A卷的大型手稿上，写着这样的句子："在今年的春天，1510年，我希望能够完成对这整个领域的解剖学研究。"由此推断该手稿的大部分内容完成于1509年，早于列奥纳多遇见马克·安东尼奥的时间，因此也证实了他不可能从这个比他年轻的人那里学习解剖学。这部手稿里所包含的一系列没有皮肤的肌肉人体习作就其本身来说具有独特的美感，并且对于鉴别列奥纳多在各阶段的用笔技法也十分有用（见图105）。从中我们可以看到，他根据形体的变化描绘阴影的方式几乎接近了风格主义的技法。线条枯燥且坚硬，几乎不带任何感情和活力，与他完成于1489年的那些优美的解剖学习作相比，已经完全变成一种严肃的科学示意图。然而完成于同一时期的化装舞会服装草图，则表明了列奥纳多并没有丧失笔触间神奇的技巧，只不过是根据他的需要而加以运用。在这部手稿中，列奥纳多主要对肌肉组织进行了研究，但是从整体上来看，他后期的解剖学研究，显示他对器官性原理的兴趣已经超过了机械性方面。完成于1512年的一整本笔记中，全部是关于胚胎学的内容，其中还包括了应该是史上首幅表现子宫中婴儿的草图（见图106）。当我们想到所有那些早期作家关于列奥纳多的仁慈和细腻情感的描述，就不难意识到促使他进行这类骇人的解剖研究的高尚且强烈的求知欲，并且也理解了他在进行绘画时所使用的这种明确果断的

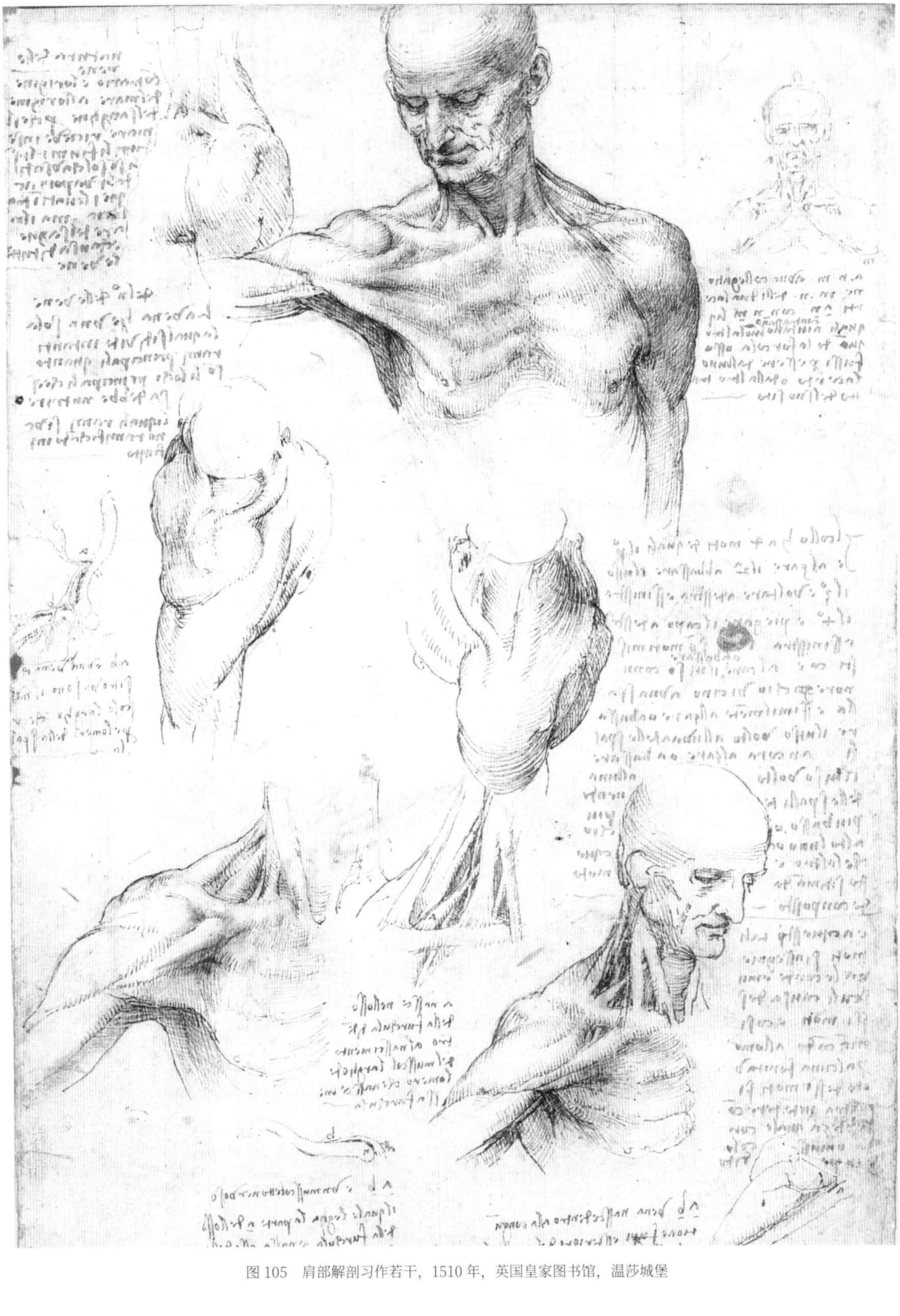

图 105　肩部解剖习作若干，1510 年，英国皇家图书馆，温莎城堡

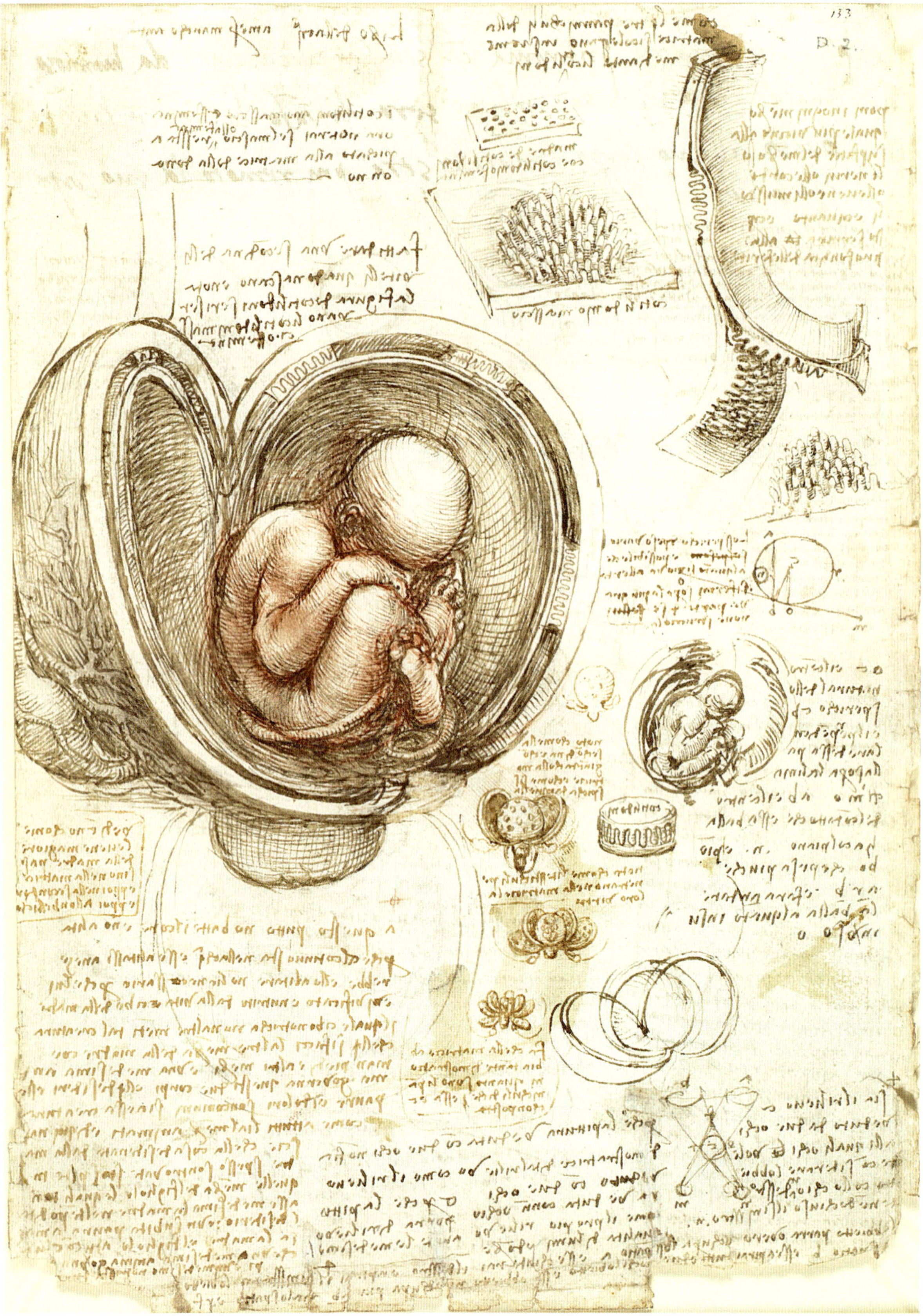

图 106 《子宫中的胚胎》，约 1512 年，英国皇家图书馆，温莎城堡

笔法。列奥纳多最后一份关于心脏的解剖学手稿完成于 1513 年 1 月 9 日（见图 107）。奇特的是，尽管他对心脏和血管的功能进行了极为详尽的研究，却始终未能总结出一套关于血液循环的理论。这份手稿是用一支钝笔写在粗糙的蓝灰色纸上的，配图呈现出一种蓄意的随意性风格，就像是列奥纳多在抗拒自己早期风格中那种精致的美感（见图 108）。这也几乎是他所有的晚期作品中的风格。由于列奥纳多更晚期的文字依然保持着娟秀的笔迹，所以我们可以判断，这一风格并不是某种生理上的退化造成的。更可靠的解释是，这似乎反映了他在暮年时所具有的悲观且幻灭的情绪，促使列奥纳多对物质层面的美产生抗拒，不论是利落的线条，还是诗歌抑扬顿挫的韵律。

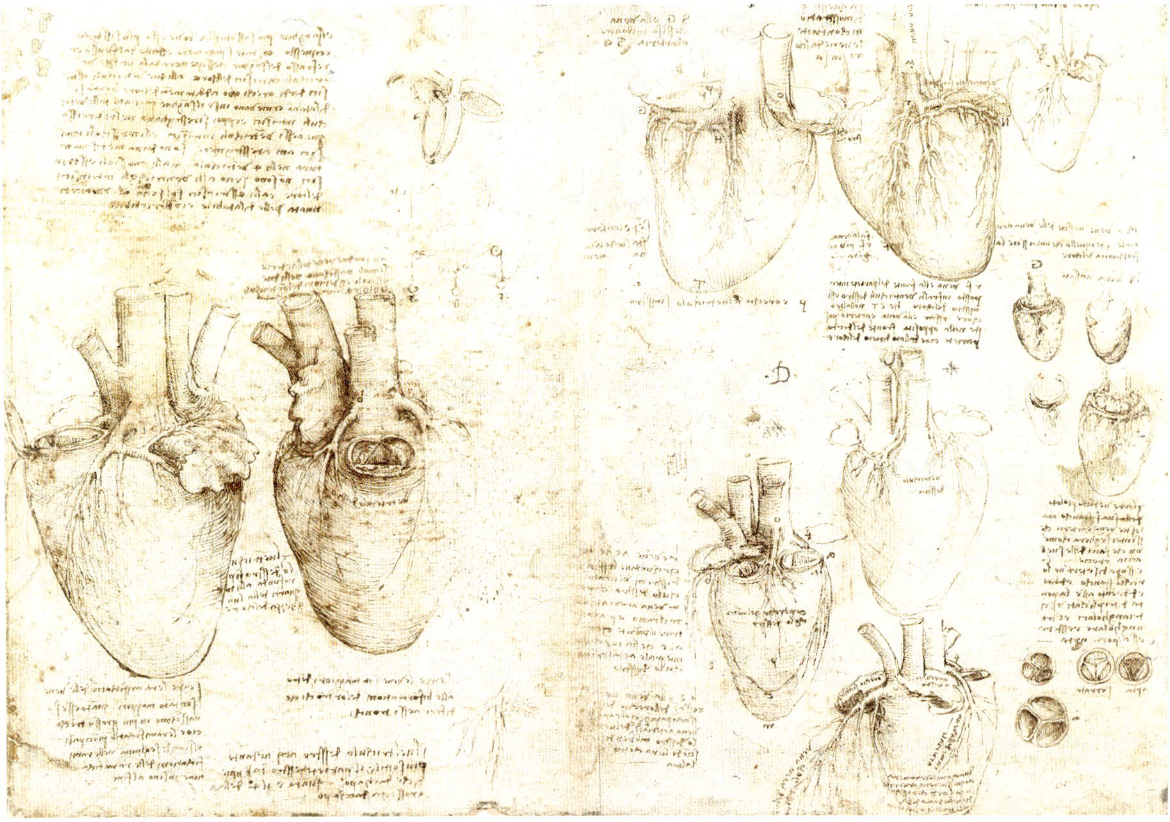

图 107　心脏解剖习作若干，1513 年，英国皇家图书馆，温莎城堡

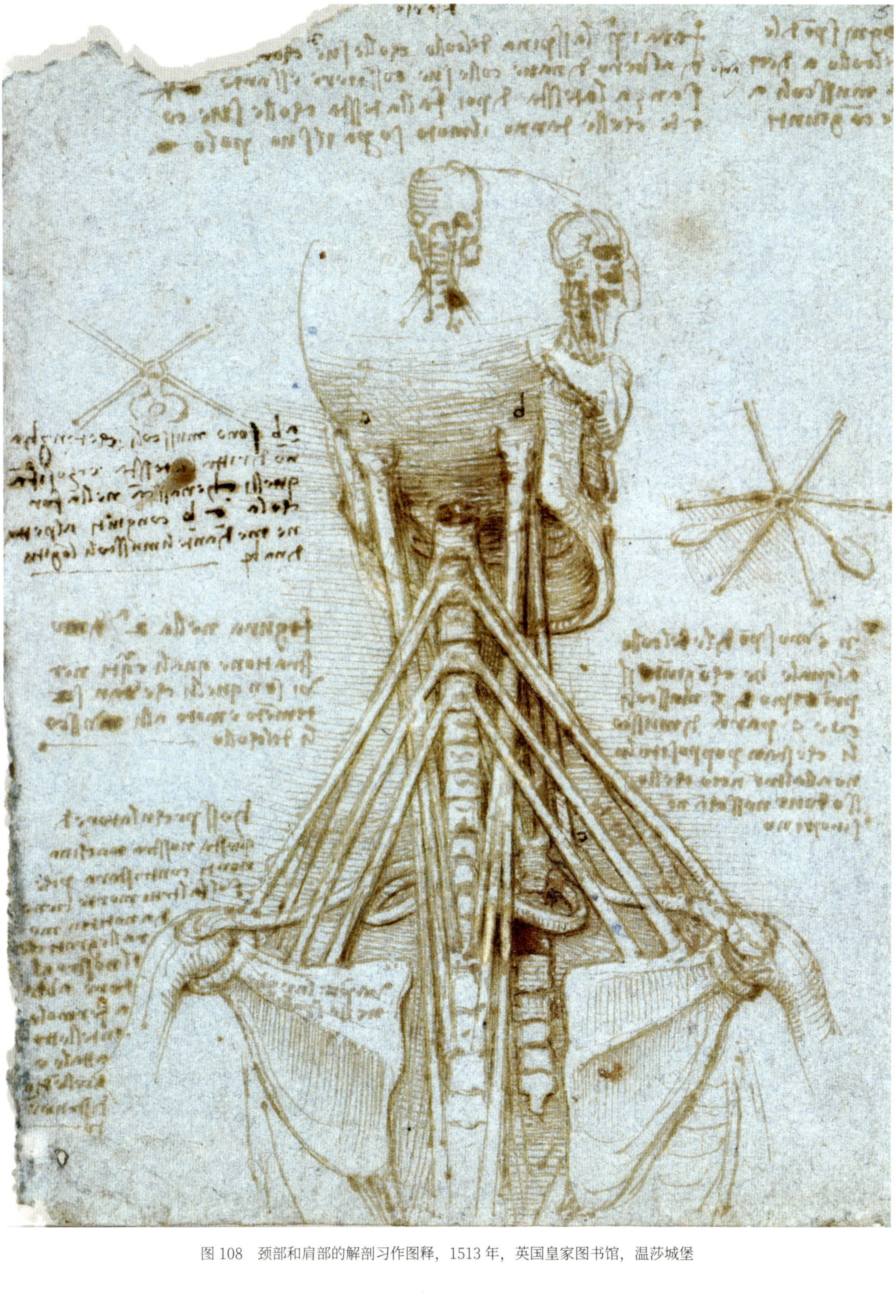

图 108　颈部和肩部的解剖习作图释，1513 年，英国皇家图书馆，温莎城堡

第九章

1513—1519 年

列奥纳多在罗马期间；对流体力学的研究；大洪水素描；卢浮宫的《施洗者圣约翰》；列奥纳多在法国；装着百合花的机械狮子；以及，去世和结论

1513年9月24日，列奥纳多写道："我离开米兰前往罗马，同行的还有乔万尼·弗朗西斯科·梅尔兹、沙莱、洛伦佐和伊尔·方弗亚。"如同许多艺术家一样，他也被乔万尼·德·美第奇广为人知的开明态度所吸引；1514年3月，乔万尼·德·美第奇成了教皇利奥十世。在佛罗伦萨短暂停留后，列奥纳多在1513年年末到达罗马。到达后，列奥纳多就住进了教皇的弟弟朱利亚诺·德·美第奇专门在梵蒂冈宫中为他安排的房间。列奥纳多在洛伦佐·德·美第奇手下未能获得的眷顾，如今在他的儿子那里得到了补偿。尽管朱利亚诺性格软弱且情绪变化无常，但他对艺术与科学所持有的兴趣原本可以让他成为列奥纳多的理想资助人，但是命运似乎在列奥纳多与美第奇家族的关系中扮演着对立的角色。对于列奥纳多在罗马的生活，当时的文献为我们描绘了一幅悲凉的画卷。在长期远离尘世地活在自己的幻想世界后，列奥纳多这位惯于独处的年迈绅士突然发现自己置身于意大利半数顶尖艺术家之中。所有人都在争先恐后地互相批评，并且想方设法地为自己谋取利益。拉斐尔及其身边一群野心勃勃的年轻艺术家必定曾频繁地出入梵蒂冈，以便对其中收藏的古典雕塑残件进行观摩学习。至于拉斐尔是否曾拜访过列奥纳多这位令他受益良多的大师，我们无须多问。最糟糕的是，米开朗琪罗当时也在罗马，并且凭借完成的西斯廷穹顶壁画奠定了自己毋庸置疑的权威。毫无疑问，在面对如此强大的竞争对手时，列奥纳多已感到疲于应对，由此更陷入了忧郁及神秘的隐居状态。瓦萨里关于列奥纳多日常活动的一段描述值得在此引用，因为这段文字反映了当时人们对他科学研究的看法：

他调制了某种蜡质的膏，走路时，他会捏制一些轻薄且中空的动物。对着这些动物吹气，可以让它们飞行一段距离，但空气阻力会让它们掉落在地面上。梵蒂冈宫的葡萄整枝匠抓到了一只外形奇异的蜥蜴，列奥纳多用一种加入水银的黏合剂在蜥蜴背上粘上了一对翅膀；这对翅膀是用其他蜥蜴的鳞片做成的，当蜥蜴爬行时，翅膀会随之抖动。列奥纳多甚至还为蜥蜴加上了眼睛、角和胡须，并把它关在一个盒子里加以驯化。当他将蜥蜴拿给朋友看时，所有人都受了惊吓。列奥纳多曾把羊肠中的油脂完全刮除洗净，处理后的羊肠可以直接拿在手里。然后，他在另一个房间放了一对铁匠用的风箱，将羊肠的一端接在风箱上，往羊肠中打气。充气后的羊肠撑满了整个房间，以至于屋里的东西都被挤到角落。这个实验说明了空气如何从一点空间开始到占据整个空间。列奥纳多还把这一现象与美德做比较。当他对镜子的成像原理感兴趣时，同样做了无数类似的荒唐实验。他还尝试用最奇怪的方法提取绘画时要用到的油和保护画面用的上光剂。

值得注意的是，瓦萨里关于列奥纳多用伪造的龙[1]吓唬朋友的故事，在他描述自己的童年经历时也有，这次只不过以不同的形式对这一桥段进行了复述。我们无从怀疑这个故事的真实性和典型性，在瓦萨里的叙述中，唯一可以被证实的只有关于镜子的陈述。当时列奥纳多很有可能正在对暗箱（camera obscura）之类的光学仪器进行研究。因为当他到达罗马时，这一领域的先驱莱昂·巴蒂斯塔·阿尔伯蒂早在80年前就开始进行这方面的研究了。[2]当时一个名叫乔尔乔·泰德斯科（Giorgio Tedesco）的工匠似乎被指派为列奥纳多服务，负责将他的设计制作成实物，但是此人却给列奥纳多制造了无数的麻烦，从我们掌握的数封列奥纳多写给他的资助人朱利亚诺·德·美第奇冗长而愤慨的书信中，看到他抱怨乔尔乔对报酬不满，还干私活，不依照设计图纸制作，不愿学习意大利语，偷懒，以及与瑞士雇佣兵一起去废墟射击，等等。最糟糕的是，乔尔乔·泰德斯科还受了一位名叫乔万尼·德格里·斯佩齐（Giovanni degli Specchi）的意大利镜子工匠的教唆，这个在梵蒂冈宫中设有作坊的工匠嫉妒列奥纳多在资助人那里的影响力，因为两人在宫中的待遇同列奥纳多产生了争执。最终他向教皇告发了列奥纳多进行的解剖学研究，并导致了这项研究的终止。具有讽刺意味的是，列奥纳多所遭受的首次教会干预是由利奥十世主导的。在这里，我有必要偏离主题，来反驳一个被普遍接受的说法，即列奥纳多之所以反向书写是为了隐藏自己的想法，而他不发表研究成果则是出于对宗教迫害的恐惧。

1. 即上文提到的蜥蜴。——编者注。
2. 参见莱昂·巴蒂斯塔·阿尔伯蒂：《通俗作品》（*Opere Volgari*），博努奇（Bonucci）编辑，第1卷（5卷本），佛罗伦萨，1843—1849年，第102页。

这一说法是完全不符合历史事实的。在列奥纳多所处的时代，教会所能容忍的学说远比列奥纳多做的更具危险性和颠覆性。他的科学研究是在宗教机构完全认可的前提下进行的。列奥纳多的解剖学实践，也是在像佛罗伦萨新圣玛利亚之类的教会医院中进行的。就算他的笔记中偶尔有对神职人员的嘲讽，但在频率和程度上，也远低于同时代的大部分文学作品。列奥纳多之所以反向书写，仅仅是因为他是左撇子；而不发表研究成果的原因，也只是他从未能进行整理。事实上，除了这次事件，我们没有发现任何利奥十世对列奥纳多的言论产生关注的证据，倒是瓦萨里记录过这位教皇为列奥纳多的拖延而烦恼的情况。据说当教皇交给列奥纳多一项委托后，他却马上开始对油和草药进行蒸馏以便制作上光剂。为此教皇利奥十世叹气道："唉！这个人什么都干不了，他的工作还没开始，就在考虑最后的一步了。"[1]

不经过上千次尝试和反复改动，列奥纳多就无法从头至尾地完成任何事情，这种与生俱来的拖延症一直都是他性格的一部分。我们必须将其视为一种意志力层面的疾病，而同样的病征也是摧毁塞缪尔·泰勒·柯勒律治（Samuel Taylor Coleridge）伟大才华的原因。"告诉我是否有任何事情是真正完成的。"[2]这句话一有机会，就会从列奥纳多的笔尖流露到纸面上。"告诉我，告诉我……"[3]一次又一次地，我们在列奥纳多草图的边缘、字里行间、数学笔记或是最煞费苦心的运算公式中看到这句话，直到这句话变成了某种重复的抱怨，以及他所受折磨的一种明显的症状。对于列奥纳多来说，意志力的衰退只是暂时的，并且大部分时间都会被他思想所具有的超凡精力所克服。但是在罗马的那些年，这种情况似乎超出了他的控制能力。这段时期，他对自己工作的唯一记录，就是在一条笔记中提到的几何游戏（De Ludo Geometrico），"完成于 7 月 7 日，23 点，于朱利亚诺为我准备的书房中"。《大西洋古抄本》里无数的草图，为我们展示了这些几何游戏的本质，光是其中一页就有 93 个图形。这让我们不禁对列奥纳多浪费掉的时间和天赋感到惋惜，因为这类图形与几何学的关系，就像是填字游戏和

---

1. 此处原文有"Oimè! Costui non è per far mulla, da che comincia a pensare alla fine innanzi il principio dell'opera"。——编者注。
2. 此处原文有"Di mi se mai fu fatta alcuna cosa"。——编者注。
3. 此处原文有"Di mi se mai, di mi se mai"。——编者注。

文学的关系。

温莎城堡的一幅完成于这一时期的草图，似乎能够代表列奥纳多当时的思想状态（见图 109）。草图描绘了一个蓄须老者的侧面像，用手托着头，目视远方，弥漫着一种极其伤感的氛围。老者的鹰钩鼻和显著下弯的嘴角，让我们联想到了列奥纳多下意识涂鸦中经常出现的老者形象，但是卷曲的胡须和深陷的眼眶又与列奥纳多本人有几分相似。就算这不是一幅严格意义上的自画像，我们仍然可以称之为自我漫画像。在这里，漫画的含义是对基本特征的简化表达。同一页纸上，老人的对面是一幅水流漩涡的习作，还有将水流与发辫进行比较的笔记。这部分习作与老人的画像之间，没有任何主观上的联系，并且这张纸原本是经过对折的。它们就像是在表达列奥纳多的思绪。因为在他所有感兴趣的事物中，水流的运动可以说是最令他着迷的，同时也是他最持久的兴趣。在列奥纳多生命的不同阶段，他都曾把这种痴迷转化成部分实际的结果，譬如运用到解决运河和灌溉问题的过程中。他关于这一主题的笔记，在数量上构成了列奥纳多文字记录中最

图 109 《沉思的老人及水》习作若干，约 1513 年，英国皇家图书馆，温莎城堡

大也是最令人费解的部分，相关草图的质量都显示了他在这方面的热情与实用性无关。列奥纳多的一些表现水流漩涡的习作，是他对形式感最直接的表达，且与他对绳结和卷须的喜好出自同一种神秘根源。温莎城堡收藏的一幅习作中，水流呈现出头发和花朵的形态，顺着弯曲的河岸流淌，并且从一处水闸倾泻而下形成无数小型的漩涡，就像是一丛带有长长卷须的蕨类植物（见图110）。列奥纳多超常敏锐的观察力是他能够捕捉到事物中具有装饰性的一面。现在通过高速摄影的证实，我们必须承认列奥纳多画中的水流形态确实是具有科学性的。但是当他在半催眠的状态下，注视着水流无情地逝去时，列奥纳多开始将他的观察引入了一个想象力的领域，并且将之与一直以来困扰着他的那种灾难性毁灭的想法联系在一起。这一次，他似乎受到了他所处时代情绪的影响，因为在15世纪的最后几年中出现的一系列预言性文学也提出了世界将会被洪水毁灭的警告。这些伴随着宗教改革而来的预言所形成的世界末日文学受到了当时教会的谴责，但是尽管于主流社会所不容，这类文学却在很大程度上俘获了当时人们的思想。据说很多人为了抵御洪水，变卖了房产逃至高山上去生活；在德国的部分地区，整个村庄都遭到遗弃。值得思考的是，为何经常表现出对庸俗迷信很不屑的列奥纳多会允许自己纠结于这种大洪水将至的预言。原因在于这类预言与他个人最深层的信仰产生了共鸣，即自然界的毁灭性力量犹如一座仅被轻薄且不牢固的坝体挡住的水库，随时可能倾泻而出，毁灭胆敢自诩自己是万物主宰的人类。无独有偶，另一位艺术家丢勒在这方面与列奥纳多有着类似的想法，也同样受到了大洪水主题的影响。他说：

> 1525年，圣灵降临节后的那个礼拜三夜里，我在梦中见到了一番景象。滔天洪水从空中倾泻而下，带着可怕的力量落在了离我4英里远的地方。伴随着巨大的声响淹没了整个大地。被惊醒后，我全身发抖，很长一段时间都回不过神来。早晨起床后，我画下了梦中所见的场景。愿上帝保佑一切。

在丢勒的水彩画中，一条黑色的水柱，[1]看上去静止且没有重量地立于一片平和的风景中。其他的水柱则像深色的帘子一般挂在远处的天空中。这种景象与列

1. A.罗森塔尔（A. Rosenthal），《伯灵顿杂志》，1936年，第69期，第82页。

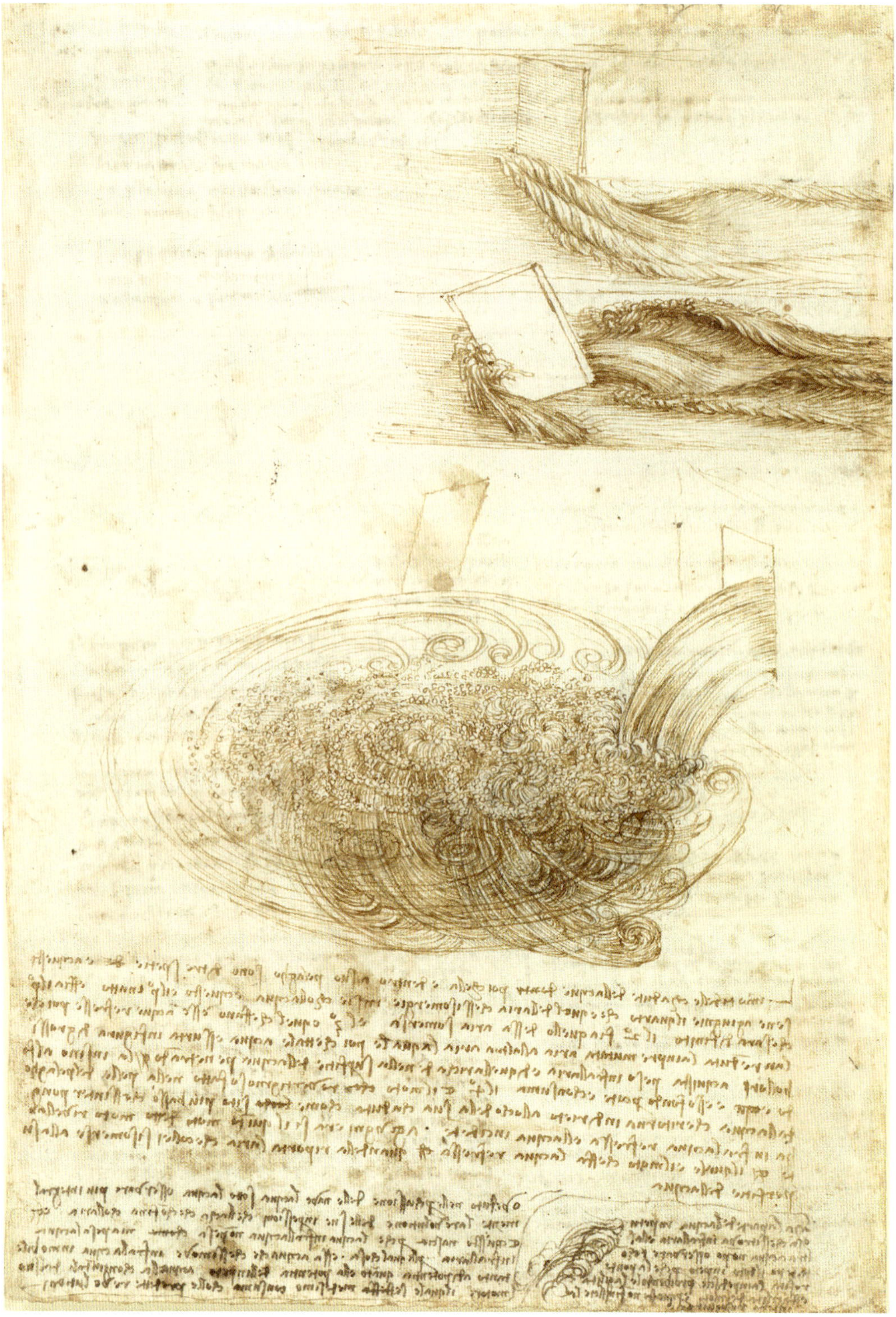

图 110　水的习作，约 1510 年，英国皇家图书馆，温莎城堡

奥纳多所描绘的相去甚远。相对于丢勒描述的梦境中出于个人安危而感受到的自然恐惧，以及他向上帝虔诚的祈祷，列奥纳多更多的是赞颂自然力量的胜利，并且对毁灭过程的细节津津乐道。在早至1494年的《阿什伯纳姆手抄本》到晚期的手抄本G卷中，都能找到他对大洪水的描述。但是最为著名的，是温莎城堡藏品号为12665的一页笔记中的段落。在这篇指导画家如何表现风暴、标题为“如何找到一笔财富”（come si deve figurare una fortuna）的文字中，列奥纳多发挥了他自由的想象，其中一些段落极富文学性和戏剧性。

> 你可以看见，在山顶聚集了许多不同种类的受惊吓的动物，与这些变得温顺的动物在一起的，是男人、女人和他们的孩子。汪洋一片的洪水中，漂浮着桌子、床架、船只，还有其他出于对死亡的恐惧用生活用品做成的筏子，男人、女人和孩子在上面哭泣着，在风暴猛烈的威力下惊恐不已，顺着洪水上下翻腾的除了筏子，还有溺水者的尸体。洪水中，任何漂浮着的东西上都趴着动物，有狼、狐狸、蛇等。所有的动物都精疲力竭，挤在一起，惊恐万分地祈盼能够逃脱死亡的命运。
>
> 你还可以看见，一群手持武器的男人守着一小块安全地带，对抗着想来寻求庇护的狮子、狼等野兽。啊！这时，天空中传来暴怒雷电所发出的可怕声响，云层中的闪电可以摧毁挡在它前面的一切。啊！你可以看见，多少人用手捂住他们的耳朵，来阻挡狂风暴雨和巨雷发出的巨响。

列奥纳多描述的另一部分，则与他关于水流的研究有着更密切的联系，详细地刻画了大洪水与他所追求的形式感相呼应的方面。

> 应该先在画面中表现巍峨的高山和它周围的山谷，山坡表面土层夹杂着的灌木根须和大量裸露的岩石开始滑动，接着，从岩壁上势不可挡地向下坠落。在撞击中，又拔起大树满是瘤结的扭曲根部。光秃秃的山上露出了由远古地震形成的深邃的裂缝。混杂着泥土、树根和枝杈的灌木残骸覆盖在山脚下，土石中还掺杂着各种树叶。山谷深处，掉落的山体阻塞了河水的流动，河水卷着巨浪冲过了河岸，巨大的浪头冲毁了城墙和山谷中的农舍。城市中的高楼倒塌了，激起了巨大灰尘，在废墟中以烟雾或是云雾的形式向上升

图 111 《大洪水的开端》，约 1514 年，英国皇家图书馆，温莎城堡

图 112 《大山压城》，约 1514 年，英国皇家图书馆，温莎城堡

图 113 《大洪水的高潮》，约 1514 年，英国皇家图书馆，温莎城堡

图 114 《大洪水正式形成》，约 1514 年，英国皇家图书馆，温莎城堡

腾。上涨的洪水终会冲过任何区域，急转的漩涡荡平一切障碍，吐着浑浊的泡沫上下翻滚。

可以说，温莎城堡的这些草图是列奥纳多的所有作品中最具个人色彩的（见图111～114）。这些自由得几乎让人困惑的作品，表达了他对扭曲动态的热情，其中所包含的形态比任何一种欧洲艺术都更为丰富和复杂。它们与欧洲绘画传统之间存在的巨大差别，使我们只能选择一幅伟大的中国绘画来与之进行比较，例如波士顿博物馆的《九龙图卷》。只有在东方艺术中，我们才能找到类似的、将自然力量与趋势化为可见曲线的传统艺术手法。不过，如同他画中的风景一样，近距离地观察，又显示了列奥纳多的科学态度赋予了这些草图从本质上区别于中国绘画的特征。通过对水流运动的深入研究，列奥纳多为其笔下表现自然力量的线条赋予了一种既合理又具有表现力的特性。在这些草图中，列奥纳多用他在对流水的观察中发现的瀑布和水流的形式对空气进行了表现。他解释了为何这种空气的流动能够用可见的形式表现出来："当天色暗淡后，倾斜落下的暴雨被风吹散时，会在空气中像灰尘一样漂浮。"在另一段文字中，他还写道："当一座山落在一座城，所扬起的灰尘会产生云一样的形态，但是颜色却不同于云。"在这幅草图的边上，他还写着："当石头划过空中时，人眼可以看见其飞行的轨迹。从云中落下的雨滴也可以产生同样的效果。"列奥纳多对这些骇人的灾难进行研究时，所保持的科学态度几乎具有一种喜剧效果。"如果一座巨大的山落入一个大湖，大量的湖水就会被溅到空中，并且其移动轨迹的方向将与入水物体的方向相反。也就是说折射的角度应该等于入射的角度。"这种科学观察与幻想的融合更令人感到惊奇的地方是在图114中。在世界毁灭的混乱场景中，列奥纳多对降雨自然特性的冷静观察几乎无法得以辨识。到底列奥纳多试图借助怎样不同寻常的抑制，来对自己隐瞒创作这些草图的真实动机？是对那种能够令他冷眼看待人类灭绝的科学观的自豪感，还是某种防止他在言语中流露内心情感的矜持，尽管他的情感已经通过线条得到了表达？[1] 这些草图来自列奥纳多的灵魂深处，在其中，他运用所掌握的科学知识来扭曲自己对悲剧感受的表达，如同米开朗琪罗

1. 弗洛伊德注意到列奥纳多在记录其父亲的死亡时所表现出来的平淡简短的语气，并且推测他对其母亲的死亡也表现出了同样的态度。

图 115 《大洪水与风神及骑士》，约 1513 年，英国皇家图书馆，温莎城堡

对其人体知识的运用。如果在那幅优美的手指远处的女性草图中，他是普洛斯彼罗（Prospero），那么，在大洪水的草图中，他就是李尔王（Lear）：

吹吧，风，涨破了你的脸颊，吹吧！狂怒的风！
瀑布般的暴雨卷着飓风，倾泻下来吧
直到你们浸没了我们的尖塔，淹沉了屋顶上的风标！
你像硫黄与思绪一般的火焰，
充满能量能劈开橡树的闪电，
点燃我白发苍苍的头颅吧！

这一系列草图估计都完成于同一时期，不过，根据绘画技法中个人风格的逐渐加强，我们还是可以确定其在完成时间上的先后顺序。其中完成最早的应该是一幅表现骑士被飓风袭击的大型草图（见图 115）。这件作品像是为《绘画论》所作的插图，画面中甚至包含了一位在云中的风神，这一元素与之后草图所具有的精神相去甚远。[1] 列奥纳多描绘末日场景的意图，首先出现在一幅墨水笔草图中，惊恐的渺小形象蜷缩于熊熊烈火之下。随后就是如图 111 这样展现狂暴的自然力量的作品，不过相对来说，其中的场景较为收敛并且能保持在现实框架之内。在图 112 中，大洪水的场景达到了它的顶点，从中我们还能见到列奥纳多在他文字描述中经常提及的主题，即遭到大雨冲击的山体，落在城镇之上并将其摧毁。更为震撼的场景则是图 113，大洪水吞噬沿途的一切，任何人类生活和植被的迹象都荡然无存，这个场景可以被视为这一系列草图的高潮。在随后的一些草图中，列奥纳多将注意力完全集中在对曲线形态的表达上，以至于作品失去了部分戏剧性表现力。比如在图 114 中，他极其自由的用线技巧使洪水的场景变得只具有装饰意义：里面的水柱犹如菊花的花瓣一样，毫无力量感；而坍塌的山体，就像是用儿童积木所建。不过与浮世绘中的海浪相比，列奥纳多的作品就显得丰富复杂多了。草图为观众所提供的无尽遐想，只存在于一个对自然奥秘无比熟悉的画家的作品中。

根据作品风格和它表现的情绪，这批草图应该是列奥纳多在罗马那几年郁郁寡欢情况下的作品。那段时间，教皇似乎曾经向他征求蓬蒂内（Pontine）地区沼泽的排水计划。[2] 温莎城堡的一幅草图描绘了这一地区的鸟瞰图（见图 116），图中山和树的表现手法与大洪水草图中的前景极为相似。有提示作用的是，在那段与草图紧密呼应的描述暴风雨的文字边上，列奥纳多这样写道："皮翁比诺的海浪全是由泛着泡沫的海水形成的。"正是在皮翁比诺，列奥纳多受雇进行了另外一次大型的沼泽地排水工程。

我认为，在同一时期，1514—1515 年，列奥纳多完成了他的最后一件存世画作，卢浮宫的《施洗者圣约翰》（见图 117）。尽管缺乏证据，但是人们一般认为这件作品完成于法国。如果这一说法属实，我们就很难解释为何会存在为数众

---

1. 有趣的是，这一画法在莱昂·巴蒂斯塔·阿尔伯蒂的《画论》（*Della Pittura*）中得到推荐［雅尼什克（Janitschek）编辑，维也纳，1877 年，第 131 页］。如同在该书 128 页中提到的，列奥纳多对此非常熟悉。
2. 引自索尔密《达·芬奇的写作》，第 299 页。

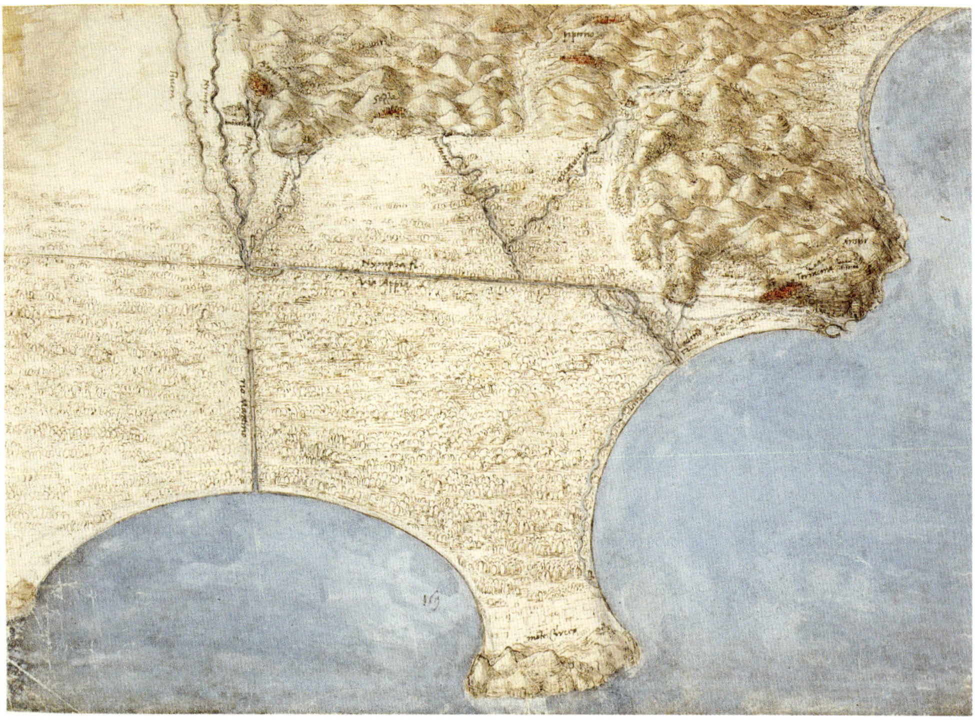

图 116　蓬蒂内沼泽排水规划，1513—1516 年，英国皇家图书馆，温莎城堡

多的当时意大利画家所作的复制品。列奥纳多无疑在这件作品上花费了数年，而我们或许永远也无法确定其确切的完成时间。《施洗者圣约翰》作为列奥纳多最不受欢迎的作品，评论家们也因其完全不符合他们的品味，而认为这是一件列奥纳多助手的作品。但这一观点显然是错误的。虽然《施洗者圣约翰》是一件令人困惑的作品，但是画面的每一寸都带着列奥纳多的气息。就算我们不喜欢它，也必须承认《施洗者圣约翰》在形象和构思中所蕴藏的扰乱记忆的力量。画面中首先引发我们疑虑的，是圣像学方面的因素。通过画中人物手中所持的芦苇十字架，我们知道这一不同寻常的形象所表现的是圣约翰，并且我们对得体性的整个认知都受到了挑战。每个评论家都生硬地指出，这种对施洗者形象的呈现是让人难以接受的。因此我们必须试图来解释，为何如此重视绘画对象表达的列奥纳多会创造出这一带有亵渎意味的、与福音书中这位暴躁的苦行者形象截然不同的人物。在某种程度上，我们可以在最初的人物构思中找到答案。在第二个佛罗伦萨时期的最后阶段，列奥纳多开始对一个天使的主题产生了兴趣。温莎城堡一幅大

图 117 《施洗者圣约翰》，约 1515 年，卢浮宫，巴黎

图 118　列奥纳多（仿），《领报天使》，约 150—1507 年，公共艺术收藏馆，巴塞尔

约完成于 1505 年的草图上，便画着这一天使的大致形象。我们知道列奥纳多就此题材完成过一幅油画作品，根据瓦萨里的描述，这件作品曾被置于科西莫一世的陈列室中。“一位天使向上抬起的手臂挡住了肩膀，露出肘部，另一条手臂则放在胸前，露出了他的手。”留存至今且明显是列奥纳多原作复制品的数件画作中，都存在与这一描述所对应的形象（见图 118）。从中我们可以发现，这一天使形象在总体构思上与圣约翰非常相似，但二者之间也存在一个明显的区别，即

圣约翰的右臂在胸前弯曲，向上指示的手挡住了他左边的肩膀。而天使的手臂则是伸向前方，手和食指向上指着。通过这一姿势，我们可以知道他是《圣母领报》中的一个天使。列奥纳多以其让人不安的胆量，为我们展现了圣母视角中的领报天使形象。由此我们可以想象，他在这一不同寻常的作品中，希望表达的是怎样一种复杂的理念。正如他首先想要表达的，圣母领报这一题材可以用来暗示肉体与精神、人性与神性的结合。当自然的力量从题材分析的角度，达到了一种难以理解的层面，这位具有人类外形的领报天使，就成为一种神秘的代表。而对于列奥纳多来说，影子、微笑和指向黑暗的手指都是这种神秘的存在。

作为天使来说，这一形象是可以被理解的。如果我们依旧对此感到惊讶，那主要是因为我们已经对一种非基督徒的观念习以为常，即天使必须是那种拥有一头秀发的美丽形象，而且根据不同历史时期的审美需要，或脆弱或强健。前者中天使的形象，仅通过一个姿势的改变，就成了后者中的圣约翰，想要理解这一转变并非易事。必须承认，多年前当艺术被认为理应与其表现形式相辅相成时，我曾相信列奥纳多对人物形象的这一改动，纯粹是为画面形式服务的。他将人物的手臂弯曲于胸前，以便在画面中创造出一块较为完整的体量。而且事实证明，圣约翰的形象看上去确实比天使要显得整体感更强一些，但是，我们可以肯定这并非列奥纳多改变人物姿态的唯一目的。除了表现形式之外，圣约翰和天使之间还存在着其他联系。事实上，他们都是宣告耶稣降临的信使。天使举起的手指向上帝；而圣约翰则指向他肩膀之后，意味着“有人即将在我之后到来”。[1] 但是二者之间的这种区别，依然无法完全解决我们的困惑，因为作为天使来说，可以解读的人物形态表情与圣约翰的形象并不协调。所以我们必须假设列奥纳多在创作圣约翰形象的时候，融入了一种奇特的个人观念，而对此，我们必须做出最佳的解读。有几种可能的阐释，下面我选择的这种解读，至少与列奥纳多的精神相符。施洗者圣约翰是真理和光明的先驱。那么，什么是真理必然的先驱呢？这就成了一个问题。列奥纳多的圣约翰可以被视为一个永恒的问号、造物的难解之谜。圣约翰因此也成了列奥纳多的“密友”，一个站在他的肩头提出无解之谜的幽灵。他有着斯芬克斯的微笑，以及一种痴迷者的力量。我已经提到，他那种本身就具

---

1. 事实上，圣约翰的手是指向上方的，但圣像学研究者们通常将其身体的转动解读为暗指其身后还有一个人物。

有疑问句般上扬节奏的姿势是如何反复出现在列奥纳多的作品中的，而在这一作品中，更具有典型意义。作品的构思将一个久经考验的形态所具有的不可改变性赋予了一个棘手的题材。作为一个可以为任何姿势和眼神注入生命力的画家，列奥纳多在此却压制了他的天赋，就好像他是在用黑曜石作画一样。

卢浮宫的《施洗者圣约翰》既是列奥纳多最独特的作品，也是最具影响力的；人们对其反感的部分原因，在于列奥纳多学生所作的大量复制品留给我们的印象。因为对大部分人来说，这些米兰画派的作品就像是《爱丽丝梦游仙境》中的那只柴郡猫，人们只记得其中的微笑。在这些单调乏味的微笑形象中，我只想提及一幅，因为在所有的早期著作中，这幅作品都被认为是列奥纳多的原作。这件藏于卢浮宫、被称为《巴克斯》（*bacchus*）的作品中，作为海涅笔下异教神的形象事实上是经过修改的施洗者圣约翰。当卡西亚诺·德尔·波佐于 1625 年在枫丹白露宫见到这件作品后，他写道："这是一件非常精美的画作，但是却不讨人喜欢，因为画中的形象无法激起信仰的情感。"或许正是出于这一原因，某位画家便被要求为其加上用葡萄叶做的皇冠，并将十字架改成一株百里香。在枫丹白露宫 1695 年的收藏清单中，这件作品的名字"圣约翰"被划掉后，改成了巴克斯。画面的这些改动，无疑包括了整体的重绘，并且可能还涉及了作品被从木板转移到画布的过程。这也导致了《巴克斯》呈现出较为拙劣的画面效果，因此严谨的学者也将之排除在列奥纳多的真迹之外，但是这一作品的最初构思无疑出自列奥纳多之手。有一幅完成度极高的红色粉笔习作（见图 119），藏于瓦雷泽（Varese）的原萨克罗·蒙特（Sacro Monte）博物馆，我认为，抛开其中修改的痕迹，这是一幅完成于 1510—1512 年的列奥纳多真迹。习作中拥有清晰健硕躯体的全裸圣约翰，与卢浮宫的《巴克斯》所拥有的光滑肥硕的肢体形成了对比。我们无法知道列奥纳多是否曾根据这幅习作创作过完整的绘画。或许他将这一任务交给了在这一时期跟随他工作的切萨雷·达·塞斯托，切萨雷风格的痕迹依然可以在卢浮宫的《巴克斯》中观察到。[1]

列奥纳多在笔记中写道："1515年1月9日的清晨，伟大的朱利亚诺·德·美第奇前往萨伏伊（Savoy）结婚。同一天，法国国王去世。"在之后的一年，虽

1. 切萨雷一幅相同题材的作品便是克劳福德勋爵（Lord Crawford）收藏中一件小幅的《施洗者圣约翰》。

图 119 《施洗者圣约翰》习作，约 1510—1512 年，
瓦雷泽（Varese）的原萨克罗·蒙特（Sacro Monte）博物馆

然我们知道列奥纳多依然在为朱利亚诺服务，但并不清楚他的具体动向。[1] 朱利亚诺死于 1516 年 3 月 17 日。不久，列奥纳多就接受了弗朗索瓦一世的邀请前往法国。这位国王似乎对列奥纳多表现出了最殷勤的态度，赠予他昂布瓦斯（Amboise）附近的克劳（Cloux）庄园，并且除了每天与列奥纳多交谈外，不求任何回报。根据我们掌握的来自切利尼的第一手记录，他在 20 年后从弗朗索瓦一世的口中听到这样的话："我（弗朗索瓦一世）不相信世上有谁比列奥纳多更博学，不论是关于雕塑、绘画或是建筑，他还是一个非常伟大的哲学家。"在

1. 赫伯特·霍恩译：《列奥纳多》，第 42 页。

图 120　罗莫朗坦（Romorantin）的皇宫设计，1516—1518 年，安布罗西亚纳，米兰

法国这段可以畅所欲言、尽情实验和思考的日子里，列奥纳多似乎并没有创造出任何实际的成果。

我们有一系列笔记和草图显示他曾对在卢瓦尔与罗莫朗坦之间修建运河和城市规划产生了兴趣。[1] 由此我们可以确定一些建筑草图的完成时间（见图120），这其中包括《大西洋古抄本》里一幅精美的带塔楼的防御工事。[2] 尚存争议的是我们看到的一些法式城堡建筑风格的草图，例如草图中的香波城堡（Chambord）。有人曾试图巧妙地证明列奥纳多为布洛瓦（Blois）城堡设计了一座鹦鹉螺形状的楼梯。虽然这样的形式符合典型的列奥纳多风格，但遗憾的是，并不存在任何证据来证明这一猜测，除了那个用来证明莎士比亚是苏格兰人

1. 例如大英博物馆手抄本，第 270 节。
2. 《大西洋古抄本》，第 43 页。为弗朗索瓦一世完成的建筑图，引自 L. H. 海登莱希（L. H. Heydenreich），《伯灵顿杂志》，第 154 期，1952 年，第 277 页。

的著名论据，即拥有相应的能力便是假设成立的保证。

因为我们对他在法国期间的活动知之甚少，所以除了建筑草图，所有被归于列奥纳多在此时期的绘画作品均属于纯粹的推测。我们没有具备确切记录的绘画，仅有一份有记载的委托，但是这一委托的作品也没能幸存下来，这就是那只内藏百合花的狮子，被瓦萨里和洛马佐誉为列奥纳多最精美的作品。[1] 在当时布洛瓦城堡化装舞会的记录中，这只狮子也被提到过。虽然宫廷记录并没有提到列奥纳多的名字，但是里面关于狮子的描述与列奥纳多的传记作者所写的相关内容完全一致。这只狮子向前走了几步，似乎要扑向国王；然后狮子的头部打开了，露出了一大团在蓝色背景映衬下的百合花。在列奥纳多老年时期的这类想象力中，似乎依然保留了许多具有他早年风格的精神；正是这种精神，让他成为斯福尔扎宫廷优雅形象的缔造者。

1517 年 10 月 10 日，阿拉贡红衣主教路易斯（Louis）拜访了列奥纳多，主教的秘书安东尼奥·德·贝亚蒂为我们留下了关于列奥纳多有趣却又令人费解的记录。他说：

> （列奥纳多向红衣主教展示了）三件绘画作品。一件是某位佛罗伦萨夫人的写生肖像，是在已故的朱利亚诺·德·美第奇的要求下完成的。另一件是施洗者圣约翰的画像，表现的是一个年轻男子。第三件是坐在圣安妮腿上的圣母与圣子的画像。每一幅画作都非常完美，并且由于他的右手已经具有某种瘫痪的症状，[2] 人们无法再期待他可以创造出这样精美的画作了。因此他便指导一位画技出色的米兰学生为其工作。由于上述的原因，列奥纳多无法以从前的手法为作品上色，但是他还是坚持自己构思作品并指导他人完成。这位先生编写了一部关于解剖学的专著，其中的内容不仅关于肢体，还包括了肌肉、神经、血管、关节、内脏等一切男性和女性人体内可供研究的部分。我们见证了这部以一种前所未有的形式呈现的著作。他说他已经解剖了超过三十具不同年龄段的男女尸体。他还对水的特性、潜水器以及其他事物进行研究，并将这些内容全部用意大利语写成了数量众多的文稿。

1. 引自索尔密《达·芬奇的写作》，第 338 页。
2. 这里所说的估计是惯用手，尽管列奥纳多是左撇子。

记录中所说的《圣母子与圣安妮》和《施洗者圣约翰》，显然就是藏于卢浮宫的那两件作品。但是那幅受已故的朱利亚诺·德·美第奇所托创作的佛罗伦萨夫人的肖像却不可能是《蒙娜丽莎》。这必然是一幅具有列奥纳多晚期风格的作品，由于缺乏存世的复制品，我们终究无法想象它的原貌。贝亚蒂对列奥纳多笔记的描述为他所说的话增添了可信度，但因此也让我们很难就他对列奥纳多瘫痪症状的描述做出合理的解释。在普通意义上，列奥纳多出现瘫痪症状可以被证明是不真实的，因为我们掌握了足够的写于 1517 年 10 月之后的手稿，其中一页《大西洋古抄本》手稿，写有"1518 年 6 月 24 日于昂布瓦斯克劳城堡"字样。这些手稿中的笔迹虽然有时会因为纸张的粗糙而显得生硬，却依然非常清晰且沉稳。不过，列奥纳多那些关于水流的草图中，表现阴影的线条与之前相比，确实更为参差不齐。我们或许可以据此推测列奥纳多的瘫痪症状并没有影响到他的手指，只是让他的手臂无法自由地运动。这也符合了他依然可以创作草图的说法。尚存的这一能力或许也减轻了无法为作品上色对列奥纳多造成的痛苦。如我所说，对于他这一时期的作品我们并没有确切的证据。但是基于风格的原因，我还是会将一些在题材上比化装舞会服装更宽泛的草图归于列奥纳多在法国的这段时期。比如温莎城堡编号为 12500 的那幅老人头像（见图 120），画中人物那种衰老的痕迹，以及与此相伴的沉重的庄严感，让人联想到了提香的晚期自画像。另外还有藏于都灵的那幅红色粉笔自画像（见图 121），精致清晰的风格可以作为作品完成于较早时期的证据。在画中，列奥纳多把自己表现得极其苍老，其实我们知道他看上去比年龄要老得多。在贝亚蒂的描述中，列奥纳多像是超过 70 岁的样子，尽管他当时实际只有 64 岁。都灵这幅自画像或许完成于他 60 岁的时候。这也是唯一一件表现列奥纳多真实面容的作品。多幅表现他侧面的肖像复制品，则变得越来越接近某种被理想化的传奇形象。但就算是这幅自画像，在我看来也显得非常含糊。沟壑纵横的山峦般的面容，高贵的眉毛，坚定深邃的目光，还有那起伏山坡般的胡须，这一切像极了我们在照片中见过的所有 19 世纪的伟大人物，如达尔文、托尔斯泰和沃尔特·惠特曼。岁月及其赋予人类的磨难，都浓缩在这些相似的庄严面容中。

1519 年 5 月 2 日，列奥纳多逝世于克劳城堡中。他死后，大量的草图和手稿留给了他的朋友兼学生弗朗西斯科·梅尔兹，通过这些遗物，我们应该能够对列奥纳多的一生形成一个清晰的认识。可是尽管如此，列奥纳多在我们心中的形

图 121 《一个老人》，迟于 1515 年，英国皇家图书馆，温莎城堡

象，依然在像云一样不断地变化。列奥纳多就是艺术史中的哈姆雷特，每个人都应该对他进行自己的解读。虽然我试图在对他作品的解读中尽可能地保持客观，但是我必须承认，这个结果在很大程度上是带有主观性的。列奥纳多的艺术中有一些清晰可定义的成分，例如他对自然奥秘所保持的强烈好奇心，他观察飞鸟和流水时的超人洞察力，他对豆荚和头骨结构的理解，以及对最细微的姿态和最隐晦的眼神的捕捉。但是列奥纳多的艺术中更包含了似乎未得到解决的矛盾。始终困惑着我的，就是列奥纳多的绘画方式在美学与科学层面所产生的冲突；前者所具有的强烈甚至过度的浪漫主义色彩，可以与埃尔·格列柯和透纳这样的画家相提并论；后者则体现在《最后的晚餐》中，并形成了后来学院派的基础。

更令人感到困惑的，是列奥纳多草图与笔记之间的对比。他的文字可以说是我们迄今所见过的、对人类思考最广泛的记录，但是里面却几乎没有掺杂一丝人类的情绪。关于他的情感、品味、身体状态及对时事的看法我们一无所知。然而当我们将目光转向他的草图时，便会在其中发现列奥纳多对人类感觉的那种微妙柔和的理解，而这并不能只归功于他视觉神经的功能。在他对自然的思考中，这种对人类的理解似乎逐渐陷入了虚无。这似乎可以被视为列奥纳多所有的作品中某些统一规律的线索。列奥纳多最初被动植物所表现出来的生命力所吸引，随着他科学研究的推进，他领略了自然力量的强大威力，这时的他，将科学视为可以将这些自然力量为人类所用的工具。然而，在深入研究的过程中，列奥纳多越来越强烈地感受到了人类的渺小无能。他对地质学的研究，显示了普通的地震在地球曾经历的地壳变动面前完全不值一提。他对胚胎学的研究，则指出了生命创造过程中的关键问题显然无法用当时的科学来解释。人类的智慧不再具有最高的地位，而人类本身也不再是自然的中心。因此，人类的形象逐渐从列奥纳多的想象力中消失，或者当他们在《圣母子与圣安妮》和《施洗者圣约翰》这样的作品中出现时，已不再是人类，而是作为力量和神秘的象征以及某个世界的信使。尽管列奥纳多作为经验的信徒尚未对那个世界进行过探索，但是，他却获得了宣告这一世界存在的权力。自然中充满了人类从未体验过的无限可能。[1]

---

1. 此处原文有“La natura è piena d’ infinite ragioni che non furono mai in esperienza”。——编者注

图 122 《自画像》，约 1512 年，都灵

LIST OF DATES

生平年表

列奥纳多一生中有文献证据的日期

这里保留了所有克拉克提供的日期。年表根据新增的日期（例如，《马德里手抄本》中包含的信息）以及从其他记录和文件中选取的有助于建立列奥纳多生平年表的信息有所扩展。遵循克拉克的原则，年表中只提供了非推测性质的日期，少数重要的推测日期列举在括号内。

1452 年　4 月 15 日　列奥纳多出生。

1468 年　列奥纳多的祖父去世，他在其祖父家长大。

1469 年　列奥纳多的父亲居住于佛罗伦萨。（列奥纳多开始在韦罗基奥工作室的学徒生涯？）

1472 年　6—11 月　他交纳圣卢克画家工会的会费记录。

1473 年　8 月 5 日　阿诺风景草图。

1476 年　4 月 8 日和 6 月 7 日　被指控鸡奸。依旧在韦罗基奥的工作室。

1478 年　1 月 10 日　为西纽利亚宫的圣伯纳德礼拜堂绘制祭坛画的委托。

3 月 10 日　收到 25 弗罗林的祭坛画酬劳。

12 月（？）“我开始绘制两幅圣母像。”

1479 年　12 月 28 日　巴隆切利（Baroncelli）草图，被绞死的杀害朱利亚诺·德·美第奇的凶手。

1481 年　3 月　为圣多纳托修道院绘制《三博士朝圣》（？）。他同时也绘制了修道院的大钟。

9 月 28 日　最后一笔圣多纳托修道士所付的酬劳。

（1482 年　前往米兰。草图与绘画清单。）

1483 年　4 月 25 日　普雷迪斯兄弟为《岩间圣母》与列奥纳多取得联系，米兰圣弗朗西斯科大教堂的圣灵感孕兄弟会其他祭坛画作和上色工作。

1487 年　7 月至 1488 年 1 月　米兰大教堂设计圆顶座圈的酬劳。

（约 1488 年　手抄本 B 卷。切奇利娅·加莱拉尼肖像画。）

1489 年　4 月 2 日　手抄本解剖 B 卷（温莎城堡 19059r），（早期解剖草图，例如头骨）。

1490 年　1 月 13 日　为庆祝斯福尔扎和阿拉贡婚礼所设计的“天堂盛宴”舞会布置。

4 月 23 日　“在 1491 年 4 月 23 日我开始写作这部笔记并在此开始创作那匹马”（手抄本 C 卷，15v）。

6 月 21 日　与弗朗西斯科·迪·乔尔吉奥在帕维亚。

7 月 22 日　“抹大拉日”。沙莱来到列奥纳多身边（手抄本 C 卷，15v）。

7 月 23 日　列奥纳多因为沙莱偷他的钱而称他为“小偷，骗子，倔脾气和贪吃”。

（约1491年　阿什伯纳姆手抄本II和A卷中对风暴、战争场景和侧面像的描写。）

1491 年　5 月 17 日　铸造斯福尔扎马匹纪念像的计划（《马德里手抄本》II，157v）。

1492 年　7 月 10 日　《阿什伯纳姆手抄本》I，34v。

1493 年　1 月 1 日　《马德里手抄本》Iv（从左向右书写）。

1 月 26 日　在加雷亚佐·达·圣塞维里诺宫为一场骑士决斗组织了舞会。

7 月 16 日　关于一匹马的笔记，佛罗伦萨的莫雷尔（morel fiorantino），也就是说仍在创作斯福尔扎纪念像（福斯特手抄本 III,88r）。

11 月　纪念像马匹全尺寸石膏模型展出。

1494 年　手抄本 H 卷（寓言故事）。

2 月 2 日　对维吉瓦诺的水利工程的描述（手抄本 H 卷 2，65v）。

3 月 14 日　手抄本 H 卷 1,41r。

（1495—1496 年　《福斯特手抄本》II，对《最后的晚餐》的描述。）

1497 年　1 月　仍然在创作《最后的晚餐》。

6 月 29 日　《最后的晚餐》接近完成，卢多维科指示列奥纳多开始另一面墙上的画作。

9 月 28 日　《马德里手抄本》I，封面。

（约 1497 年　手抄本 I 卷。）

1498 年　木板厅。

10 月 2 日　卢多维科送给列奥纳多一座葡萄园。

（约 1498—1500 年　手抄本 M 卷）

1499 年　5 月　将 600 弗罗林送到佛罗伦萨的圣玛利亚诺瓦医院存放。

8 月 1 日　“我写了……关于运动和重量”（《阿什伯纳姆手抄本》，104r-v）。

12 月　列奥纳多离开米兰。

1500 年　2 月　在曼托瓦，为伊莎贝拉 · 艾斯特绘制肖像。

3 月 13 日　在威尼斯。

4 月　回到佛罗伦萨。

1501 年　4 月 3 日　诺韦拉拉在写给伊莎贝拉 · 艾斯特的信中描述了一幅《圣母子与圣安妮》的底稿和由学生完成、列奥纳多润色的肖像（？或许是复制品）。

4 月 14 日　诺韦拉拉在写给伊莎贝拉 · 艾斯特的信中描述了列奥纳多在绘制一幅圣母与卷线轴的作品。

1502 年　以总建筑工程师的身份陪同切萨雷 · 波吉亚，数份地图，手抄本 L 卷。在乌尔比诺（7 月 30 日）、佩萨罗（8 月 1 日）、切塞纳（8 月 10 日）、切塞纳港（9 月 6 日）。

1503年　3—6月　在米兰处理关于《岩间圣母》的酬劳和交付争端的法律文件。

7月22日　关于阿诺运河的笔记（《马德里手抄本》II，IV）。

10月　开始创作《安吉亚里之战》的底稿。

1504年　1月25日　为米开朗琪罗的《大卫》的最佳安放地点提供建议。

4月1日　收到《安吉亚里之战》的第一笔15金弗罗林的酬劳。

5月24—27日　伊莎贝拉·艾斯特请求列奥纳多创作一幅年轻的耶稣像。

7月9日　列奥纳多的父亲去世，留下10个儿子和两个女儿。

11月1日　在皮翁比诺对有颜色的阴影进行观察（《马德里手抄本》II，125r）。

11月　在皮翁比诺撰写工程计划书（《马德里手抄本》II，24v和25r）

12月25日　一个几何学问题的解决方法（《马德里手抄本》II，118r）。

1505年　6月6日，一场暴风雨打断了他创作《安吉亚里之战》（《马德里手抄本》II，2r）。

7月12日　《福斯特手抄本》I，3v。

1506年　4月4—27日　仲裁人在米兰判决列奥纳多应该在两年内完成《岩间圣母》，酬劳为200里拉。

4月30日　遗嘱执行人因其私生子的身份将列奥纳多排除在遗产继承人之外，他开始了一场法律诉讼。

5月30日　获得佛罗伦萨政府的允许前往米兰三个月。

8月和9月　查尔斯·达博思写信请求延长列奥纳多在米兰的逗留时间。

1507年　3月　短暂回到佛罗伦萨。

4月27日　他在米兰被收缴的葡萄园又被交还给他。

8月26日　收到分期支付的《岩间圣母》酬劳100里拉。

9月　回到佛罗伦萨。

9月22日　研究鸟类飞行（都灵手抄本，18v）。

（1507—1508年　手抄本D卷，“关于眼睛”。大量研究解剖学。）

1508年　3月22日　《阿伦德尔手抄本》，Ir：“开始于3月22日，在佛罗伦萨的皮耶罗·迪·布拉西奥·马特利家中。”

7月　列奥纳多在米兰。

7月至1509年4月　他从法王路易十二处得到酬劳的记录，总共340斯库多和200法郎。

8月18日　《岩间圣母》被放置在祭坛上，兄弟会同意资助一件复制品的绘制。

手抄本F卷，Ir：“开始于9月12日米兰”（该卷于1513年完成）。

10月23日　收到《岩间圣母》的最后一笔酬劳100里拉。

10月　借给沙莱13斯库多作为沙莱妹妹的嫁妆。

1509年　4月30日　一个几何学问题的解决方法（温莎城堡19145）。

1510年　冬季　解剖学手抄本A：“在今年的冬天，我希望能完成所有的解剖学研究”（温莎城堡19016r）。

1511年　1月手抄本G卷，IV。

12月18日　一场瑞士侵略者所引发的火灾被记录在一幅风景草图中（温莎城堡12416）。

1513年　1月9日　解剖学手抄本C.ii（温莎城堡19077v）蓝色纸张上的清晰草图。

3月15日　作为普雷沃斯蒂诺·维奥拉（Prevostino Viola）的客人在米兰。

4月30日　佛罗伦萨议事厅为保护尚未完成的《安吉亚里之战》而筑起屏障。

9月24日　列奥纳多与梅尔兹、沙莱、洛伦佐和伊尔·方弗亚一起离开米兰（手抄本E卷，Ir）。

10月　在佛罗伦萨。

12月1日　在罗马，住在梵蒂冈宫中。手抄本G卷（关于风景的笔记）。

1514—1516年 在罗马，频繁外出旅行。

1514年 7月7日　在梵蒂冈宫中朱利亚诺·德·美第奇为他安排的书房工作（《阿什伯纳姆手抄本》，90v-a）。

9月25日　与朱利亚诺·德·美第奇一起在帕尔马（手抄本E卷80r）。

9月27日　“在圣安杰洛的波河岸边”（手抄本E卷96）。

1515年 1月　“朱利亚诺·德·美第奇于1515年1月9日凌晨离开罗马，前往萨伏伊迎娶他的新娘，在同一天法国国王去世”（手抄本G卷；封面）。

1516年 3月3日　一个几何学问题的解决方法（《阿什伯纳姆手抄本》，230v-b）。

8月　关于罗马圣保罗大教堂测量的笔记。

（1516—1517年　前往法国）。

1517年 5月22日　耶稣升天节在昂布瓦斯，5月在克劳。

10月10日　向阿拉贡红衣主教展示了三幅作品，一件是为朱利亚诺·德·美第奇所画的某位佛罗伦萨夫人的肖像，另一件是年轻的施洗者圣约翰画像，第三件是坐在圣安妮腿上的圣母与圣子的画像。

1518年 6月24日　圣约翰日，在昂布瓦斯的克劳宫中（《阿什伯纳姆手抄本》，249r-b）。（几何学研究）

1519年 4月23日　立下遗愿和遗嘱。

5月2日　去世。

6月1日　梅尔兹写信给列奥纳多的兄弟表示哀悼。

8月12日　葬于昂布瓦斯。

译名对照表

※ 索引中列奥纳多·达·芬奇的作品以“L”表示

A

A. E. 伯汉姆	A. E. Popham
阿比·瓦尔堡	Aby Warburg
阿尔巴尼别墅三联画（佩鲁吉诺）	Villa Albani triptych (Perugino)
阿尔卑斯山的草图	drawing of Alps
阿尔布雷特·丢勒	Albrecht Dürer
阿尔弗雷德·斯蒂文斯	Alfred Stevens
阿基米德	Archimeses
阿伦德尔伯爵	Earl of Arundel
阿玛迪奥·迪·乔尔吉奥	Amadeo di Giorgio
阿曼德·哈默	Armand Hammer
阿尼巴尔·卡拉奇	Annibale Carracci
阿诺德·本内特	Arnold Bennett
《阿诺河谷》（L.）	*Val d'Arno (L.)*
《阿佩莱斯的诽谤》（波提切利）	*Calumny of Apelles* (Botticelli)
《阿什伯纳姆手抄本》（L.）	*Ashburnham MS.* (L.)
埃德加·德加	Edgar Degas
埃尔·格列柯（“希腊人”）	El Greco
埃尔科莱·德斯特	Ercole d' Este
埃方格里斯塔·达·普雷迪斯	Evangelista da Predis
埃里克·牛顿	Eric Newton
埃米尔·穆勒	Emil Möller
《埃斯特哈齐圣母》（拉斐尔）	*Esterhazy Madonna*(Raphael)
艾德蒙多·索尔密	Edmondo Solmi
艾马尔斯国立博物馆	Ehemals Staatliche Museen
爱德华·伯恩-琼斯爵士	Sir Edward Burne-Jones
安布罗吉奥·达·普雷迪斯	Ambrogio da Predis
安德里亚·布雷西亚尼诺	Andrea Brescianino
安德里亚·达·萨莱诺	Andrea da Salerno
安德里亚·德尔·韦罗基奥	Andrea del Verrocchio
安德里亚·迪·卡斯塔尼奥	Andrea di Castagno
安德里亚·科萨里	Andrea Corsali
安德里亚·曼特尼亚	Andrea Mantegna
安德烈·沙泰尔	André Chastel
安东·弗朗西斯科·多尼	Anton Francesco Doni
安东尼·华多	Antonie Watteau
安东尼奥·阿勒格里·达·科雷乔	Antonio Allegri da Correggio
安东尼奥·比利	Antonio Billi
安东尼奥·波拉约洛	Antonio Pollaiulo
安东尼奥·德·贝亚蒂	Antonio de' Beatis
安东尼奥·塞尼	Antonio Segni
安吉亚里之战	Battle of Anghiari
《安吉亚里之战》（L.）	*Battle of Anghiari* (L.)
安杰罗·安布罗基尼·波利齐亚诺	Angelo Ambrogini Politian
安妮·波普	Anny Pop
安诺罗·潘多费尼	Agnolo Pandolfini
安藤广重（即歌川广重）浮世绘	Hiroshige/Hokusai prints
安托内洛·达·梅西纳	Antonello da Messina
奥古斯托·马里诺尼	Augusto Marinoni

B

巴克勒赫公爵收藏	Buccleuch Collection
《巴克斯》（仿列奥纳多）	*Bacchus* (after L.)
巴黎	Paris
巴黎卢浮宫	Louvre, Paris
巴黎鲁格特收藏	Lugt Collection, Paris
巴洛克艺术	Baroque art
巴乔·班迪内利	Baccio Bandinelli
巴萨尼	Bassani
巴塞尔公共艺术收藏	Öffentliche Kunstsammlung, Basel
巴托洛米奥·阿玛纳蒂	Bartolommeo Ammanati
《巴托洛米奥·阿奇托肖像》	*Portrait of Bartolommeo Archinto*
巴约讷	Bayonne
巴约讷博纳博物馆	Bonnat Musée, Bayonne
柏拉图主义	Platonism
《柏诺瓦圣母》（L.）	*Benois Madonna* (L.)
班纳多·贝尔林乔尼	Bernardo Bellincioni
保罗·穆勒－瓦尔德	Paul Müller-Walde
保罗·瓦雷里	Paul Valéry
保罗·塞尚	Paul Cézanne
保罗·委罗内塞	Paul Veronese
保罗·乌切洛	Paolo Uccello
《抱银貂的女子肖像》（L.）	*Lady with an Ermine* (L.)
《暴风雨》（乔尔乔内）	*Tempesta* (Giorgione)
贝纳迪诺·卢伊尼	Bernardino Luini
贝纳多·平托里其奥	Bernardo Pintoricchio
贝托尔多	Bertoldo
《背负十字架的耶稣》（L.）	*Christ Carrying the Cross* (L.)
本韦努托·切利尼	Benvenuto Cellini
比安卡·玛利亚·斯福尔扎	Bianca Maria Sforza
比萨	Pisa
彼得·保罗·鲁本斯	Peter Paul Rubens
波尔迪·佩索利博物馆	Poldi Pezzoli Museum
波兰克拉科夫恰尔托雷斯基美术馆	Czartoryski gallery, Cracow
波士顿美术博物馆	Boston Museum
伯纳德·贝伦森	Bernard Berenson
《哺乳圣母》（列奥纳多？）	*Madonna Litta* (L.?)
布达佩斯美术博物馆	Museum of Fine Art, Budapest
布洛瓦城堡	Château de Blois

C

C. R.（查理）贝尔	C. R. (Charlie) Bell
《参孙杀死非利士人》（米开朗琪罗）	*Samson Slaying a Philistine* (Michelangelo)
《草地上的圣母》（拉斐尔）	*Madonna of the Meadows* (Raphael)
查尔斯·达博思，肖蒙领主	charles d' Amboised, Lord of Chaumont
查尔斯·达尔文	Charles Darwin

D

大洪水	deluges
《大流士》（韦罗基奥）	*Darius* (Verrocchio)
《大卫》	*David*
《大西庇阿》（韦罗基奥）	*Scipio Africanus* (Verrocchio)
《大西洋古抄本》（L.）	*Codex Atlantico* (L.)
戴斯蒙德·麦卡锡	Desmond MacCarthy
《戴珍珠的女士》（柯罗）	*Dame a la Perle*(Corot)
但丁·阿利基耶里	Dante Alighieri
但丁·加布里尔·罗塞蒂	Dante Gabriel Rossetti
德尔·曼诺	del Maino
《德莱弗斯圣母》（克雷迪）	*Dreyfus Madonna* (Credi)
德累斯顿圣母教堂	Frauenkirche Dresden
德斯德里奥·达·塞蒂尼奥诺	Desiderio da Settignano
都灵皇家图书馆	Turin Royal Library
多米尼克·安格尔	Dominique Ingres
多米尼克·基尔兰达约	Domenico Ghirlandai o
多纳泰罗	Donatello
多纳托·布拉曼特	Donato Bramante

E

《儿童》（博尔特拉菲奥）	*Child* (Boltraffio)
儿童草图	drawings of children

F

《法厄同的陨落》	*Fall of Phaeton*
法国城堡建筑风格	architecture of châteaux, French
法国国王路易十二	Louis XII, King of France
法国文艺复兴	French Renaissance
法兰西国王弗朗索瓦一世	François I, King of France
法兰西学院图书馆	Institut de France Library
反抗佛罗伦萨的阿雷佐叛乱	rebellion of Arezzo against Florence
梵蒂冈	Vatican
梵蒂冈美术馆	Vatican Gallery
梵蒂冈图书馆	Vatican Library
防御工事	fortifications
菲利波·布鲁内莱斯基	Filippo Brunelleschi
菲利皮诺·利比	Filippino Lippi
费尔南多·德·伊亚诺斯	Fernando de Llanos
费拉拉	Ferrara
费耶索基的弗拉·安吉利科	Beato Angelico da Fiesole
佛兰德斯画家	Flemish painters
佛罗伦萨	Florence
佛罗伦萨，韦奇奥宫	Palazzo Vecchio, Florence
佛罗伦萨巴杰罗美术馆	Museo Nazionale del Bargello, Florence
佛罗伦萨大教堂	Duomo, Florence
佛罗伦萨大教堂歌剧院	Opera del Duomo, Florence
佛罗伦萨圣卢克行业工会	guild of St. Luke, Florence
佛罗伦萨圣洛伦佐大教堂	San Lorenzo, Florence
佛罗伦萨圣弥额尔教堂	Or San Michele, Florance
佛罗伦萨乌菲兹美术馆	Uffizi, Florence
佛罗伦萨洗礼堂	Baptistery, Florence
弗拉·彼得罗·达·诺韦拉拉	Fra Pietro da Novellara
弗拉·菲利波·利比	Fra Filippo Lippi
弗朗切斯科·波洛米尼	Francesco Borromini
费朗切斯科·斯福尔扎	Francesco Sforza
弗朗西斯科·阿尔贝蒂尼，《纪念碑》	Francesco Albertini, *Memoriale*
弗朗西斯科·迪·乔尔吉奥	Francesco di Giorgio
弗朗西斯科·丰塔尼	Francesco Fontani
弗朗西斯科·戈雅	Francisco Goya
弗朗西斯科·马拉古奇·瓦莱里	Francesco Malaguzzi Valeri
弗朗西斯科·斯卡内利	Francesco Scanelli
弗里佐尼	Frizzoni
弗洛雷蒙·罗伯特	Florimond Robertet
《芙洛拉》（列奥纳多？）	*Flora* (L.?)

G

戈特霍尔德·埃夫莱姆·莱辛	Gotthold Ephraim Lessing
哥特艺术	Gothic art
格拉奇奥索·西罗尼	Grazioso Sironi
格雷西诺	Guercino
公共艺术收藏	Öffentliche Kunstsammlung
古典主义	classicism

H

H. 路德维希	H. Ludwig
哈默收藏	Hammer Collection
海神喷泉（阿玛纳提）	Neptune fountain (Ammanati)
《海神格列西亚》（拉斐尔）	*Galatea* (Raphael)
航空学、飞行术	aeronautics
赫伯特·霍恩	Herbert Horne
赫尔曼·梅尔维尔	Herman Melville
阿拉贡红衣主教路易斯	Cardinal Louis of Aragon
红衣主教费希	Cardinal Fesch
胡桃夹子面容的人	images of nutcracker man
华盛顿	Washington
化装舞会 / 盛装游行	masquerades/pageants
《绘画论》（L.）	*Trattato della Pittura* (L.)
《惠更斯手稿》	*Codex Huygens*

J

J. M. W. 透纳 J. M. W. Turner
J. P. 里希特 J. P. Richter
机械草图 drawings of machinery
《基督受洗》（韦罗基奥） *Baptism of Christ* (Verrocchio)
吉安·弗朗切斯科·鲁斯蒂奇 Gian Francesco Rustici
吉安·贾科莫·特里武齐奥 Gian Giacomo Trivulzio
吉安·洛伦佐·贝尼尼 Gian Lorenzo Bernini
吉安佩特里诺 Gianpetrino
吉罗拉莫·卡尔维 Girolamo Calvi
吉罗拉莫·萨佛纳罗拉 Girolamo Savonarola
吉内薇拉·德·班琪 Ginevra de' Benci
《吉内薇拉·德·班琪》（L.） *Ginevra de'Benci* (L.)
祭坛画作品 Altar-pieces
加布里尔·赛艾莱丝 Gabriel Séailles
加莱亚佐·玛里亚公爵 Duke Galeazzo Maria
加斯东·德·富瓦 Gaston de Foix
贾科莫·安德里亚·达·费拉拉 Giacomo Andrea da Ferrara
贾科莫·安德里亚·沙莱 Giacomo Andrea Salai
剑桥克拉克收藏 Clark Collection, Cambridge
交叉排线 cross-hatching
教皇利奥十世（即乔万尼·德·美第奇） Pope Leo X
教皇尤里乌斯纪念像 monument to Pope Julius
《金翅雀圣母》（拉斐尔） *Madonna with the Goldfinch* (Raphael)
金字塔构图 pyramidal composition
经院主义 scholasticism
《九龙图卷》 *Dragon Scroll*

K

均衡构图法 contrapposto
卡雷吉 Careggi
卡罗·哥尔多尼 Carlo Goldini
卡罗·佩德雷蒂 Carlo Pedretti
卡米耶·柯罗 Camille Corot
卡特里娜（列奥纳多的母亲） Caterina(L.' s mother)
卡西亚诺·德尔·波佐 Cassiano del Pozzo
《卡希纳之战》（米开朗琪罗） *Battle of Cascina*(Michelangelo)
恺撒·博尔吉亚 Cesare Borgia
康姆特·德·里格尼 Comte de Ligny
科雷奥尼纪念像（韦罗基奥） Colleoni monument(Verrocchio)
科西莫一世 Grand Duke Cosimo
克拉·达·卡普拉罗拉 Cola da Caprarola
克劳德·莫奈 Claude Monet
克劳福德收藏 Crawford Collection
克利希收藏 Galichon Collection
肯尼斯·基尔 Kenneth Keele
肯尼斯·克拉克 Kenneth Clark
肯尼斯·麦肯锡·克拉克 Kenneth Mackenzie Clark
昆廷·马西斯 Quentin Matsys

L

拉斐尔 Raphael
拉斐尔·杜·弗雷纳 Raphael du Fresne
拉斐尔前派 Pre-Raphaelites
莱昂·巴蒂斯塔·阿尔伯蒂 Leon Battista Alberti
劳伦佐图书馆 Laurentian Library
《勒达与天鹅》（L.） *Leda and the swan* (L.)
里希顿收藏 Richeton Collection
理想化的美 ideal of beauty
列夫·托尔斯泰 Leo Tolstoy
卢多维科·伊尔·莫洛·斯福尔扎 Ludovico il Moro Sforza
卢卡·德拉·罗比亚 Luca della Robbia
卢卡·芬塞利 Luca Fancelli
卢卡·帕乔利 Luca Pacioli
卢卡·西诺雷利 Luca Signorelli
卢卡斯 Lucas
卢克雷齐娅·克里维利 Lucrezia Crivelli
路易吉·卡维纳吉 Luigi Cavenaghi
路易吉·普尔奇 Luigi Pulci
伦勃朗 Rembrandt

伦敦大英博物馆	British Museum, London
伦敦国立美术馆	National Gallery, London
伦敦圣保罗大教堂	St. Paul' s Cathedral, London
伦敦维多利亚和阿尔伯特博物馆	Victoria and Albert Museum, London
罗杰・弗莱	Roger Fry
罗杰・培根	Roger Bacon
罗兰・弗雷特	Roland Freart
罗马博尔盖塞美术馆	Borghese, Rome
罗马卡比托利欧山	Capitol, Rome
洛伦佐・德・美第奇	Lorenzo de' Medici
洛伦佐・迪・克雷迪	Lorenzo di Credi
洛伦佐・吉尔贝蒂	Lorenzo Ghiberti
洛伦佐・科斯塔	Lorenzo Costa
洛伦佐・莫纳克	Lorenzo Monaco
洛伦佐・扎基亚	Lorenzo Zacchia

M

《马》	*The Horse*
《马车上的海神》(L.)	*Neptune in His Chariot* (L.)
马德里国立图书馆	Biblioteca Nacional, Madrid
《马德里手抄本》(L.)	*Codex Madrid* (L.)
马蒂亚斯・科尔维努斯	Mathias Corvinus
马丁・戴维斯	Martin Davies
马可・奥勒留纪念像	Marcus Aurelius statue
马可・德奥吉奥诺	Marco d' Oggiono
马克・安东尼奥・达拉・托雷	Marc Antonio dalla Torre
马克西米利安皇帝	Emperor Maximilian
《马克西米利安一世皇帝肖像》(安布罗吉奥・达・普雷迪斯)	*Portrait of Emperor Maximilian I* (Ambrogio da Predis)
马切西诺・斯汤格	Marchesino Stanga
马萨乔	Masaccio
马特奥・班德罗	Matteo Bandello
《马与骑士》铜像(仿列奥纳多)	*Horse and Rider bronze* (after L.)
《玛德琳娜・多尼》(拉斐尔)	*Maddalena Doni* (Raphael)
迈耶・夏皮罗	Meyer Schapiro/Meyer Shapiro
曼特农夫人	Madame de Maintenon
毛洛・佩里希奥利	Mauro Pellicioli
梅瑟・加勒阿佐	Messer Galleazzo
《美德之花》	*Fiore di Virtù*
美第奇家族	Medician circle
美国国家美术馆	National Gallery, Washington
《美丽的女园丁》(拉斐尔)	*Belle Jardinière* (Raphael)
《蒙娜丽莎》(L.)	*Mona Lisa* (L.)
蒙娜丽莎的微笑	smile of Mona Lisa
蒙托法诺	Montorfano
米开朗琪罗	Michelangelo
米开朗琪罗・卡拉瓦乔	Michelangelo Caravaggio
米兰	Milan
米兰安布罗西亚纳图书馆	Ambrosiana Library, Milan
米兰布雷拉美术馆	Brera Gallery, Milan
米兰恩宠圣母教堂	Santa Maria delle Grazie,Milan
米兰画派	Milanese School of painting
米兰斯福尔扎城堡	Castello Sforzesco, Milan
明暗对比法	chiaroscuro
《牧羊人的崇拜》(L.)	*Adoration of the Shepherds* (L.)
《牧羊人的崇拜》(雨果・凡・德・古斯)	*Adoration of the Shepherds* (Hugo van der Goes)
慕尼黑美术馆	Munich Gallery
慕尼黑《圣母子》	*Munich Madonna*

N

尼古拉斯・普桑	Nicolas Poussin
尼可罗・马基雅维利	Niccolò Machiavelli
尼可罗・帕罗蒂	Niccolò Perotti
牛津阿什莫尔博物馆	Ashmolean Museum, Oxford
牛津基督教堂	Christ Church, Oxford
纽约大都会美术馆	Metropolitan Museum of Art, New York
《女士侧面》(安布罗吉奥・达・普雷迪斯?)	*Portrait of a Lady inProfile* (Ambrogio da Predis?)
《女士肖像》(L.)	*Belle Ferronnière* (L.)

O

欧文·莫斯海德	Owen Morshead

P

P. 梅勒	P. Mellor
帕多瓦圣多教堂	Church of the Santo, Padua
帕维亚	Pavia
庞提纳沼泽地	Pontine marshes
佩里格圣富隆特教堂	Church of S. Front, Périgueux
佩鲁贾银行家会馆	Cambio, Perugia
蓬佩欧·莱奥尼	Pompeio Leoni
皮恩扎	Pienza
皮科·德拉·米兰多拉	Pico della Mirandola
皮斯托亚大教堂祭坛画（韦罗基奥）	Pistoia Cathedral altarpiece (Verrocchio)
皮翁比诺	Piombino
皮耶罗·德拉·弗朗切斯卡	Piero della Francesca
皮耶罗·迪·布拉西奥·马特利	Piero di Braccio Martelli
皮耶罗·迪·科西莫	Piero di Cosimo
皮耶罗和乔万尼·德·美第奇之墓（韦罗基奥）	Tomb of Piero and Giovanni de' Medici (Verrocchio)
皮耶托·索代里尼	Pieto Soderini
普雷达兄弟	Preda brothers
普林尼	Pliny

Q

骑士雕像	equestrian sculpture
《骑士与魔鬼》（丢勒）	*Knight and the Devil* (Dürer)
乔尔乔·泰德斯科	Giorgio Tedesco
乔尔乔·瓦萨里	Giorgio Vasari
乔尔乔内	Giorgione
乔舒亚·雷诺兹爵士，《论文》	Sir Joshua Reynolds, *Discourses*
乔斯·凡·克里夫	Joos van Cleve
乔托·迪·邦多纳	Giotto di Bondone
乔万尼·安东尼奥·博尔特拉菲奥	Giovanni Antonio Boltraffo
乔万尼·保罗·洛马佐	G. Paolo Lomazzo
乔万尼·贝里尼	Giovanni Bellini
乔万尼·德·美第奇（教皇利奥六世）	Giovanni de' Medici (Pope Leo X)
乔万尼·德格里·斯佩齐	Giovanni degli Specchi
乔万尼·弗朗西斯科·德·梅尔兹	Giovanni Francesco de' Melzi
乔万尼·加迪	Giovanni Gaddi
乔万尼·莫雷利	Giovanni Morelli
乔治·修拉	Georges Seurat
切科·达斯科利，《酸》	Cecco d' Ascoli, *Acerba*
切奇利娅·加莱拉尼	Cecilia Gallerani
切萨雷·达·塞斯托	Cesare da Sesto
青年与老人 / 战士的形象	images of youth and old man /warrior

R

让-奥诺雷·弗拉戈纳尔	Jean-Honoré Fragonard
瑞尔森讲座	Ryerson Lectures

S

萨巴·卡斯蒂戈隆	Sabba Castiglione
塞西尔·古尔德	Cecil Gould
赛维特兄弟	Servite brothers
三角形构图	Triangular composition
《三博士朝圣》（L.）	*Adoration of the kings* (L.)
桑德罗·波提切利	Sandro Botticelli
尚蒂伊	Chantilly
神圣的比例	Divina Proportione
绳结浮雕	engravings of knots
圣阿涅塞教堂	Church of Sant' Agnese
圣安德烈	St. Andrew
圣安妮	St. Anne
圣保罗厅装饰画（科雷乔）	Camera di San Paolo, decorations(Correggio)
圣彼得	St. Peter
圣彼得堡	Saint Petersburg
圣彼得堡艾尔米塔什博物馆	Saint Petersburg Hermitage
圣多纳托修道院《三博士朝圣》（L.）	San Donato a Scopeto Adoration of the Kings (L.)

圣腓力	St. Philip
《圣杰罗姆》（L.）	*St. Jerome* (L.)
《圣礼之争》拉斐尔	*Disputà* (Raphael)
圣灵感孕	Immaculate Conception
圣灵感孕兄弟会	Confraternity of the Immaculate Conception
《圣马可的奇迹》（乔尔乔内）	*Miracle of St. Mark* (Giorgione)
《圣母领报》（L.）	*Annunciation* (L.)
《圣母领报》（克雷迪）	*Annunciation* (Credi)
《圣母升天》（马可·德奥吉奥诺）	*Ascension of the Virgin* (Oggiono)
圣母慰藉教堂	Santa Maria delle Consolazione
《圣母与圣婴》（L.）	*Virgin and Holy Children* (L.)
《圣母子》	*Madonna and Child*
《圣母子》	*Virgin and Child*
《圣母子与卷线轴》（列奥纳多？）	*Madonna and Child with a Yarn Winder* (L.?)
《圣母子与圣安妮和施洗者圣约翰》（L.）	*Virgin and Child with St. Anne and St. John the Baptist* (L.)
《圣母子与猫》（L.）	*Madonna with the Cat* (L.)
《圣母子与圣约翰》（L.）	*Madonna, Child and t. John* (L.)
《圣凯瑟琳与抹大拉的圣玛利亚之间的圣母子》（贝里尼）	*Virgin and Child between St. Catherine and St. Mary Magdalene* (Bellini)
《圣塞巴斯蒂安》（奥吉奥诺）	*St. Sebastian* (Oggiono)
《圣托马斯的怀疑》	*Incredulity of St. Thomas*
圣西蒙	St. Simon
圣雅各	St. James the Less
圣约翰	St. John
圣约瑟夫	St. Joseph
《圣子》（L.）	*Christ Child,* *terracotta head* (L.)
盛装游行	pageants
施洗者圣约翰	St. John the Baptist
《施洗者圣约翰》（L.）	*St. John the Baptist* (L.)
《施洗者圣约翰》（切萨雷·达·塞斯托）	*St. John the Baptist* (Cesare da Sesto)
《施洗者圣约翰》的微笑	smile of *St. John the Baptist*
《施洗者圣约翰被斩首》（韦罗基奥）	*Beheading of St John the Baptist* (Verrocchio)
十二门徒	Apostles
斯福尔扎城堡	Sforza castle
斯福尔扎纪念像	Sforza monument
斯福尔扎祭坛画	Pala Sforzesca
苏黎世 Zürich 太阳王纪念像	Regisole statue

T

特雷维广场喷泉（贝尔尼尼）	Trevi fountain (Bernini)
特里武齐奥纪念像	Trivulzio monument
特里武齐奥收藏的列奥纳多手稿	Trivulzio Collection MS. by L.
提香	Titian
天使形象	angels
头发习作	studies of hair
头骨草图	drawings of skulls
头像	heads
透视法	perspective
托马索·卡瓦列里	Tommaso Cavalieri

V

V. 卡杜乔	V. Carducho

W

瓦雷泽	Varese
瓦雷泽萨克罗·蒙特博物馆中为《施洗者圣约翰》（L.）所画的习作	study for *St. John the Baptist* (L.) at the Museum of the Sacro Monte at Varese
瓦西里·祖波夫	Vasilij Zubov
威尔顿庄园	Wilton House
威廉·布莱克	William Blake
威廉·冯·博德博士	Dr. Wilhelm von Bode
威廉·莎士比亚	William Shakespeare
威廉·绥达	Wilhelm Suida
威灵顿公爵纪念像（阿尔弗雷德·史蒂文斯）	memorial to Duke of Wellington (Alfred Stevens)
威尼斯圣保罗大教堂	San Paolo, Venice
威尼斯圣洛克大教堂	San Rocco, Venice
威尼斯圣马可学校	Scuola di San Marco, Venice

威尼斯学院 Venice Academy
维克多·雨果 Victor Hugo
维特罗佐·维特利 Vitellozzo Vitelli
维也纳艺术史博物馆 Kunsthistorisches Museen, Vienna
伟大的圣雅各 St. James the Greater
伪造的博尔特拉菲奥 pseudo-Boltraffio
温莎城堡王家图书馆 Windsor Royal Library
温莎城堡王家图书馆中列奥纳多的习作 studies by L., Windsor Royal Library
瘟疫 plagues
文艺复兴早期艺术 quattrocento art
沃尔特·怀特曼 Walt Whitman
沃尔特·佩特 Walter Pater

X

西格蒙德·弗洛伊德 Sigmund Freud
西斯廷屋顶壁画（米开朗琪罗） Sistine Ceiling (Michelangelo)
洗手盆（韦罗基奥） Lavabo(Verrocchio)
写实主义 naturalism
心理学 psychology
心脏草图 drawings of heart
《星期日泰晤士报》 *Sunday Times*

Y

《雅典学院》（拉斐尔） *School of Athens* (Raphael)
雅各布·丁托列托 Jacopo Tintoretto
雅克普·沙塔雷利 Jacopo Saltarelli
亚里士多德派学者 Aristotelians
延斯·蒂伊斯博士 Dr. Jens Thiis
《岩间圣母》（L.） *Virgin of the Rocks* (L.)
《耶稣复活》（韦罗基奥） *Resurrection* (Verrocchio)
《耶稣降临》 *Nativity*
《耶稣受难》（蒙托法诺） *Crucifixion* (Montorfano)
《耶稣在学者中间》（L.） *Christ among the Doctors* (L.)
伊尔·方弗亚 il Fanfoia
伊莎贝拉·艾斯特 Isabella d' Este
《伊莎贝拉·艾斯特肖像》（列奥纳多？） *Portrait of Isabellad'Este* (L.?)
衣纹的习作和描绘 studies/depictions of drapery
阴影 shading
《音乐家肖像》（L.） *Portrait of a Musician* (L.)
婴儿形象 drawings of babies
《樱桃圣母》（乔斯·冯·科雷夫仿列奥纳多） *Madonna of the Cherries* (Joos van Cleve after L.)
用色技巧 use of colour
优雅表达在文艺复兴艺术中的重要性 grace, importance in Renaissance
尤金·德拉克罗瓦 Eugène Delacroix
犹大 Judas Iscariot
《犹滴》（乔尔乔内） *Judith* (Giorgione)
油画表面的上光剂 finish of paintings
雨果·凡·德·古斯 Hugo van der Goes
约翰·罗斯金 John Ruskin
约翰·塞巴斯蒂安·巴赫 J.S.Bach
约翰·沃尔夫冈·歌德 Johann Wolfgang Goethe
约翰·约阿希姆·温克尔曼 J. J. Winckelmann
运河 canalization

Z

朱里奥·罗马诺 Giulio Romano
朱利亚诺·布吉阿迪尼 Giuliano Bugiardini
朱利亚诺·德·美第奇 Giuliano de' Medici
朱塞佩·博西《最后的晚餐》 Giuseppe Bossi, Cenacolo
朱塞佩·马丁内斯 Jusepe Martinez
《自画像》（L.） *Self-Portrait* (L.)
宗教改革 Reformation
宗教改革时期的末日文学 apocalyptic writings at time of Reformation
《最后的审判》（米开朗琪罗） *Last Judgement* (Michelangelo)
《最后的晚餐》（L.） *Last Supper* (L.)

译后记

在历时近四个月完成本书的翻译后，我依然可以清晰地回忆起当时接受这一工作时激动与忐忑的心情。激动的原因是，我曾在欧洲学习艺术史，但从未想过有朝一日可以得到将肯尼斯·克拉克的著作翻译成中文的机会，更不用说这部著作还是《成为达·芬奇：列奥纳多的艺术传记》。而对于自己能否在有限的时间内完成这一工作，更是让我忐忑不安。

本书作者，已故的肯尼斯·克拉克爵士，他的名字虽然在艺术史学界如雷贯耳，但是对于普通的中国读者来说可能并不熟悉。更多的读者或许是从 BBC 那部摄制于 1969 年的大型纪录片《文明》中，首次认识了这位对欧洲各国的文明遗迹侃侃而谈的老人。在《文明》的首集中，克拉克爵士在塞纳河畔回首巴黎圣母院时说道："我无法从抽象层面解释文明的含义，但当我看到眼前的建筑时，我便知道自己正在见证文明。"而就在我撰写本文期间，巴黎圣母院因突发的火灾几乎毁于一旦，新闻中，火灾现场人们脸上写满悲哀和痛惜。我不禁想到如果克拉克爵士依然在世的话，这一幕又会让他产生怎样的感受。

作为 20 世纪英国美术史学界当之无愧的领军人物，30 岁即出任英国国家美术馆馆长的克拉克爵士，在二战期间以巨大的魄力，组织将所有的馆藏作品运往威尔士的一处山洞中存放，只在馆中留下一件作品作为英国人民不屈服于战火的象征。战后，他更是以无比的热情借助电视这一新兴的媒介，制作了大量艺术普及节目，因为他始终坚信，对艺术的欣赏绝不是少数人的特权，但是学会如何欣赏艺术却需要有人为之付出努力。

在大学学习艺术史阶段，我的主要研究方向并非意大利文艺复兴艺术；在翻译本书前，我对达·芬奇的认识也仅限于听过的几场讲座和一些出于兴趣泛泛而读的资料。因此，在翻译本书之始，我便将这次翻译工作视为自身对达·芬奇这位巨匠生平及其艺术成就的一次深入学习。这样的学习也得益于克拉克在撰写本书时以清晰的年代顺序为读者梳理了达·芬奇一生的艺术成就。更重要的是，克拉克在本书中通过对达·芬奇各个时期一些重要作品的分析，向我们展现了其作品背后所蕴含的动机和思维状态，从而让当代的读者对五百年前这位被今人捧上神坛的文艺复兴巨匠能够产生更为具体且感同身受的认识。读者可以借助克拉克在书中的大量描述、分析和基于史实的合理推断，在脑中对达·芬奇的形象进行更为鲜活的塑造。虽然克拉克在书中也大量引用了与达·芬奇同时代和一些早期作者的叙述，但他在运用这类材料时总是伴随着自己严谨的分析与判断，旨在尽可能地对历史做出更为合理的解读。众所周知，达·芬奇终其一生撰写了大量的手稿，这些现藏于各大博物馆和学术机构的手稿在内容上涵盖了当时的科技、建筑、生物学、解剖学、地质学、工程学等领域。它们不但为我们了解达·芬奇一生所涉猎的研究领域提供了宝贵的资料，同时也帮助我们认识了文艺复兴时期的科技及艺术等领域的发展水平。在本书中，克拉克首先承认自己并不具备对手稿的全部内容进行研究的学识与精力，因此在本书中他只对手稿的全貌进行了简单的阐述，并在不同的章节对其中涉及达·芬奇的艺术创作及其主要兴趣所在的部分加以不同程度的引用和分析。由此在书中提到的绘画作品之外，读者得以从一个更为全面的视角窥探达·芬奇的精神世界。

在本书的翻译过程中，另一个给我留下深刻印象的方面便是作者极为优美干练的叙述风格，不同于我平日所拥有的任何英语阅读体验。我着实花费了一番精力，试图在译文中体现原文带给读者的这种阅读乐趣，并且无数次叹息自己的才疏学浅，最终也无法将原文的神采完整地展现给将要阅读本书的读者。希望接下来翻译该系列的另一部克拉克著作时，我能够做到更好，也希望读者能够在本书的阅读中获得乐趣，并加深对达·芬奇的认识。

李欣

2019 年 4 月 26 日